手把手教你
玩赚可转债

附 策略回测数据

蒋怡青 吴晓瑞 ◎ 著

中国铁道出版社有限公司
CHINA RAILWAY PUBLISHING HOUSE CO., LTD.

图书在版编目（CIP）数据

手把手教你玩赚可转债 / 蒋怡青，吴晓瑞著.
北京：中国铁道出版社有限公司，2024.9. — ISBN
978-7-113-30846-9

Ⅰ．F830.91

中国国家版本馆 CIP 数据核字第 20248ND733 号

书　　名：手把手教你玩赚可转债
　　　　　SHOUBASHOU JIAO NI WANZHUAN KEZHUANZHAI

作　　者：蒋怡青　吴晓瑞

责任编辑：张亚慧　　　编辑部电话：(010)51873035　　电子邮箱：lampard@ vip.163.com
封面设计：宿　萌
责任校对：安海燕
责任印制：赵星辰

出版发行：中国铁道出版社有限公司(100054,北京市西城区右安门西街 8 号)
网　　址：http：//www.tdpress.com
印　　刷：河北宝昌佳彩印刷有限公司
版　　次：2024 年 9 月第 1 版　2024 年 9 月第 1 次印刷
开　　本：710 mm×1 000 mm　1/16　印张：17　字数：303 千
书　　号：ISBN 978-7-113-30846-9
定　　价：88.00 元

版权所有　侵权必究

凡购买铁道版图书，如有印制质量问题，请与本社读者服务部联系调换。电话：(010)51873174
打击盗版举报电话：(010)63549461

前　言

近年来，随着国家经济的不断发展，越来越多的投资者想要通过理财逐步实现财务自由。然而，A股市场牛短熊长、P2P市场爆雷、信托打破刚兑等局面的出现，让投资者感受到了投资难度，又苦于缺少学习渠道。笔者在市场上摸爬滚打，在不断学习中慢慢摸索出了稳定收益的策略和投资品种。正因为经历过艰辛，遇到过各种问题，才能总结出本书的一些方法和经验，在这里与大家分享，希望读者少走弯路，大家一起进步，慢慢变富。

如果你有如下问题，可以学习本书内容：

- 为什么可转债比股票、基金更加适合散户？
- 可转债为什么被称为"上不封顶、下有保底"？
- 可转债打新是如何赚钱的？
- 可转债各种策略组合的特点、收益率，分别适合哪种投资者？
- 如何科学地进行短期回测和长期回测？

相信你读完本书，不仅对可转债的基础知识、交易规则会有系统了解，还能从案例中对可转债的下修、回售、强赎、到期等各个生命周期有从感性到理性的认识；另外，从手把手教你回测的各种策略中，找到适合自己的可转债投资方式、建立自己的可转债投资体系。没有一个策略适合所有时期的市场，大家都要跟着"市场先生"不断地调整组合以适应市场，才能收获超额收益。所以，投资体系中的策略因子需要与时俱进。你想要做好投资，就必须不断地向"市场先生"学习。

本书主要介绍可转债的各种投资方式，但投资不仅需要好的方式、方法，更需要好的心态。众所周知，只有克服了贪婪和恐惧，才能让你的投资扬帆起航。忍受不了 20% 的回撤，也享受不了高收益、低溢价率策略的利润。你建立起投资体系也只是起点，投资中"知行合一"通常也伴随着"知易行难"，投资对心理的考验比不断精进的投资体系更难。

理财这件事，选择比努力重要，选对了方向再努力，学会了本书中的回测方法，可以借鉴和运用到其他投资品种上，用来挖掘更适合自己的其他投资方式。记住一句话：最适合某一时刻的投资方法，一定是当下的"阻力最小之路"。

投资只是人生的一部分，如果投资让你无法享受，而且投资压力影响了你的睡眠，那么请你停止投资。我们追求的投资，是快乐的、享受的投资，而非痛苦的投资。

由于笔者阅历有限，如果书中有不妥之处，还望您不吝指出，不胜感激。

本书从撰写完毕到出版发行历经了一年半的时间，虽然回测数据只到 2022 年，但是策略的原理、逻辑、适用场景都仍然有较好的参考性，祝各位投资者投资顺利，也请牢记，任何投资都有风险，请慎而为之。

作　者
2024 年 1 月

目 录

第 1 章 为什么可转债比股票更适合散户 / 1
1.1 投资人的"避风港" / 2
1.2 可转债有安全买入价 / 3
1.3 上不封顶、下有保底 / 4
1.4 皆大欢喜的强赎条款 / 5
1.5 可转债是"弱势游戏" / 6
1.6 可转债的历史表现很有吸引力 / 10

第 2 章 可转债盈利前先了解规则 / 11
2.1 什么是可转债 / 12
2.2 可转债的基本要素 / 12
2.3 可转债的生命历程 / 16
2.4 可转债的三种结局 / 18
2.5 做可转债必看的三个网站 / 22
2.6 新手常困惑的八个问题 / 23

第 3 章 每年赚一些——可转债打新 / 25
3.1 可转债发行期的完整流程 / 26
3.2 如何读懂可转债发行公告 / 27
3.3 可转债打新 2019—2023 年收益情况（附发行申购数据）/ 28
3.4 如何参与可转债申购 / 44
3.5 持股股东如何参与可转债优先配售 / 46

3.6 如何预估可转债中签率 / 48

3.7 如何预估可转债上市价格 / 50

3.8 如何根据新债发行数据判断是否值得申购 / 52

3.9 新债中签卖出好价钱的三种方式 / 53

3.10 可转债发行后上市前正股翻倍该如何应对 / 57

  3.10.1 案例一：川恒转债上市前布局实录 / 58

  3.10.2 案例二：盘龙转债上市前布局实录 / 60

3.11 上市首日转债涨停但正股几乎跌停，如何"埋伏"获利 / 61

3.12 一招学会辨别可转债上市"成妖"概率 / 63

  3.12.1 查看配售率 / 64

  3.12.2 计算交易规模 / 65

3.13 非持股股东如何参与可转债抢权配售 / 68

  3.13.1 什么是抢权配售 / 68

  3.13.2 抢权配售的风险 / 70

  3.13.3 2021—2022年抢权配售经历了几个时代 / 71

  3.13.4 如何提前发现抢权配售的机会 / 71

  3.13.5 提前"埋伏"抢权标的，如何选择 / 72

3.14 告别无限制涨跌，可转债交易再添新规 / 73

3.15 可转债上市首日及常规交易规则总结（2022年8月1日新规）/ 76

3.16 新债中签率太低，可转债稳健轮动组合 / 79

第4章 上市后可转债的交易模式 / 84

4.1 可转债的到期赎回 / 85

  4.1.1 历史上到期赎回的可转债有哪些 / 85

  4.1.2 可转债到期赎回，能拿到多少钱 / 85

  4.1.3 可转债到期赎回后如何扣税 / 86

  4.1.4 在到期赎回中找到投资可转债的机会 / 87
  4.1.5 海印转债——开创到期少还钱的新方法 / 88
  4.1.6 奇葩洪涛转债，贴钱给投资者转股 / 90
4.2 可转债的转股价格下修 / 90
  4.2.1 认识可转债下修条款 / 90
  4.2.2 历史上可转债下修后表现举例 / 91
  4.2.3 上市公司为什么要下修可转债 / 94
  4.2.4 下修转股价的一些限制 / 94
  4.2.5 下修博弈的风险：下修失败案例 / 95
4.3 可转债的有条件赎回（强赎） / 96
  4.3.1 历史上有条件赎回（强赎）的可转债比例 / 96
  4.3.2 上市公司为什么要强赎可转债 / 97
  4.3.3 认识可转债有条件赎回（强赎）条款 / 97
  4.3.4 可转债强赎后该如何操作 / 97
  4.3.5 可转债强赎案例 / 98
  4.3.6 可转债强赎规避策略 / 99
  4.3.7 可转债强赎前的一些共性 / 100
4.4 可转债的回售 / 103
  4.4.1 回售条款包括的要素 / 104
  4.4.2 常见回售条款实例 / 105
  4.4.3 回售套利原理 / 106
  4.4.4 有些转债没有回售条款 / 106
  4.4.5 回售申报 / 107
  4.4.6 回售小结 / 108
4.5 退市可转债数据 / 108
4.6 打新配债策略总结 / 119
  4.6.1 回顾前面的内容 / 119

4.6.2 配债失败经验——苏利转债 / 120

4.6.3 埋伏可转债抢权的成功案例——重银转债 / 123

4.6.4 配债策略总结 / 124

第 5 章 防御性策略：低价策略 / 125

5.1 什么是低价策略 / 126

5.2 低价策略短期回测演示 / 126

5.3 低价策略长期回测演示 / 128

第 6 章 折中策略：双低轮动策略 / 135

6.1 什么是双低策略 / 136

6.2 双低策略短期回测演示 / 136

6.3 双低策略长期回测演示 / 138

第 7 章 进取型策略：低溢价率策略 / 145

7.1 什么是溢价率，如何利用它获益 / 146

7.2 什么是低溢价率策略 / 147

7.3 低溢价率策略简单回测演示 / 147

7.4 低溢价率策略的中长期回测思路 / 149

7.5 低溢价率策略的中长期回测结果 / 151

第 8 章 进取型策略：强赎博弈策略 / 179

8.1 如何巧用强赎博弈策略 / 180

8.2 强赎回是否规避的累积收益对比 / 181

8.3 强赎转债的数据信息统计 / 182

目　录

第 9 章　冒险性策略：小规模低价债策略 / 187
　　9.1　小规模低价债策略的诞生 / 188
　　9.2　小规模低价债策略按月短期、长期回测演示 / 188
　　9.3　小规模低价债策略长期回测演示 / 189

第 10 章　其他补充策略 / 211
　　10.1　到期收益率策略 / 212
　　　　10.1.1　什么是到期收益率 / 212
　　　　10.1.2　什么是到期收益率策略 / 212
　　　　10.1.3　到期收益率策略简单回测演示 / 213
　　　　10.1.4　到期收益率策略长期回测演示 / 216
　　10.2　到期回售收益率策略 / 224
　　　　10.2.1　什么是回售 / 225
　　　　10.2.2　什么是回售收益率策略 / 226
　　　　10.2.3　回售收益率策略简单回测演示 / 226
　　　　10.2.4　回售收益率策略长期回测演示 / 229
　　10.3　正股替代策略 / 237
　　10.4　可转债"摊大饼"策略 / 241
　　10.5　选择适合自己的策略 / 242
　　　　10.5.1　常见策略总结 / 242
　　　　10.5.2　可转债几大策略短期收益 PK / 243
　　　　10.5.3　可转债几大策略中期收益 PK（2022 年 1—7 月）/ 246
　　　　10.5.4　可转债几大策略长期收益 PK（2018 年至 2022 年 7 月）/ 249
　　　　10.5.5　2023 年退市行情下的策略优化 / 255
　　　　10.5.6　选择适合自己的策略 / 256

V

第 11 章　购买可转债后的那些事儿 / 257

11.1　日内亏损的六大"急"操作 / 258

11.2　抢权配售操作技巧：选择、分析、逃离 / 259

11.3　先求稳，再求富 / 260

第 1 章

为什么可转债比股票更适合散户

1.1 投资人的"避风港"

投资首先要避免损失，然后再考虑博取收益，可转债正是这样的品种，只要操作得当，既能较好的保障本金，又有机会博取高收益。

如果将可转债与股票相比较，可转债天生具有较高的安全性，无论是从其严苛的发行条件，还是极少数的退市案例，抑或是持有到期的还本付息，都让投资者受到了天然的保护。而股票则不具备这些优势。

1. 可转债发行的条件非常严苛

正股公司发行可转债，必须符合以下三个刚性条件：

- 最近三个会计年度实现的年均可分配利润不少于公司债券一年的利息。为可转债市场把住了第一道关，说明只有财务健康的公司才允许发行可转债。
- 最近三个会计年度加权平均净资产收益率平均不低于6%。
- 发行后，累计公司债券余额不超过最近一期末净资产额的40%。

2. 极个别的违约案例

回顾历史，可转债自从1992年上市以来，直至2022年末，还未出现过违约的先例。只要发行可转债的上市公司不倒闭，它们就会在可转债到期后还本付息。退一万步来说，即使遇到上市公司的主体不幸破产，倘若有可清算资产，可转债还比股票有优先偿还的权利。

2023年以来，随着注册制实施，可转债退市节奏加快，可转债市场同步受到正股退市引发的违约风险影响。搜特转债、蓝盾转债均跟随正股摘牌转去老三板挂牌交易。蓝盾在最后交易日发布了提议向下修正可转换公司债券转股价格的公告，为强制赎回做最后的努力。而*ST正邦破产重整计划草案支持持有1 000张及以下（10万张以下）正邦转债的投资者将按照面值刚性兑付，正面影响*ST正邦上涨，截至2023年8月14日，转股价值已经突破106元，正邦转债持有者可以顺利上岸。

3. 最低收益

如果投资者买入可转债的价格足够低，到期收益率肯定会大于0，即使不持有到可转债的最后期限，也能获取一定的收益。如果投资者持有可转债到期后，能收回本金和利息。

综上，正因为可转债发行门槛高、至今未有违约的先例，所以使得低价的可转债具有较高的安全属性。

1.2 可转债有安全买入价

可转债的安全买入价，可以将其简单地理解为不容易亏损的价格。由于可转债具有债券的属性，到期还本付息，加之票面价值固定为 100 元，且有约定利息，因此，可转债有安全价或是保本价（股价随着资本市场的波动而波动，没有最低价保证），安全买入价的前提是不出现退市或者违约的情况。最简单的两种策略如下。

1. 低于面值 100 元买入

可转债的实际买卖价格会随着上市公司的股价波动而波动，因此，可转债的现价有的高于 100 元，也有的低于 100 元，如下图所示。由于可转债持有到期后是按面值 100 元还本付息或是股价上涨导致可转债的现价等于或是高于 100 元，因此，可转债的安全价为低于面值 100 元，也就是说，你以现价低于 100 元买入可转债的投资可以实现保本。为了避免选到将来违约或者退市转债，在用此策略之前，建议先排除信用评级低于 A- 的可转债、排除正股 ST/*ST 的可转债。

代码	转债名称	现价
113534	鼎胜转债	99.300
113515	高能转债	112.300
113012	骆驼转债	100.800
113518	顾家转债	120.400
128010	顺昌转债	104.150
128016	雨虹转债	122.826
128065	雅化转债	96.760
128055	长青转2	115.500
127005	长证转债	114.300

2. 低于面值 + 利息

可转债本质上是一种债券，在发行公告中写清楚了发行公司什么时候还钱，每年有多少利息。所以可转债的安全买入价可以大于面值，但要小于面值和利息之和。如下图所示，2022年1月24日盘中亚药转债的税前收益为5.41%，税后收益为4.29%，到期应付115元/张，这表明，假如投资者以101.210元/张买入，即使中途不转股，持有可转债到期后也有13.79元/张的利润；所以，目前101.210元/张仍然是安全买入价。同样，为了避免选到将来违约或者退市转债，在用此策略之前，建议先排除信用评级低于A-的可转债、排除正股ST/*ST的可转债。

亚药转债 - 128062 (正股: 亚太药业R - 002370 行业: 医药生物-化学制药-化学制剂)						+自选
价格: 101.210		转股价值: 42.71		税前收益: 5.41%	成交(万): 2180.41	
涨幅: -0.89%		溢价率: 136.98%		税后收益: 4.29%	当日换手: 2.23%	
转股起始日	2019-10-09	回售起始日	2023-04-03	到期日	2025-04-02	发行规模(亿)	9.650
转股价	16.25	回售价	100.00+利息	剩余年限	3.189	剩余规模(亿)	9.624
股东配售率	29.78%	转股代码	128062	到期赎回价	115.00	转股占比¹	27.42%
网上中签率	0.0288%	已转股比例	0.27%	正股波动率	57.31%	转债占比²	25.84%
折算率	0.000	质押代码	128062	主体评级	B	债券评级	B

1.3 上不封顶、下有保底

为什么说可转债是上不封顶、下有保底的投资品种？因为可转债是上市公司向投资者借钱，其本质是债务。债务人（发行公司）债务到期后必须还本付息给债权人（可转债投资者），用强制性为投资者提供硬性兜底或是保底。同时，可转债具有股性，其现价随着股价的波动而波动（正股一路高歌，可转债一路跟随。正股下跌，可转债下跌），同时，由于股价的涨幅没有限定，因此，投资者可以通过转股的方式把投资收益提高到理想的高度，如下图所示。如果正股下跌，发行公司有向下修正转股价格的权利。比如，任意三十个交易日中有十五个交易日股价低于转股价的85%，上市公司有权下调转股价。一旦下调，转股价值上升，转债价格随之上涨。

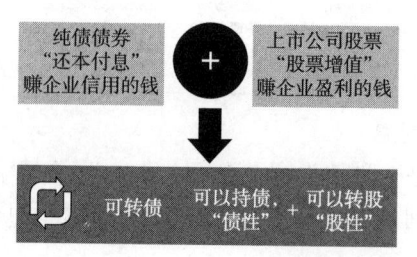

```
纯债债券                    上市公司股票
"还本付息"         +        "股票增值"
赚企业信用的钱              赚企业盈利的钱
              ↓
         可转债    可以持债  +  可以转股
                  "债性"        "股性"
```

另外，上市公司发行可转债是因为缺钱，而发行可转债利息低，上市公司可以用非常低的成本，融资到很大一笔钱。而且，让持有转债的投资者选择转股，那么，发行公司就不用还钱了。所以，发行公司希望投资者债转股，势必希望可转债价格上涨，触发130%强赎条件。这个过程中，大家就能赚到利润，而且上市公司也不用还钱——双赢。当市场下跌时，投资者只要买入的可转债价格足够低，每年也可以获得利息收入。

可转债虽然在国内发展已久，但是由于其专业性、投资复杂性，主要参与者以机构客户为主，散户占比不高。实际上，可转债风险收益居于纯债和股票之间，非常适合散户投资。

1.4 皆大欢喜的强赎条款

大多数可转债的期限均为6年，比如2021年8月23日发行的晨丰转债，到期日为2027年8月23日，存续期6年，剩余年限为5.934年，如下图所示。但实际上大多数可转债在发行一段时间后，由于达到强赎条件（如果公司股票在任何连续三十个交易日中至少十五个交易日的收盘价格超过当期转股价格的130%），发行公司可以选择发布强赎公告，促使持债者完成债转股，最后把剩余可转债赎回。这表明发行公司最后只赎回了少量的转债，花了很少的钱还债。此时，在面值100元左右买入可转债的投资者随即就能获得30%的收益。

在实际操作中，可转债发行时的默认存续为6年，实际上，发行公司一般在3~4年就会强赎，而年年发债的东方财富，每期的可转债存续时间不到1年。

下图中可转债利率为：第一年为0.5%、第二年为0.7%、第三年为1.0%、第四年为2.0%、第五年为2.5%、第六年为3.0%。可见利率非常低，上市公司的借钱成本很低。即便如此，大多数发行公司都不愿意还钱，他们希望投资者将可转债转股，在一定程度上推动发行公司触发强赎条件，散户借此通过买入低价可转债获利。同时，加上大概率的强赎预期，市场会给转债溢价，即转股溢价率（后面会详细讲解）。

上市日 2021年09月17日							
晨丰转债 - 113628（正股：晨丰科技 - 603685　行业：电子-光学光电子-LED）							+自选
价格：111.060		转股价值：95.18		税前收益：1.59%		成交(万)：43964.85	
涨幅：11.06%		溢价率：16.69%		税后收益：0.95%		当日换手：93.30%	
转股起始日	2022-02-28	回售起始日	2025-08-22	到期日	2027-08-23	发行规模(亿)	4.150
转股价	13.06	回售价	100.00*	剩余期限	5.934	剩余规模(亿)	4.150
股东配售率	50.96%	转股代码	未到转股期	到期赎回价	115.00	转债占比1	19.76%
网上中签率	0.0020%	已转股比例	0.00%	正股波动率	33.63%	转债占比2	19.76%
折算率	0.000	质押代码	113628	主体评级	A	债券评级	A
担保	股权质押担保						
募资用途	大功率LED照明结构件及厨具配件生产线建设项目 智能化升级改造项目 收购明益电子16%股权项目 补充流动资金						
转股价下修	当公司股票在任意连续三十个交易日中至少有十五个交易日的收盘价低于当期转股价格的85%时						
强制赎回	如果公司股票连续三十个交易日的收盘价格不低于当期转股价格的130%(含130%)						
回售	本次发行的可转债最后两个计息年度，如果公司股票在任何连续三十个交易日的收盘价格低于当期转股价格的70%时						
利率	第一年为0.5%，第二年为0.7%，第三年1.0%，第四年2.0%，第五年2.5%，第六年为3.0%。						
税前YTM计算公式	$2.50/(1+x)^{4.934} + 2.00/(1+x)^{3.934} + 1.00/(1+x)^{2.934} + 0.70/(1+x)^{1.934} + 0.50/(1+x)^{0.934} + 115.000/(1+x)^{5.934} - 111.0600 = 0$						

1.5　可转债是"弱势游戏"

　　弱势游戏，不是指投资者被欺负而处于弱势，反而是发行公司因为有可转债的下修和抗跌的债性，而变得相对弱势，不得不在必要时采取相应的补救措施，让可转债的价格保持在一定的合理区间或是推动股价上涨到转股价的130%。

　　这里的弱势游戏，是投资人在将可转债转为股票前，转股后弱势游戏将不复存在，因为股东的投资收益，完全随着市场波动而波动，不像债务那样刚性。

　　1. 下　　修

　　首先来介绍下修的好处。如果你投资了一只股票，下跌了10%，你毫无办法。但是如果你投资了一只可转债，破发了10%，会如何呢？比如，搜特转债的下修条款规定：当公司股票在任意连续三十个交易日中至少有十个交易日的收盘价低于当期转股价格的90%时，可以下修转股价，如下图所示。

第 1 章 为什么可转债比股票更适合散户

搜特转债 - 128100（正股：搜于特R - 002503 行业：纺织服装-服装家纺-休闲服装）							自选
价格	114.950	转股价值	106.17	税前收益	0.38%	成交(万)	26199.23
涨幅	-1.50%	溢价率	8.27%	税后收益	-0.28%	当日换手	27.89%
转股起始日	2020-09-18	回售起始日	2024-03-11	到期日	2026-03-11	发行规模(亿)	8.000
转股价	1.62	回售价	100.00*	剩余年限	4.501	剩余规模(亿)	7.993
股东配售率	9.33%	转股代码	128100	到期赎回价	112.00	转债占比1	18.27%
网上中签率	0.0123%	已转股比例	0.09%	正股波动率	51.41%	转债占比2	15.03%
折算率	0.000	质押代码	128100	主体评级	A	债券评级	A
担保	无担保						
募资用途	本次公开发行可转债公司债券募集资金总额预计不超过 80,000.00 万元，扣除发行费用后拟全部投资时尚产业供应链总部（一期）项目。						
转股价下修	当公司股票在任意连续三十个交易日中至少有十个交易日的收盘价低于当期转股价格的 90% 时 注：转股价不得低于每股净资产（以招募说明书为准）						
转股价调整历史	股东大会	生效日期	新转股价	原转股价	调整类型	状态	说明
	2021-08-16	2021-08-17	1.620	2.900	下修	成功	
	2020-09-09	2020-09-10	2.900	5.360	下修	成功	下修到底
强制赎回	如果公司A股股票连续三十个交易日中至少有十五个交易日的收盘价格不低于当期转股价格的130%（含130%）						
回售	本次发行的可转债最后两个计息年度，如果公司股票在任何连续三十个交易日的收盘价格低于当期转股价格的 70% 时						
利率	第一年 0.4%、第二年 0.6%、第三年 1.0%、第四年 1.5%、第　年 1.8%、第六年 2.0%						

所以，搜特转债曾经两度下修转股价，如 2021 年 7 月 30 日发行公司公告董事会提议下修，8 月 16 日公告正式下修，如下图所示。

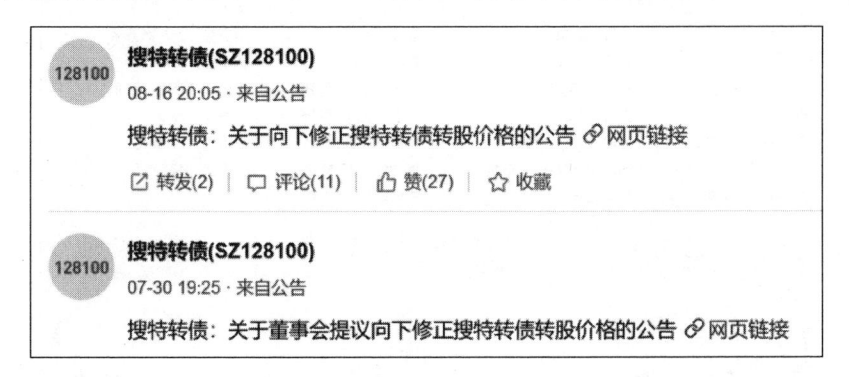

> **搜特转债(SZ128100)**
> 08-16 20:05 · 来自公告
> 搜特转债：关于向下修正搜特转债转股价格的公告 🔗网页链接
> 🔄 转发(2)　💬 评论(11)　👍 赞(27)　⭐ 收藏

> **搜特转债(SZ128100)**
> 07-30 19:25 · 来自公告
> 搜特转债：关于董事会提议向下修正搜特转债转股价格的公告 🔗网页链接

此期间，可转债价格在下修提议后从 78 元 + 回到了 90 元 +。在下修公布后，可转债价格直接站回到 100 元，之后又来到了 121.9 元，如下图所示。

对比搜特正股，这段时间并没有很好的表现，如下图所示。

7

手把手教你玩赚可转债

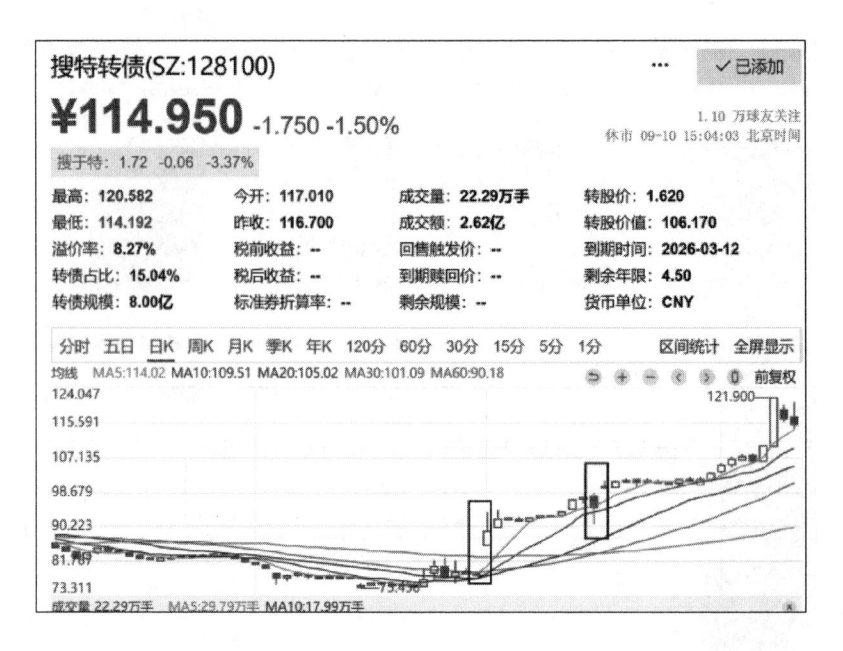

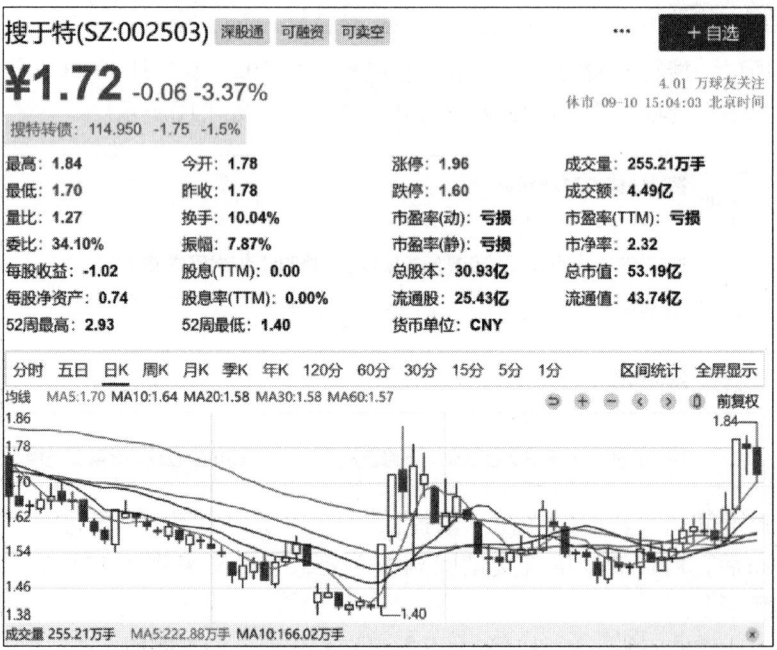

2. 可转债的抗跌性

以弘信转债为例，2020 年 11 月 19 日至 2021 年 2 月 8 日正股弘信电子

（300657）的价格最高从 16.97 元下跌到 11.88 元，跌幅为 42.8%，而同期弘信转债（123068）价格从最高 120.620 元跌到 92.110 元，跌幅为 30.95%。可转债相对于正股的跌幅缩小了 12%，如下图所示。

◆ 弘信电子（300657）。

◆ 弘信转债（123068）。

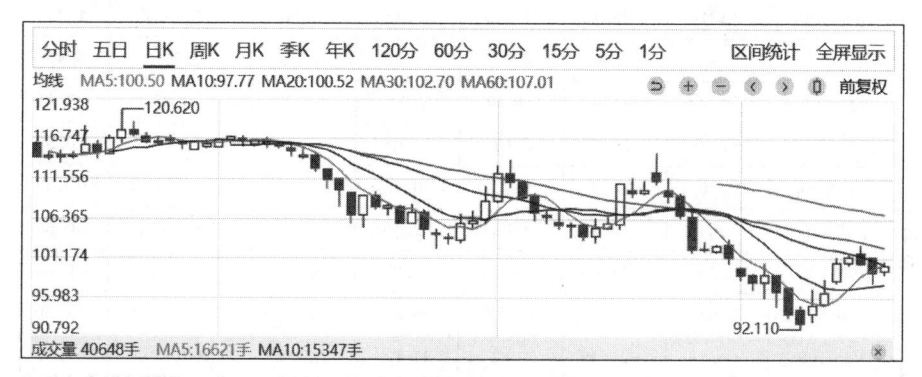

◆ 弘信电子与弘信转债涨跌对比如下图所示。

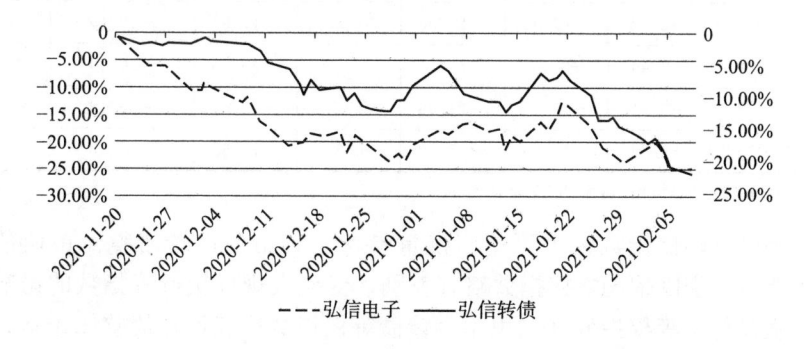

1.6 可转债的历史表现很有吸引力

由下表可以看出，2022—2023 年可转债是除了国债指数外表现最坚挺的投资标的，而在 2019—2021 年，可转债在牛市中涨幅可不小，自 2018 年至 2023 年总体涨幅排名第一，这是可转债牛市跟涨、熊市少跌的特性带来的结果。

名　　称	2023 年涨幅（%）	2022 年涨幅（%）	2021 年涨幅（%）	2019 年涨幅（%）	2018 年涨幅（%）	2018 年以来累计涨幅（%）	平均年化（%）
可转债等权	6.05	-6.51	35.61	27.97	-3.07	105.57	13.86
中证转债	4.41	-10.02	18.48	25.12	-1.15	44.91	6.91
国债指数	2.65	3.62	4.24	4.35	5.61	26.67	4.35
创业板指	-6.81	-29.37	12.02	43.79	-28.65	24.78	4.07
深证 100	-3.14	-26.13	-1.27	55.18	-34.66	7.14	1.25
深证 B 指	2.83	-1.40	8.01	14.86	-28.04	2.29	0.41
企债指数	-0.02	-0.39	-0.56	0.31	0.22	-0.85	-0.15
深证成指	-1.88	-25.85	2.67	44.08	-34.42	-2.08	-0.38
中证流通	0.76	-20.21	6.70	30.75	-30.00	-2.16	-0.39
上证指数	3.24	-15.13	4.80	22.30	-24.59	-3.57	-0.65
沪深 300	0.33	-21.63	-5.20	36.07	-25.31	-3.63	-0.66
中证 500	0.83	-20.31	15.58	26.38	-33.32	-5.40	-1.00
中小 100	-4.58	-26.49	4.62	41.06	-37.75	-7.29	-1.35
中证 1000	0.37	-21.58	20.52	25.67	-36.87	-10.15	-1.91
上证 50	-2.52	-19.52	-10.06	33.58	-19.83	-10.19	-1.92
B 股指数	-3.44	-1.36	17.41	-5.25	-20.70	-20.34	-4.02
恒生指数	-3.41	-15.46	-14.08	9.07	-13.61	-36.14	-7.76
恒生中国企业	-2.34	-18.59	-23.30	10.30	-13.53	-44.08	-9.94

数据来源：集思录；截至 2023 年 8 月 11 日。

而中证转债指数每个可转债权重参考了其市值占转债整体市值的占比，所以，涨跌幅与等权指数略有差别，受到大规模银行等指数的影响较大，涨幅低于等权指数（这里用可转债等权指数代表可转债整体走势，其中，等权指数表示每个可转债权重一样，忽略市值的影响）。

第 2 章

可转债盈利前
先了解规则

2.1　什么是可转债

　　可转债全名为可转换公司债券，顾名思义，它是上市公司发行的债券，在到期之前，满足一定条件时，投资者可以转股价将其转换为公司股票。所以，可转债既具备了股性，又具备了债性。

　　可转债的面值为100元，事先约定每年的利息，虽然利息很低，但相关法律规定：只要公司不倒闭，发行公司的欠债必须还钱，加之可转债还未出现违约或爆雷的先例（截至2023年8月22日，搜特转债、蓝盾转债退市，正邦转债重整，尚未违约）。所以，我们投资可转债，只要上市公司不发生违约，可在持有到期后收到本金和利息，也就是"下有保底"。

　　• 关于股性：一般对于130元以上的高价可转债，大多数情况下溢价率相对于低价债较低，高价可转债价格与正股关联性较强。假如此时正股一路高涨，可转债也会一路跟随。假如此时正股下跌，可转债也会跟跌，因此，转股溢价率是衡量股性的标准。

　　• 关于债性：低价债，尤其是在110元以下的可转债，一般溢价率较高，此时可转债价格与正股价格关联较弱。一旦溢价率超过20%，可转债股性就很弱了。这时大家选择可转债的标准更多地会关心债性，如搜特转债，下修之前溢价率高达39%，价格78元，妥妥地博下修的债性可转债。

　　综上，可转债同时具备（面值+利息）的保底收益；又能跟随正股上涨获得同比收益，真是一款"旱涝保收"的投资品种。

2.2　可转债的基本要素

1. 面　　值

　　可转债本质上是一种债券，和大多数债券的面值一样，都是100元。可转债发行时的价格即面值。因为可转债上市前价格一栏显示的面值为100元，因此，打新债中签的价格就是100元。

　　假如以面值100元的价格买入可转债，无论遇到怎样的熊市，转债价格跌破面值或者跌到70元，投资者也不用害怕，只要公司不发生违约，到期就可以拿回这100元面值和约定利息。

2. 价　　格

可转债上市后，价格会和股票价格一样，实时波动。此时，可转债的价格既可能高于100元，也可能低于100元的面值。

3. 期　　限

由下图可以看到，这是一款2022年5月19日发行的可转债，到期日为2028年5月19日，存续期为6年。

福莱转债 - 113059 (正股) 福莱特^R - 601865	行业: 电力设备-光伏设备-光伏辅材	+自选
价格: 100.000	转股价值: 106.05	税前收益: 2.71%	成交(万): 0.00
涨幅: 0.00%	溢价率: -5.71%	税后收益: 2.19%	当期换手: -
转股起始日	2022-11-28	回售起始日	2026-05-19	到期日	2028-05-19	发行规模(亿)	40.000
转股价	43.94	回售价	100.00+利息	剩余年限	6.000	剩余规模(亿)	40.000
股东配售率	-	转股代码	未到转股期	到期赎回价	112.00	转债占比¹	5.07%
网上中签率	-	已转股比例	0.00%	正股波动率	66.47%	转债占比²	4.00%
折算率	0.000	质押代码	113059	主体评级	AA	债券评级	AA
担保	无
募资用途	年产75万吨太阳能装备用超薄超高透面板制造项目 分布式光伏电站建设项目 年产1,500万平方米太阳能光伏超白玻璃技术改造项目 补充流动资金项目
转股价下修	当公司A股股票在任意连续三十个交易日中至少有十五个交易日的收盘价低于当期转股价格的90%时 注：转股价**不得低于**每股净资产（以招募说明书为准）
强制赎回	如果公司A股股票连续三十个交易日中至少有十五个交易日的收盘价格不低于当期转股价格的130%（含130%）
强赎状态	0 | 15 | 30
回售	本次发行的A股可转换公司债券最后2个计息年度，如果公司A股股票在任何连续三十个交易日的收盘价格低于当期转股价格的70%时
利率	第一年0.3%、第二年0.5%、第三年1.0%、第四年1.5%、第五年1.8%、第六年2.0%
税前YTM计算公式	1.80/(1+x)^5.000 + 1.50/(1+x)^4.000 + 1.00/(1+x)^3.000 + 0.50/(1+x)^2.000 + 0.30/(1+x)^1.000 + 112.000/(1+x)^6.000 - 100.0000 = 0

大多数可转债的期限均为6年，但实际上大多数可转债具有强赎条款，在公开发行一段时间后，如果达到强赎条件［上图中的强赎条件是：如果公司A股股票连续三十个交易日中至少有十五个交易日的收盘价格不低于当期转股价格的130%（含130%）］发行公司可以决定是否实施强赎，并发布强赎公告，敦促投资者完成债转股，最后转股日尚未实施转股的少量可转债份额，则会被发行公司以约定价格赎回。如果投资者以100元左右的价格买入可转债，并持有到满足强赎条件，则有机会获得30%左右的收益。

4. 利　　率

可转债利率一般按年约定，比如第一年为0.3%、第二年为0.5%、第三年为1.0%、第四为1.5%、第五年为1.8%、第六年为2.0%。可见，利率非常低，说明上市公司的借钱成本很低。即便如此，大多数上市公司还是不愿意还本付息，他们更希望投资者实施债转股，间接实现债券份额减少、股权份额增加。所以，发行公司更愿意促成强赎条款的达成。对于投资者来说，同样也可以利用发行公司的这种心态进行博弈获利。

5. 债券价值相关的两个要素

（1）到期赎回价

假如可转债到期赎回价为112元，表示最后一年发行公司会用这个价格去赎回客户手里的可转债（该价格包含第六年的利息）。我们在计算到期收益率时会用赎回价减去第六年利息，所以，最后一年只需看到期赎回价。

（2）到期收益率

到期收益率是指如果投资者以当前价格买入该转债并持有到期，能获得的年化收益率。如果到期收益率≥0，则说明到期所能获得的本息之和大于当前转债价格；反之亦然。其计算方法如下：

到期收益率＝(到期赎回价格＋未付利息－最后一次利息－买入价格)÷买入价格×100%

6. 债券价值快速算法

假如可转债前五年的利息之和为6.7%（大多数可转债前五年的利息之和在3%～7%，最后一年看到期赎回价即可），那么，该转债的债券价值为6.7%+15%＝21.7%，即面值附近的债券价值为21.7%。如果你有机会用111元买入，也还有10%的债券价值（其中，15%和111元的对应面值为115元）。

以上六点是可转债的债性，以下三点为可转债的股性价值。

7. 转股价

下图中可转债的转股价为43.94元，是固定价格，是在发行可转债时确定并写入募集说明书。

福莱转债 - 113059（正股：福莱特R - 601865 行业：电力设备-光伏设备-光伏辅材）						+自选
价格：100.000		转股价值：106.05		税前收益：2.71%	成交(万)：0.00	
涨幅：0.00%		溢价率：-5.71%		税后收益：2.19%	当日换手：-	
转股起始日	2022-11-2	回售起始日	2026-05-19	到期日	2028-05-19	发行规模(亿)	40.000
转股价	43.94	回售价	100.00+利息	剩余年限	6.000	剩余规模(亿)	40.000
股东配售率	-	转股代码	未到转股期	到期赎回价	112.00	转债占比[1]	5.07%
网上中签率	-	已转股比例	0.00%	正股波动率	66.47%	转债占比[2]	4.00%
折算率	0.000	质押代码	113059	主体评级	AA	债券评级	AA
担保	无						

转股价一般不会变化，除非遇到以下两种情况：

一是遇到发行公司下修转股价，这时转股价会下调更新；

二是正股发生分红转股，则转股价会随着除权而做出相应的下调。

8. 转股价值

可转债的转股价值是指可转债转换成股票的价值，计算公式如下：

可转债的转股价值＝可转债的正股价格÷可转债的转股价×100（元）

其中，转股价一般在发行后不变，除非下修或分红配股等。通过公式可以看出，转股要能获得很好的收益，需要正股价格高，转股价低，才能让转股价值变得越高，转股收益就越大；反之，转股价越高或正股价越低，转股价值就越小，转股收益就低。

下图中转股价值为106.05元，说明它是当前的正股股价和转股价。如果把该转债看作股票，忽略其债券价值，那么，其价值为106.05元（对应面值100元有一定溢价）。如果以当前最新的正股股价和转股价对该转债实施转股，投资者则可以获得价值106.05元正股。

福莱转债 - 113059（正股：福莱特R - 601865 行业：电力设备-光伏设备-光伏辅材）							+自选
价格: 100.000		转股价值: 106.05		税前收益: 2.71%		成交(万): 0.00	
涨幅: 0.00%		溢价率: -5.71%		税后收益: 2.19%		当日换手: -	
转股起始日	2022-11-28	回售起始日	2026-05-19	到期日	2028-05-19	发行规模(亿)	40.000
转股价	43.94	回售价	100.00+利息	剩余年限	6.000	剩余规模(亿)	40.000
股东配售率	-	转股代码	未到转股期	到期赎回价	112.00	转债占比1	5.07%
网上中签率	-	已转股比例	0.00%	正股波动率	66.47%	转债占比2	4.00%
折算率	0.000	质押代码	113059	主体评级	AA	债券评级	AA
担保	无						

我们再看一个不同的案例：立讯转债。其转股价值仅为53.51元，但是其价格却有113.616元，这是由于可转债的债性、期权价值等因素造成的，同时，市场赋予了该转债较高的溢价率，该转债溢价率超过110%。由下图可见，其溢价率高达112.35%。

立讯转债 - 128136（正股：立讯精密R - 002475 行业：电子-消费电子-消费电子零部件及组装）							+自选
价格: 113.616		转股价值: 53.51		税前收益: -0.37%		成交(万): 5198.76	
涨幅: 1.63%		溢价率: 112.35%		税后收益: -0.84%		当日换手: 1.53%	
转股起始日	2021-05-10	回售起始日	2024-11-04	到期日	2026-11-02	发行规模(亿)	30.000
转股价	57.92	回售价	100.00+利息	剩余年限	4.458	剩余规模(亿)	29.993
股东配售率	69.91%	转股代码	128136	到期赎回价	108.00	转债占比1	1.37%
网上中签率	0.0123%	已转股比例	0.02%	正股波动率	47.37%	转债占比2	1.37%
折算率	0.000	质押代码	128136	主体评级	AA+	债券评级	AA+

9. 转股溢价率

假如某只可转债的转股价值低于面值 100 元，但是加上可转债的债性，再加上大概率的强赎预期，市场会给转债一定的溢价，这就是转股溢价率。其计算公式如下：

转股溢价率 ＝ 可转债现价 ÷ 转股价值 －1 ＝ （可转债现价 － 转股价值）÷ 转股价值 ×100%

当溢价率为正数，投资者需花更多的钱去买面值 100 元的可转债，说明转债价格高于转股价值，此时投资者持有可转债更为划算。

当溢价率为负数，也称为折价，说明转债价格比转股价值要低，此时，投资者将可转债换成股票会更划算。正股投资者可以通过关注其可转债，在溢价率为负时买入转债转股，同时，卖出正股来降低正股的成本。

其中，溢价率是股性最重要的指标。后面会在低溢价率策略中详细讲解。

2.3 可转债的生命历程

可转债发行时都有年限，目前，最长的年限为 6 年，它发行 6 个月后进入转股期，而可转债可能在转股期内达到强赎条件，由发行公司发起强赎。因此，可转债的一生，最短 6 个月，最长 6 年。

可转债的生命历程示意如下图所示。

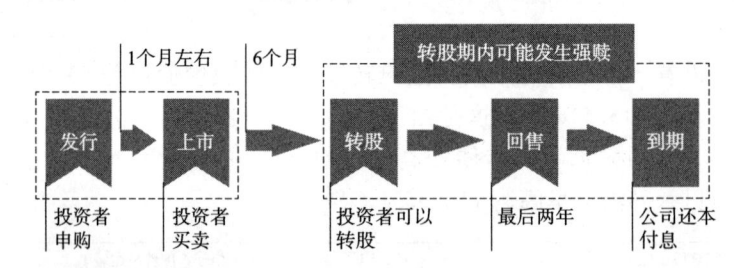

1. 从发行到上市

● 可转债发行之前会经历发行流程（董事会预案→股东大会批准→交易所受理→上市委通过→同意注册→发行公告），如果投资者想要提前埋伏配债，则需关注这些流程中的正股。

● 可转债发行时，投资者可以面值 100 元申购可转债。通常情况下，发行到上市之间一般间隔 1 个月左右；这说明打新债之后，等待中签的新债上市可能需要 1 个月左右的时间。

● 近年来打新债被越来越多的投资者喜爱。当可转债上市，这类打新债的投资者们往往会获利了结。

那么，打新债收益如何呢？

按照上市首日开盘价和中签率统计，单账户打新债在 2019—2023 年 8 月 18 日分别可以收获 5 598.44 元、3 777.29 元、1 537.37 元、1 261.13 元、567.58 元，见下表。2019—2023 年的新债破发率较低，2023 年截至目前更是无一破发。

2019—2023 年可转债上市情况统计（截至 2023 年 8 月 18 日）					
年份	转债上市数	破发数	破发率（%）	单账户开盘平均破发亏损之和（元）	单账户开盘累计平均收益（元）
2019	103	13	12.62	−446.74	5 598.44
2020	204	3	1.47	−7.064	3 777.29
2021	121	5	4.13	−7.92	1 537.37
2022	145	1	0.69	−8.47	1 261.13
2023	93	0	0.00	0	567.58

注：以上计算为理论平均值，并非固定收益。

打新债收益为什么逐年降低？

2019 年最高申购户数为 171 万户，2021 年最高申购户数近千万。随着越来越多的人参与打新债，中签率大大降低，单账户平均收益自然也降低了。

2022 年 6 月 16 日，深交所发布关于完善可转换公司债券投资者适当性管理相关事项的通知。通知明确，个人投资者参与向不特定对象发行的可转债申购、交易的，需符合下列条件：一是申请权限开通前二十个交易日证券账户及资金账户内的资产日均不低于人民币 10 万元（不包括该投资者通过融资融券融入的资金和证券）；二是参与证券交易 24 个月以上。通知自发布之日起施行。

自此，可转债权限开通规则增加了门槛，打新债人数增速趋缓，2023 年打新债户数在 900～1 100 户，2023 年全年打新收益继续降低，截至 8 月 15 日理论开盘价卖出收益 520.45 元。

2. 上市之后至转股期

退出方式：卖出交易。

3. 转股期至到期之前

退出方式：卖出交易、转股、回售、有条件赎回、到期赎回。

一般可转债发行半年后，进入转股期。转股期内，可能发生强制赎回（简称强赎）、回售（最后两年）、到期赎回。转股期之前，持有人退出方式只有卖出交易。转股期开始直到到期，则有卖出、转股、回售、强赎、到期赎回等方式。

对于有回售条款的可转债，最后两年，投资者有权利以 100 元的价格把手里的可转债卖给发行公司。这说明假如你有机会以低于 100 元的价格买入有回售条件的可转债，到了回售期，就有机会获利。

关于强赎，举个常见强赎条款的例子：公司股票在任何连续三十个交易日中至少十五个交易日收盘价格不低于当期转股价格的 130%，可以简单理解为：三十个交易日内有十五个交易日正股股价维持在转股价的 130%，或者可转债价格维持在 130 元以上。则发行公司可以选择发动强赎，强制投资人转股，否则，到期后发行公司有权以面值+当期利息（100 元附近的价格）把投资人手中的可转债赎回。这个价格似乎对投资者不利，实际上当满足强赎条款时可转债价格已达到 130 元左右，只要投资者买入价格低于此价格，即赚取到了差价，也被称为强赎博弈。而且 90% 以上的可转债都是以强赎为生命终点。

4. 小　　结

可转债的到期兑付、回售条款，保障了投资者能以面值+利息作为保底，也就是体现了可转债的兑付本息的债性。同时，它的价格随着正股价格的上涨而上涨，体现了可转债的股性。

重点是可转债特有的强赎特性，让正股公司有动力推动股价上涨到转股价的 130%，以促进投资人转股，而发行公司则可以不用还钱或者少还钱，而随着可转债份额减少+正股份额增加，投资人也有机会从可转债强赎条件满足及可转债价格上涨中获取收益。

2.4　可转债的三种结局

只要上市公司不违约，可转债最后大抵会通过有条件赎回（强赎）和到期赎回退出，见下表。

退市分类	退市原因	数量（只）	占比（%）
有条件赎回	强赎	275	91.06
	低于3 000万	7	2.32
到期赎回	到期	16	5.30
发行失败	撤销发行	1	0.33
正股退市/重整	正股退市/重整	3	0.99

注：统计截至2023年8月21日。

由上表可以看出，截至2023年8月21日，历史上已经有302只可转债退市，其中有条件赎回的可转债有282只，占比约93.38%，进一步细化，其中退市原因为强赎的可转债有275只，占比约91.06%。另外，到期赎回的有16只，占比约5.30%。正股退市或是重整的有3只，占比约0.99%。下面对这三种结局进行介绍。

1. 到期赎回

只要发行可转债的上市公司不倒闭，就会到期还本付息。买入可转债的价格足够低时，到期收益率>0，那么，投资者至少持有到期能保本保息。

到期赎回：九州转债，到期赎回价为108.00元，如下图所示。只要投资者买入成本低于（108－税），即可保本获利。可转债具体如何收税，在后面章节中将会讲解。

❶ 最后交易日 2021年12月30日							
❶ 最后转股日 2022年01月14日							
九州转债 - 110034 (正股：九州通 R - 600998　行业：医药生物-医药商业Ⅱ-医药商业Ⅲ)							+自选
价格：107.500		转股价值：76.84		税前收益：5.29%		成交(万)：14525.41	
涨幅：-0.24%		溢价率：39.91%		税后收益：-11.63%		当日换手：9.01%	
转股起始日	2016-07-21	回售起始日	2020-01-15	到期日	2022-01-15	发行规模(亿)	15.000
转股价	17.83	回售价	103.00	剩余年限	0.088	剩余规模(亿)	14.991
股东配售率	-	转股代码	110034	到期赎回价	108.00	转债占比¹	5.84%
网上中签率	-	已转股比例	0.06%	正股波动率	24.46%	转债占比²	5.84%
折算率	0.490	质押代码	110034	主体评级	AA+	债券评级	AA+

实际上九州转债扣税只有0.4元，投资者到手价为107.6元。所以，只要在107.6元以下买入，持有到期都不会亏损。对于稳健、保守投资者来说，在到期价值（赎回价格－税款）以下买入，持有到期都可以保本。

2. 强制赎回

【强赎举例：东财转3，强赎】

最后交易日：2022年2月28日；

最后转股日：2022年2月28日。

注意：最后交易日、最后转股日不一定是同一天。

赎回价格：100.18元/张；此价位为面值加存续时间内约定的利息（第一年0.2%、第二年0.3%、第三年0.4%、第四年0.8%、第五年1.8%、第六年2.0%），所以，它的赎回价格肯定大于面值100元。对于面值打新、配售的投资者来说是保本的。

另外，由于是有条件赎回（强赎），东财转3之前满足了强赎条件，如下图所示。当公司股票在任意连续三十个交易日中至少有十五个交易日的收盘价不低于当期转股价格的130%（含130%），即之前至少有一段时间的正股价格≥130%×转股价格，我们可以粗略估计那段时间的转债价格在130元以上。

实际上，东财转3在存续的90%的时间里，价格均大于130元，即便到了强赎月，由于溢价率趋于0，如下图所示。转债价格与正股联动，没有跌到低于133.6元。所以，存续期如果高价买入东财转3，在到期之前不转股或者卖出，就会被以强赎价格100.18元/张赎回。这是一个风险，对于不懂规则的人来说，一定要规避。

前面也曾提及：上市公司发行可转债是因为缺钱，而发行可转债利息很低，上市公司可以用非常低的成本，融资到很大一笔钱。而且，让持有转债的投资者选择转股，发行公司就不用还钱了。所以，上市公司希望债转股，势必希望可转债价格上涨，触发130%强赎条件。在这个过程中，可转债持有者能赚到利润，上市公司还不用还钱，双赢。

最后转股日 2022年02月28日							
已公告强赎 公告要强赎，已发布正式赎回公告							
东财转3 - 123111（正股：东方财富R - 300059 行业：非银金融-证券Ⅱ-证券Ⅲ）							+自选
价格：139.537		转股价值：139.57		税前收益：-4.47%		成交(万)：77082.98	
涨幅：1.56%		溢价率：-0.02%		税后收益：-4.82%		当日换手：4.40%	
转股起始日	2021-10-13	回售起始日	2025-04-07	到期日	2027-04-06	发行规模(亿)	158.000
转股价	23.35	回售价	100.00+利息	剩余年限	5.156	剩余规模(亿)	126.413
股东配售率	71.34%	转股代码	123111	到期赎回价	107.00	转债占比¹	4.51%
网上中签率	0.0588%	已转股比例	19.99%	正股波动率	42.12%	转债占比²	3.74%
折算率	0.000	质押代码	123111	主体评级	AA+	债券评级	AA+
担保	无						

3. 2023年出现的极个别转债退市现象

2023年，随着注册制实施，退市节奏加快，可转债市场同步受到正股退市引发的违约风险影响。搜特转债、蓝盾转债、正邦转债相继发生了前所未有的退市。

强制退市有两种情况：财务类退市和交易类退市。

财务类退市有十五天整理期后退市，交易类退市是直接退市。

搜特转债，正股*ST搜特连续二十个交易日收盘价格低于1元，股票和转债触发了交易类退市。交易类退市没有整理期，直接退市。退市后在正式摘牌后，会在四十五个交易日内去老三板挂牌交易。摘牌至老三板挂牌期间，持仓中没有显示搜特，原因是中登已经发公告终止登记服务，所以会从A股账户中暂时消失，老三板挂牌后会重新出现在券商账户。

蓝盾转债，正股*ST蓝盾2023年4月26日公布的年报，显示正股公司资不抵债，触发财务类退市条件。7月28日为蓝盾转债和正股的最后交易日，收盘后蓝盾转债发了提议下修的公告。目前蓝盾转债规模不到1亿元，这次下修，上市公司有意促进转股来降低剩余规模，一旦规模缩小至3000万元以下，可以触发停止交易来避免回售。

正邦转债，正股*ST正邦净资产为负，经营状况很差，通过重整成功解决了根本问题。

2023年8月4日收盘后，*ST正邦（SZ002157）公布了重整计划草案。

如果该方案被通过，那么持有1 000张及以下正邦转债的投资者将按照面值刚性兑付。

重整计划草案公布后，*ST正邦（SZ002157）连续涨停，8月14日最高触达3.25元，因其转股价为3.06元，即转股价值3.25÷3.06×100＝106.2（元），转债最后转股日为8月18日，期间转股后在3.06元以上卖出相当于转债在106.2元卖出。下图截图时间为8月17日。

2023年6月9日，深交所公布了《关于可转换公司债券退市整理期间交易安排的通知》，主要内容概括如下：进入退市整理期首日，可转债不设涨跌幅，交易规则和新股上市首日相同；进入退市整理期次日开始，按原有的可转债交易规则执行。进入退市整理期的转债交易权限要求2年、50万元资产。因此，绝大部分投资者将被排除在买家名单中。

随后，全国股转公司发布了《退市公司可转换公司债券管理规定》，明确了退市转债的去处和交易方式。主要内容有：强制退市可转债进入老三板交易（需要老三板权限）；竞价交易变为协议转让，交易以1 000张为单位；退市可转债有转让、转股、回售、赎回和到期兑付等交易方式。

以上退市转债规避方法：从基本面来说，就是要排除财务状况不好的上市公司。从量化角度来看，剔除A-以下评级的可转债，剔除正股ST或者*ST的可转债。

2.5 做可转债必看的三个网站

一是集思录，汇集了可转债的基础信息，溢价率等计算也都是实时的，数据很全。其中，投资日历中可以查看上市信息、申购信息、强赎信息等，如下图所示。

第 2 章　可转债盈利前先了解规则

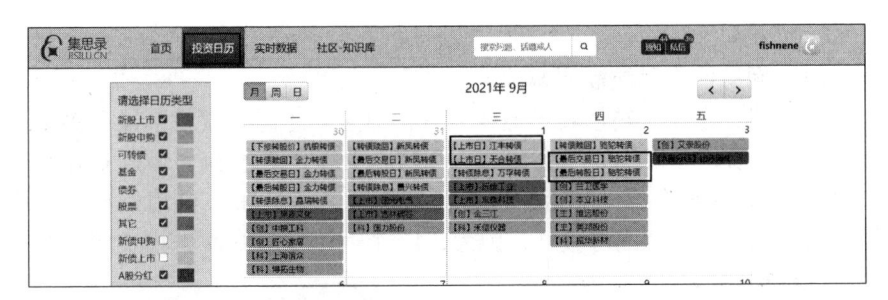

实时数据还能查看实时溢价率、双低值等数据，如下图所示。

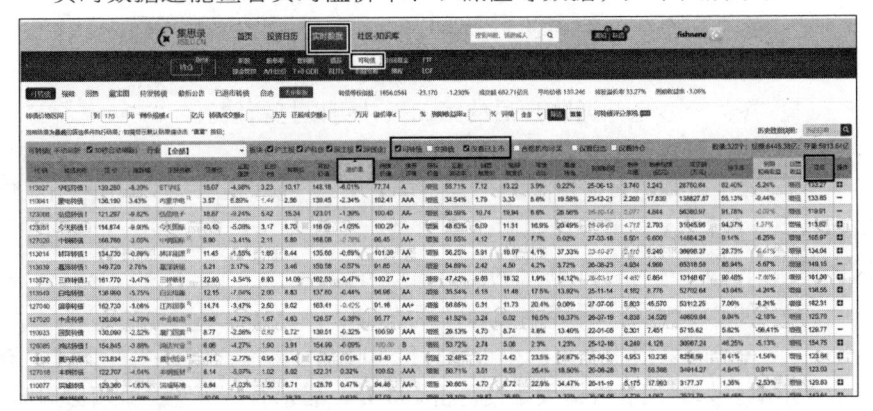

二是雪球网，看行情很方便，正股和转债之间切换也非常便捷。

三是宁稳网，提供下载过往数据，可以用于手动回测。但是，宁稳网注册需要答题，题目不简单且经常换新，可以上百度、雪球搜索。

另外，宁稳网虽然不提供实时数据，但是可以下载任意日期的数据，方法为：选择好日期，再单击下载本表，即可下载任意过往日期的数据（注意：回头看数据是要收费的）。

2.6　新手常困惑的八个问题

（1）问：打新债"申购数量"填什么？

答：一般填申购上限，但是，系统不会因为填申购上限就中签上限，2020—2021 年中签情况来看投资者最多一次中 3 000 元，很多时候不中。

（2）问：申购时间有限制吗？可以预约打新债吗？

答：申购日的交易时间内申购，交易时间为 9:30—15:00。个别券商也提供预约打新，可以在申购信息出来后，申购日之前进行设置申购具体时间节点，系统会自动按时完成申购。

（3）问：什么时候需要缴款？

答：申购可转债时不需要缴款，中签了才需要缴款，没中签就不缴款。中签后，如果你的保证账户可用资金大于中签金额，缴款日在当天16:00后，且系统会自动扣除。反之，如果你的保证账户可用资金小于中签金额，中签了千万记得缴款，因为，12个月不缴款3次，投资者就会被暂停打新6个月。

（4）问：一个人只能申购一次吗？

答：一个人只能申购一次。

（5）问：当天开通的账户可以打新债吗？

答：一般是开通账户后的第二天才可以打新债。

（6）问：可转债有风险吗？

答：可转债是低风险并不是完全无风险，2019全年一共上市103只可转债，共破发13只。怎样避开破发风险？预估上市价格，大家只需记住，选择那些预估上市价格>100元的打新债即可。

（7）问：可转债打新赚钱怎样计算收益？

答：如果预估上市价小于发行价100元，即有破发的可能，建议选择放弃申购。如果预估价格大于发行价100元，表示有利可图，则可以申购。比如预估价格为110元，大于可转债原本的价格100元，一般中签一手为1 000元，即10张可转债，那么，你就可以赚（110－100）×10＝100（元）（含佣金）。

（8）问：投资可转债需要注意什么？

答：投资者要注意的是，申购建议都是基于申购日前一个交易日的收盘数据，而可转债上市一般在申购之后二十个交易日左右，这段时间如果对应的正股价格大涨，可转债开盘价也会水涨船高，皆大欢喜。但是，这段时间如果对应的正股价格大跌，可转债上市开盘价也会跌，而且不乏有破发的可能。

由于可转债有转股价下调机制，所以，大家也可以拿住等待回本。如果运气较好，也会创出高点。比如，2018年破发的部分可转债在2019年一季度价格翻了倍。其中，利欧转债，2018年上市后最低跌到了78.8元，2019年又涨到155.4元。

对于只打新的投资者，可以选择上市开盘集合竞价卖出。有人会问什么是开盘集合竞价卖出？简单地讲就是开盘前9:15—9:25下单，如果下单的价格低于开盘价，则以开盘价成交。

第 3 章

每年赚一些——
可转债打新

3.1 可转债发行期的完整流程

由于银行转债规模大，还支持网下申购，所以它的流程最全，可以让大家一次把转债发行期的完整流程看懂、看透，下面以兴业转债为例进行讲解，见下表。

日 期	交易日	投资者	上市公司
2021-12-23 星期四	T-2 日		兴业银行公开刊登《募集说明书》及其摘要、《可转换公司债券发行公告》《网上路演公告》
2021-12-24 星期五	T-1 日	股权登记 网下申购	(1) 网上路演； (2) 原普通股股东优先配售股权登记日； (3) 机构投资者网下申购，在 17:00 前提交《网下申购表》等相关文件并在 17:00 前按时缴纳申购保证金
2021-12-27 星期一	T 日	网上申购	(1) 发行日：刊登《可转债发行提示性公告》； (2) 网上信用申购（无须缴款）；原普通股股东优先配售认购日（需要足额缴款）； (3) 确定兴业银行公开发行可转换公司债券网上申购摇号中签率和网下申购初步配售结果
2021-12-28 星期二	T+1 日		(1) 刊登《网上中签率及网下配售结果公告》； (2) 根据中签率进行网上申购摇号抽签
2021-12-29 星期三	T+2 日	缴款	(1) 刊登《网上中签结果公告》； (2) 网上申购的投资者根据中签号码确认中签数量并缴纳认购款（在 16:00 之前确保账户有足额的可转债认购资金）； (3) 网下投资者如若申购保证金低于获配售金额，则根据配售金额缴款
2021-12-30 星期四	T+3 日		承销商根据网上网下资金到账情况确定最终配售结果和报销金额
2021-12-31 星期	T+4 日		刊登：兴业银行公开发行可转换公司债券发行结果公告
2022-01-11			兴业银行公开发行 A 股可转换公司债券上市公告书
2022-01-14		上市	

其中，对于投资者来说，以下三点尤为重要：

- T 日为网上申购日，一般 T-2 日上市公司会发布《发行公告》《募集说明书》等，说明最晚 T-2 日晚上，可以得知上市公司发行可转债的日期等具体的确定性信息。
- 非机构投资者一般不具备参加网下申购的权限。在 T-1 日会自动进行股权登记，获得配售权的投资者可以在 T 日看到自己获配的份额数，在 T 日进行缴款，并在 T 日同时还能参加新债申购。
- T+1 日抽签，T+2 日缴款。

3.2 如何读懂可转债发行公告

发行公告是可转债发行前最后的一道流程，那么，作为投资者如何读懂可转债发行公告呢？主要关注以下几方面（以兴业转债为例）。

- 发行规模：500 亿元。机构投资者可参与本次可转债网下申购。
- 发行日期：2021 年 12 月 27 日为网上申购日、配售日。
- 2021 年 12 月 24 日为网下申购日、股权登记日。
- 兴业转债的初始转股价格为 25.51 元/股。
- 信用评级：主体信用等级为 AAA，本次可转债信用等级为 AAA。
- 下修条款：当公司 A 股股票在任意连续三十个交易日中有十五个交易日的收盘价低于当期转股价格的 80% 时（注：转股价不得低于每股净资产）。
- 有条件赎回条款：在本次发行可转债的转股期内，如果公司 A 股股票连续三十个交易日中至少有十五个交易日的收盘价格不低于当期转股价格的 130%（含 130%），公司有权按照债券面值加当期应计利息的价格赎回全部或部分未转股的可转债。
- 票面利率：第一年 0.20%、第二年 0.40%、第三年 1.00%、第四年 1.50%、第五年 2.30%、第六年 3.00%。
- 债券到期赎回：本次发行的可转债到期后五个交易日内，发行人将按债券面值的 109%（含最后一期利息）的价格赎回未转股的可转债。

以上重点发行信息，可以在集思录网站看到整合后的信息，如下图所示。

兴业转债 - 113052 (正股：兴业银行^R - 601166　行业：银行-银行Ⅱ-银行Ⅲ)						+自选
价格	115.820	转股价值	83.69	税前收益	-0.22%	成交(万) 30165.79
涨幅	1.08%	溢价率	38.54%	税后收益	-0.65%	当日换手 0.52%
转股起始日	2022-06-30	回售起始日	-	到期日	2027-12-27	发行规模(亿) 500.000
转股价	25.51	回售价	-	剩余年限	5.888	剩余规模(亿) 500.000
股东配售率	45.43%	转股代码	未到转股期	到期赎回价	109.00	转债占比^1 11.94%
网上中签率	0.0986%	已转股比例	0.00%	正股波动率	32.64%	转债占比^2 11.27%
折算率	0.690	质押代码	113052	主体评级	AAA	债券评级 AAA
担保	无					
募资用途	补充本行核心一级资本					
转股价下修	当公司A股股票在任意连续三十个交易日中有十五个交易日的收盘价低于当期转股价格的80%时；转股价不得低于每股净资产（以招募说明书为准）					
强制赎回	在本次发行可转债的转股期内，如果公司A股股票连续三十个交易日中至少有十五个交易日的收盘价格不低于当期转股价格的130%（含130%）					
强赎状态	0/15 | 30					
回售	-					
利率	第一年 0.20%、第二年 0.40%、第三年 1.00%、第四年 1.50%、第五年 2.30%、第六年 3.00%					

3.3　可转债打新2019—2023年收益情况（附发行申购数据）

2019—2023年8月18日上市的可转债，上市情况统计见下表。

<table>
<tr><th colspan="6">2019—2023年可转债上市情况统计（截至2023年8月18日）</th></tr>
<tr><th>年　　份</th><th>转债上市数</th><th>破　发　数</th><th>破发率（%）</th><th>单账户开盘平均破发亏损之和（元）</th><th>单账户开盘累计平均收益（元）</th></tr>
<tr><td>2019</td><td>103</td><td>13</td><td>12.62</td><td>−446.74</td><td>5 598.44</td></tr>
<tr><td>2020</td><td>204</td><td>3</td><td>1.47</td><td>−7.064</td><td>3 777.29</td></tr>
<tr><td>2021</td><td>121</td><td>5</td><td>4.13</td><td>−7.92</td><td>1 537.37</td></tr>
<tr><td>2022</td><td>145</td><td>1</td><td>0.69</td><td>−8.47</td><td>1 261.13</td></tr>
<tr><td>2023</td><td>93</td><td>0</td><td>0.00</td><td>0</td><td>567.58</td></tr>
</table>

注：以上计算为理论平均值，并非固定收益。

可能有人会问，为什么只统计了开盘价？因为我认为开盘之后就不是打新的收益，而是在炒债。另外，只需参与集合竞价，投资者可以开盘价卖出成交的。如果遇到开盘涨停的情况，则可以等开板后再卖。下面介绍具体的可转债申购中签情况和上市数据（部分）（数据来源为宁稳网和东方财富网）。

1. 2023年1月1日至8月18日上市的可转债数据（部分）

2023年8月18日之前上市的93只可转债，打新收益分别为：567.58元（开盘卖），667.73元（收盘卖），见下表。

序号	上市日期	转债名称	上市代码	规模	股东配售率（%）	单户中签率（%）	上市首日开盘价	上市首日收盘价	单账户开盘平均收益（元）	单账户收盘平均收益（元）
1	2023-01-04	大元转债	113664	4.50	86.9	0.5	119.99	122.790	1.06	1.21
2	2023-01-04	会通转债	118028	8.30	86.5	1.0	118.00	116.293	1.85	1.68
3	2023-01-06	合力转债	110091	20.48	73.4	5.2	121.00	124.333	10.92	12.65
4	2023-01-06	漱玉转债	123172	8.00	82.5	1.3	117.40	118.300	2.26	2.38
5	2023-01-09	富淼转债	118029	4.50	81.1	0.8	120.10	120.320	1.59	1.61
6	2023-01-09	优彩转债	127078	6.00	72.5	1.6	120.00	118.500	3.16	2.92
7	2023-01-10	华宏转债	127077	5.15	60.6	1.9	130.00	130.000	5.70	5.70
8	2023-01-11	汇通转债	113665	3.60	51.7	1.6	118.011	116.492	2.90	2.66
9	2023-01-16	华亚转债	127079	3.40	77.8	0.7	130.00	131.100	2.19	2.27
10	2023-02-06	冠盛转债	111011	6.02	81.9	1.1	130.00	135.587	3.39	4.02
11	2023-02-07	三房转债	110092	25.00	91.33	2.2	121.11	120.007	4.73	4.48
12	2023-02-07	福新转债	111012	4.29	89.27	0.5	130.00	140.803	1.41	1.92
13	2023-02-08	恒锋转债	123173	2.42	71.78	0.7	130.00	157.300	2.16	4.13
14	2023-02-10	睿创转债	118030	15.64	68.98	5.1	130.00	144.675	15.36	22.87
15	2023-02-10	声迅转债	127080	2.80	77.26	0.7	130.00	157.300	2.01	3.84
16	2023-03-07	精锻转债	123174	9.80	84.79	1.5	122.61	122.870	3.39	3.43
17	2023-03-15	天23转债	118031	88.64	68.15	27.9	115.00	117.203	41.85	48.00
18	2023-03-17	百畅转债	123175	4.20	65.44	1.5	130.00	130.00	4.35	4.35
19	2023-03-20	爱玛转债	113666	20.00	91.03	1.8	130.00	128.021	5.31	4.96
20	2023-03-22	精测转2	123176	12.76	64.52	4.4	130.00	130.000	13.20	13.20
21	2023-03-23	花园转债	123178	12.00	64.04	4.2	122.50	121.000	9.45	8.82
22	2023-03-24	测绘转债	123177	4.07	80.48	0.8	139.00	157.000	3.12	4.56
23	2023-03-27	立高转债	123179	9.50	79.37	1.9	130.00	143.000	5.73	8.21
24	2023-03-28	浙矿转债	123180	3.20	58.73	1.3	130.00	157.300	3.81	7.28

续上表

序号	上市日期	转债名称	上市代码	规模	股东配售率（%）	单户中签率（%）	上市首日开盘价	上市首日收盘价	单账户开盘平均收益（元）	单账户收盘平均收益（元）
25	2023-04-07	建龙转债	118032	7.0	66.05	2.3	122.00	122.625	5.10	5.25
26	2023-04-10	平煤转债	113066	29.00	67.96	9.1	115.55	116.005	14.17	14.58
27	2023-04-11	春23转债	113667	5.70	76.02	1.3	130.00	128.423	3.90	3.69
28	2023-04-11	亚康转债	123181	2.61	74.32	0.7	130.00	157.300	1.95	3.72
29	2023-04-14	华特转债	118033	6.46	16.94	5.2	130.00	153.617	15.60	27.88
30	2023-04-17	广联转债	123182	7.00	73.42	1.9	130.00	130.000	5.58	5.58
31	2023-04-18	天阳转债	123184	9.75	64.18	3.4	130.00	128.500	10.05	9.55
32	2023-04-20	神马转债	110093	30	83.48	4.8	116.558	118.387	8.01	8.90
33	2023-04-20	海顺转债	123183	6.33	79.33	1.3	120.000	120.400	2.52	2.57
34	2023-04-20	柳工转2	127084	30.00	48.18	14.8	113.510	119.995	19.98	29.57
35	2023-04-20	能辉转债	123185	3.48	45.25	1.9	130.000	128.470	5.64	5.35
36	2023-04-21	志特转债	123186	6.14	84.01	1.0	123.000	119.100	2.23	1.85
37	2023-04-25	晓鸣转债	123189	3.290	75.37	0.8	129.000	119.900	2.26	1.55
38	2023-04-25	超达转债	123187	4.69	89.64	0.5	130.000	124.000	1.38	1.10
39	2023-04-25	水羊转债	123188	6.95	82.19	1.2	130.000	125.000	3.48	2.90
40	2023-04-25	道氏转02	123190	26	71.44	7.2	116.000	112.110	11.55	8.74
41	2023-04-25	中旗转债	127081	5.4	85.67	0.8	125.100	118.500	1.91	1.41
42	2023-04-26	山路转债	127083	48.36	81.01	8.9	113.200	117.022	11.77	15.18
43	2023-04-27	鹿山转债	113668	5.24	74.78	1.3	116.900	115.230	2.13	1.92
44	2023-04-27	亚科转债	127082	11.59	74.85	2.8	118.000	119.270	5.06	5.41
45	2023-04-28	智尚转债	123191	7	91.17	0.6	125.10	124.100	1.53	1.47
46	2023-05-05	新港转债	111013	3.69	88.47	0.4	130.00	133.534	1.23	1.37
47	2023-05-05	百洋转债	123194	8.60	87.65	1.1	130.00	129.000	3.18	3.07
48	2023-05-08	蓝晓转02	123195	5.46	83.68	0.8	130.00	129.700	2.52	2.49
49	2023-05-09	海能转债	123193	6	78.11	1.3	118.00	116.324	2.30	2.09
50	2023-05-09	景23转债	113669	11.54	84.17	1.7	122.71	120.245	3.88	3.46
51	2023-05-11	科思转债	123192	7.25	84.45	1.1	130.00	157.300	3.30	6.30
52	2023-05-16	金23转债	113670	7.70	91.42	0.6	119.99	121.358	1.24	1.32
53	2023-05-19	正元转02	123196	3.51	79.98	0.7	130.00	130.000	2.10	2.10

续上表

序号	上市日期	转债名称	上市代码	规模	股东配售率（%）	单户中签率（%）	上市首日开盘价	上市首日收盘价	单账户开盘平均收益（元）	单账户收盘平均收益（元）
54	2023-05-19	晶能转债	118034	100	88.97	10.9	120.00	119.505	21.74	21.20
55	2023-05-23	韵达转债	127085	24.50	85.02	3.5	126.10	126.800	9.24	9.49
56	2023-05-29	光力转债	123197	4	85.80	0.6	130.00	147.000	1.71	2.68
57	2023-07-06	国力转债	118035	4.8	77.4	1.13	130.00	132.691	3.39	3.69
58	2023-07-07	恒邦转债	127086	31.6	64.9	11.56	123.00	125.400	26.59	29.36
59	2023-07-07	山河转债	123199	3.2	72.7	0.91	130.00	135.000	2.73	3.19
60	2023-07-07	金埔转债	123198	5.2	65.7	2.09	130.00	128.000	6.27	5.85
61	2023-07-13	李子转债	111014	6	87.3	0.85	130.00	139.689	2.55	3.37
62	2023-07-17	星帅转2	127087	4.630	77.13	1.15	130.00	131.000	3.45	3.57
63	2023-07-17	海泰转债	123200	396.0	83.70	0.70	130.00	157.300	2.10	4.01
64	2023-07-18	纽泰转债	123201	350.0	77.27	0.86	130.00	157.300	2.58	4.93
65	2023-07-19	明电转02	123203	449.0	77.03	1.06	130.00	157.300	3.18	6.07
66	2023-07-19	赫达转债	127088	600.0	68.54	1.93	130.00	135.100	5.79	6.77
67	2023-07-20	力合转债	118036	380.0	72.17	0.012	130.00	245.631	3.60	17.48
68	2023-07-26	祥源转债	123202	460.0	73.39	0.012 6	130.00	135.117	3.78	4.42
69	2023-08-01	上声转债	118037	520.0	86.91	0.007 5	130.00	157.300	2.25	4.30
70	2023-08-02	东亚转债	111015	690.0	81.24	0.014 2	130.00	139.623	4.26	5.63
71	2023-08-02	金丹转债	123204	700.0	80.31	0.015 1	130.00	129.989	4.53	4.53
72	2023-08-03	武进转债	113671	3.1	78.08	0.007 7	130.00	157.300	2.16	4.13
73	2023-08-04	晶澳转债	127089	8 960.0	73.84	0.241 4	117.60	116.710	42.49	40.34
74	2023-08-08	大叶转债	123205	476.0	85.07	0.007 5	130.00	157.300	2.25	4.30
75	2023-08-08	开能转债	123206	250.0	78.11	0.005 7	130.00	157.300	1.71	3.27
76	2023-08-09	冠中转债	123207	400.0	67.75	0.013 6	130.00	157.300	4.08	7.79
77	2023-08-10	岱美转债	113673	908.0	93.34	0.006 2	130.00	157.300	1.86	3.55
78	2023-08-10	福蓉转债	113672	640.0	88.75	0.007 4	130.00	157.300	2.22	4.24
79	2023-08-10	金宏转债	118038	1 016.0	79.35	0.022 2	130.00	128.260	6.66	6.27
80	2023-08-10	孩王转债	123208	1 039.0	58.32	0.044 4	130.00	125.000	13.32	11.10
81	2023-08-14	众和转债	110094	1 375.0	72.29	0.039	124.00	124.782	9.36	9.66
82	2023-08-14	宏微转债	118040	430.0	65.71	0.014 7	130.00	128.360	4.41	4.17

续上表

序号	上市日期	转债名称	上市代码	规模	股东配售率(%)	单户中签率(%)	上市首日开盘价	上市首日收盘价	单账户开盘平均收益(元)	单账户收盘平均收益(元)
83	2023-08-14	阳谷转债	123211	650.0	81.48	0.011 9	124.60	123.900	2.93	2.84
84	2023-08-15	煜邦转债	118039	411.0	61.03	0.016 7	122.58	117.606	3.77	2.94
85	2023-08-15	华设转债	113674	400.0	76.83	0.009 7	127.00	126.051	2.62	2.53
86	2023-08-15	兴瑞转债	127090	462.0	78.03	0.010 4	130.00	157.300	3.12	5.96
87	2023-08-15	神通转债	111016	577.0	92.44	0.004 3	130.00	157.300	1.29	2.46
88	2023-08-16	天源转债	123213	1 000.0	61.78	0.037 9	120.00	118.821	7.58	7.13
89	2023-08-16	立中转债	123212	899.0	80.93	0.017	130.00	143.000	5.10	7.31
90	2023-08-17	聚隆转债	123209	219.0	63.37	0.008 4	130.00	157.300	2.52	4.81
91	2023-08-18	东宝转债	123214	455.0	56.45	0.019 2	130.00	122.000	5.76	4.22
92	2023-08-18	燃23转债	113067	3 000.0	62.91	0.110 5	117.00	121.010	18.79	23.22
93	2023-08-18	信服转债	123210	1 214.0	79.57	0.024 6	130.00	130.000	7.38	7.38

2. 2022年上市的可转债数据(部分)(见下表)

2022年上市的145只可转债,打新收益分别为：1 261.13元（开盘卖）、1 314.91元（收盘卖）。

序号	上市时间	转债名称	转债代码	单户中签率(%)	股东配售率(%)	上市日开盘价	单签开盘平均收益(元)	单签收盘平均收益(元)	单账户开盘平均收益(元)	单账户收盘平均收益(元)
1	2022-12-23	豪能转债	113662	0.8	82.7	114.5	145	102.83	1.22	0.86
2	2022-12-22	福22转债	113661	3.7	87.0	118.3	183	189.21	6.79	7.02
3	2022-12-22	宏图转债	118027	3.4	63.4	116	160	176.77	5.41	5.97
4	2022-12-19	齐鲁转债	113065	42.6	43.2	98.01	−19.9	(48.72)	−8.47	−20.74
5	2022-12-16	新化转债	113663	1.4	76.6	123.511	235.11	207.99	3.24	2.87
6	2022-12-16	共同转债	123171	0.9	75.3	130	300	573.00	2.55	4.87
7	2022-12-15	南电转债	123170	3.4	59.7	122	220	226.20	7.55	7.76
8	2022-12-14	惠云转债	123168	1.7	62.8	118.33	183.3	160.00	3.13	2.74
9	2022-12-12	东材转债	113064	3.4	74.8	127.999	279.99	251.86	9.44	8.49
10	2022-12-12	寿22转债	113660	0.6	83.4	130	300	275.17	1.83	1.68
11	2022-12-12	正海转债	123169	3.4	74.0	124.1	241	220.73	8.24	7.55

续上表

序号	上市时间	转债名称	转债代码	单户中签率(%)	股东配售率(%)	上市日开盘价	单签开盘平均收益(元)	单签收盘平均收益(元)	单账户开盘平均收益(元)	单账户收盘平均收益(元)
12	2022-12-09	商络转债	123167	0.7	81.9	129.958	299.58	253.60	2.01	1.70
13	2022-12-07	立昂转债	111010	8.7	73.3	127	270	280.21	23.52	24.41
14	2022-12-01	盛泰转债	111009	3.0	53.7	128.01	280.1	284.67	8.29	8.43
15	2022-11-28	沿浦转债	111008	0.6	81.5	130	300	374.33	1.92	2.40
16	2022-11-25	蒙泰转债	123166	0.3	87.4	130	300	430.00	1.02	1.46
17	2022-11-24	赛轮转债	113063	5.1	72.1	122	220	257.15	11.11	12.99
18	2022-11-21	中宠转2	127076	2.7	64.8	116	160	159.98	4.34	4.34
19	2022-11-18	奕瑞转债	118025	4.7	64.4	123.2	232	257.22	10.97	12.17
20	2022-11-18	利元转债	118026	1.7	80.8	117.1	171	175.26	2.89	2.96
21	2022-11-17	冠宇转债	118024	8.7	69.8	117.98	179.8	172.13	15.55	14.89
22	2022-11-16	百川转2	127075	3.0	68.1	129.999	299.99	261.11	9.00	7.83
23	2022-11-15	莱克转债	113659	3.6	67.3	123	230	257.93	8.26	9.26
24	2022-11-15	回天转债	123165	2.6	67.4	120	200	240.01	5.24	6.29
25	2022-11-14	法本转债	123164	1.5	74.6	130	300	300.00	4.50	4.50
26	2022-11-09	广大转债	118023	4.5	70.0	123.6	236	262.91	10.62	11.83
27	2022-11-09	麦米转2	127074	3.8	67.8	125.1	251	253.50	9.51	9.61
28	2022-11-07	芳源转债	118020	3.0	51.0	124	240	270.18	7.27	8.19
29	2022-11-07	锂科转债	118022	10.1	68.6	130	300	288.59	30.33	29.18
30	2022-11-07	金沃转债	123163	0.7	76.0	126	260	259.00	1.77	1.76
31	2022-11-04	东杰转债	123162	2.2	42.3	130	300	353.00	6.63	7.80
32	2022-11-03	博实转债	127072	1.4	68.9	130	300	301.00	4.08	4.09
33	2022-11-02	新致转债	118021	2.1	54.3	125.5	255	255.66	5.38	5.39
34	2022-11-01	永和转债	111007	0.8	89.9	130	300	399.50	2.40	3.20
35	2022-10-31	兴发转债	110089	7.4	73.0	109.11	91.1	100.55	6.70	7.39
36	2022-10-28	爱迪转债	110090	3.3	78.1	130	300	240.71	9.81	7.87
37	2022-10-27	天赐转债	127073	10.6	67.3	122	220	222.00	23.41	23.62
38	2022-10-27	再22转债	113657	1.7	67.7	120	200	211.06	3.32	3.50
39	2022-10-27	强联转债	123161	4.2	64.9	125	250	252.20	10.50	10.59
40	2022-10-25	密卫转债	113658	2.8	66.9	125.2	252	244.80	7.01	6.81

续上表

序号	上市时间	转债名称	转债代码	单户中签率（%）	股东配售率（%）	上市日开盘价	单签开盘平均收益（元）	单签收盘平均收益（元）	单账户开盘平均收益（元）	单账户收盘平均收益（元）
41	2022-10-25	泰福转债	123160	1.2	64.2	122.22	222.2	208.10	2.62	2.46
42	2022-10-24	崧盛转债	123159	1.0	64.6	125	250	201.00	2.48	1.99
43	2022-10-21	宙邦转债	123158	5.5	70.7	130	300	299.99	16.62	16.62
44	2022-10-20	淮22转债	110088	5.0	83.0	128.1	281	280.09	14.02	13.98
45	2022-10-17	常银转债	113062	19.2	66.8	118	180	189.70	34.56	36.42
46	2022-10-13	金盘转债	118019	3.1	67.5	129	290	330.66	8.93	10.18
47	2022-10-12	嘉诚转债	113656	1.3	83.5	111	110	138.72	1.40	1.76
48	2022-10-11	大中转债	127070	1.9	85.5	111.61	116.1	122.99	2.22	2.35
49	2022-09-21	嵘泰转债	111006	1.0	82.4	130	300	262.78	3.06	2.68
50	2022-09-20	科蓝转债	123157	3.1	33.1	118.02	180.2	169.11	5.62	5.28
51	2022-09-19	天箭转债	127071	2.4	44.5	121.88	218.8	190.16	5.21	4.53
52	2022-09-14	瑞科转债	118018	1.7	55.2	125	250	212.62	4.33	3.68
53	2022-09-07	顺博转债	127068	0.8	89.5	121.101	211.01	254.00	1.58	1.91
54	2022-09-07	小熊转债	127069	0.6	87.4	130	300	325.60	1.74	1.89
55	2022-09-02	博汇转债	123156	0.6	83.9	124.96	249.6	205.20	1.40	1.15
56	2022-09-01	永02转债	113654	1.6	72.2	120.1	201	205.43	3.16	3.23
57	2022-09-01	欧22转债	113655	1.9	89.4	130	300	316.64	5.55	5.86
58	2022-08-31	中陆转债	123155	0.7	76.1	122	220	(1 000.00)	1.63	−7.40
59	2022-08-29	深科转债	118017	0.7	76.8	130	300	303.62	2.19	2.22
60	2022-08-26	永22转债	113653	1.1	83.8	130	300	264.64	3.30	2.91
61	2022-08-25	京源转债	118016	0.9	70.5	128.375	283.75	249.46	2.44	2.15
62	2022-08-23	火星转债	123154	1.2	73.0	130	300	290.00	3.72	3.60
63	2022-08-18	恒逸转2	127067	3.8	84.8	130	300	435.43	11.37	16.50
64	2022-08-18	芯海转债	118015	1.2	64.3	123.504	235.04	199.40	2.87	2.43
65	2022-08-17	松霖转债	113651	0.4	92.8	130	300	491.27	1.14	1.87
66	2022-08-12	拓普转债	113061	2.7	88.0	130	300	474.67	8.04	12.72
67	2022-08-12	高测转债	118014	1.3	69.4	130	300	420.34	3.96	5.55
68	2022-08-12	伟22转债	113652	0.9	93.4	128.9	289	282.38	2.49	2.43
69	2022-08-11	英力转债	123153	0.5	82.6	130	300	430.00	1.47	2.11

续上表

序号	上市时间	转债名称	转债代码	单户中签率（%）	股东配售率（%）	上市日开盘价	单签开盘平均收益（元）	单签收盘平均收益（元）	单账户开盘平均收益（元）	单账户收盘平均收益（元）
70	2022-08-11	润禾转债	123152	0.6	74.7	130	300	573.00	1.83	3.50
71	2022-08-03	科利转债	127066	3.9	71.0	130	300	335.20	11.61	12.97
72	2022-08-02	洁特转债	118010	1.3	65.7	130	300	251.34	3.87	3.24
73	2022-08-02	银微转债	118011	1.9	56.7	130	300	280.70	5.61	5.25
74	2022-07-28	博22转债	113650	2.2	68.2	122.1	221	256.40	4.8399	5.62
75	2022-07-28	微芯转债	118012	1.9	56.1	130	300	268.00	5.73	5.12
76	2022-07-28	道通转债	118013	3.6	67.7	128.78	287.8	279.80	10.41836	10.13
77	2022-07-27	瑞鹄转债	127065	0.7	82.5	130	300	573.00	2.04	3.90
78	2022-07-25	富春转债	111005	0.5	90.2	128	280	252.40	1.32	1.19
79	2022-07-21	海优转债	118008	2.2	63.3	150	500	356.80	10.85	7.75
80	2022-07-21	华锐转债	118009	1.0	71.9	150	500	621.20	4.90	6.08
81	2022-07-21	丰山转债	113649	0.7	82.9	140.11	401.1	231.20	2.93	1.68
82	2022-07-20	九强转债	123150	3.3	66.9	130	300	318.00	9.99	10.58
83	2022-07-20	康医转债	123151	2.2	63.2	130	300	430.00	6.63	9.52
84	2022-07-19	天业转债	110087	6.2	75.6	116.1	161	190.60	10.00	11.84
85	2022-07-15	通裕转债	123149	4.2	67.6	130	300	347.00	12.69	14.67
86	2022-07-08	浙22转债	113060	11.8	81.0	125	250	250.10	29.43	29.45
87	2022-07-05	杭氧转债	127064	1.8	82.5	130	300	430.00	5.40	7.81
88	2022-07-01	上能转债	123148	1.4	61.1	130	300	573.00	4.32	8.27
89	2022-06-21	中辰转债	123147	1.3	75.3	130	300	280.00	3.81	3.56
90	2022-06-13	福莱转债	113059	3.3	90.8	130	300	276.90	9.84	9.08
91	2022-06-10	湘佳转债	127060	2.0	64.2	130	300	300.00	6.00	6.07
92	2022-05-30	美锦转债	127061	24.4	20.8	111.11	111.1	118.50	27.11	28.86
93	2022-05-30	贵轮转债	127063	6.0	61.3	111	110	140.70	6.60	8.45
94	2022-05-26	中环转2	123146	2.9	64.2	120	200	160.10	5.80	4.60
95	2022-05-23	精工转债	110086	6.7	61.5	116.88	168.8	168.20	11.31	11.23
96	2022-05-20	垒知转债	127062	1.2	67.8	130	300	573.00	3.51	6.69
97	2022-05-18	药石转债	123145	3.0	70.0	130	300	300.00	9.00	8.90
98	2022-05-18	禾丰转债	113647	3.7	71.2	118	180	133.50	6.66	4.98

续上表

序号	上市时间	转债名称	转债代码	单户中签率（%）	股东配售率（%）	上市日开盘价	单签开盘平均收益（元）	单签收盘平均收益（元）	单账户开盘平均收益（元）	单账户收盘平均收益（元）
99	2022-05-17	巨星转债	113648	2.2	76.7	119	190	151.70	4.18	3.30
100	2022-05-17	永吉转债	113646	0.4	65.7	150	500	2 761.60	2.00	12.33
101	2022-05-16	永东转2	127059	1.3	60.1	130	300	573.00	3.90	7.66
102	2022-05-12	艾迪转债	113644	4.3	52.1	114	140	138.50	6.02	6.00
103	2022-05-10	中银转债	113057	63.8	7.3	107.2	72	78.80	45.94	50.25
104	2022-04-27	裕兴转债	123144	2.1	61.3	110	100	45.00	2.10	0.93
105	2022-04-26	友发转债	113058	0.7	91.8	109	90	40.70	0.63	0.56
106	2022-04-25	明新转债	111004	1.4	86.8	122	220	146.00	3.08	1.07
107	2022-04-22	风语转债	113643	3.3	24.7	130	300	160.40	9.90	5.22
108	2022-04-22	胜蓝转债	123143	0.4	86.1	130	300	559.00	1.20	2.20
109	2022-04-21	山石转债	118007	1.8	25.4	150	500	734.30	9.00	13.14
110	2022-04-20	科伦转债	127058	5.1	80.2	120	200	167.80	10.20	8.59
111	2022-04-19	聚合转债	111003	0.4	75.0	150	500	1 335.20	2.00	5.97
112	2022-04-15	中特转债	127056	16.6	63.0	107	70	124.00	11.62	20.55
113	2022-04-14	重银转债	113056	30.1	73.6	106	60	49.10	18.06	14.80
114	2022-04-12	阿拉转债	118006	0.8	78.4	120	200	180.10	1.60	1.38
115	2022-04-11	申昊转债	123142	1.4	70.8	130	300	125.00	4.20	1.74
116	2022-04-08	宏丰转债	123141	0.9	67.8	130	300	300.00	2.70	2.83
117	2022-04-08	盘龙转债	127057	0.5	80.3	130	300	573.00	1.50	2.60
118	2022-04-06	上22转债	113642	3.2	84.7	121.51	215.1	200.10	6.88	6.49
119	2022-04-06	成银转债	113055	14.0	79.1	120.33	203.3	217.30	28.46	30.42
120	2022-03-31	铂科转债	123139	0.9	77.6	130	300	300.00	2.70	2.64
121	2022-03-30	天地转债	123140	0.6	59.4	130	300	350.00	1.80	2.20
122	2022-03-24	精装转债	127055	2.4	57.0	110	100	106.20	2.40	2.53
123	2022-03-23	华友转债	113641	17.3	74.0	125	250	237.70	43.25	41.13
124	2022-03-23	绿动转债	113054	15.5	26.7	114	140	132.00	21.70	20.41
125	2022-03-22	丝路转债	123138	1.3	40.0	130	300	330.00	3.90	4.12
126	2022-03-18	通22转债	110085	19.5	81.5	130.2	302	290.30	58.89	56.61
127	2022-03-15	双箭转债	127054	1.0	79.8	113.1	131	131.00	1.31	1.28

续上表

序号	上市时间	转债名称	转债代码	单户中签率(%)	股东配售率(%)	上市日开盘价	单签开盘平均收益(元)	单签收盘平均收益(元)	单账户开盘平均收益(元)	单账户收盘平均收益(元)
128	2022-03-10	苏利转债	113640	0.9	89.8	116	160	130.10	1.44	1.19
129	2022-03-04	豪美转债	127053	1.5	79.8	120.1	201	166.80	3.02	2.58
130	2022-03-02	锦浪转债	123137	6.9	19.6	130	300	380.00	20.70	26.18
131	2022-03-01	天奈转债	118005	2.5	70.6	138	380	363.30	9.50	8.95
132	2022-02-22	华正转债	113639	3.5	34.4	121.11	211.1	187.40	7.39	6.50
133	2022-02-17	隆22转债	113053	23.8	62.1	123	230	253.80	54.74	60.32
134	2022-02-15	城市转债	123136	0.5	89.4	120.3	203	242.00	1.02	1.19
135	2022-01-27	博瑞转债	118004	1.9	55.7	130	300	296.50	5.70	5.50
136	2022-01-24	西子转债	127052	3.0	72.2	130	300	350.00	9.00	10.42
137	2022-01-21	佩蒂转债	123133	1.3	81.3	130	300	285.00	3.90	3.57
138	2022-01-21	台21转债	113638	2.2	60.2	130	300	302.60	6.60	6.61
139	2022-01-20	华翔转债	113637	1.6	77.9	137.1	371	306.10	5.94	5.05
140	2022-01-19	泰林转债	123135	0.4	78.2	130	300	435.00	1.20	1.90
141	2022-01-18	卡倍转债	123134	0.5	79.1	130	300	330.30	1.50	1.74
142	2022-01-18	贵燃转债	110084	4.6	49.4	119.5	195	175.70	8.97	8.03
143	2022-01-14	兴业转债	113052	98.6	45.4	110	100	110.60	98.60	109.02
144	2022-01-07	回盛转债	123132	2.2	67.9	130	300	300.00	6.60	6.62
145	2022-01-04	珀莱转债	113634	6.0	13.4	138.01	380.1	382.70	22.81	23.09
							合计		1 261.13	1 314.91

3. 2021年上市的可转债数据(部分)(见下表)

2021年上市的121只可转债,打新收益分别为:1 537.37元(开盘卖)、1 646.65元(收盘卖)。

上市时间	转债名称	转债代码	中签率(%)	单户中签率(%)	股东配售率(%)	上市日开盘价	单签开盘平均收益(元)	单签收盘平均收益(元)	单账户开盘平均收益(元)	单账户收盘平均收益(元)
2021-12-31	甬金转债	113636	0.001 5	1.5	83.2	133	330	397.4	4.95	6.15
2021-12-30	特纸转债	111002	0.000 6	0.6	91.0	145	450	493.8	2.70	2.76

续上表

上市时间	转债名称	转债代码	中签率（%）	单户中签率（%）	股东配售率（%）	上市日开盘价	单签开盘平均收益（元）	单签收盘平均收益（元）	单账户开盘平均收益（元）	单账户收盘平均收益（元）
2021-12-30	升21转债	113635	0.0023	2.3	6.3	135	350	328.9	8.05	15.61
2021-12-29	科沃转债	113633	0.0087	8.7	13.3	130	300	288.8	26.10	25.12
2021-12-22	奥飞转债	123131	0.0014	1.4	77.4	130	300	305	4.20	4.29
2021-12-20	华兴转债	118003	0.0023	2.3	71.0	130	300	287.1	6.90	6.54
2021-12-17	博杰转债	127051	0.0007	0.7	86.4	130	300	290.5	2.10	2.01
2021-12-10	皖天转债	113631	0.0013	1.3	85.3	120.5	205	189	2.67	2.54
2021-12-10	苏租转债	110083	0.0088	8.8	81.9	118	180	169.7	15.84	14.88
2021-12-09	鹤21转债	113632	0.0014	1.4	93.1	127	270	309.6	3.78	4.24
2021-12-06	山玻转债	111001	0.0021	2.1	64.6	134	340	344.3	7.14	7.19
2021-12-06	麒麟转债	127050	0.0022	2.2	89.5	130	300	350	6.60	7.76
2021-12-02	设研转债	123130	0.0013	1.3	63.6	130	300	280	3.90	3.70
2021-11-29	希望转2	127049	0.0231	23.1	72.3	125.11	251.1	254	58.00	58.67
2021-11-26	帝欧转债	127047	0.0079	7.9	49.9	127.1	271	231	21.41	18.28
2021-11-24	锦鸡转债	123129	0.0041	4.1	32.2	117.5	175	229	7.18	9.46
2021-11-24	中大转债	127048	0.0015	1.5	49.0	130	300	300	4.50	4.38
2021-11-23	赛伍转债	113630	0.0036	3.6	52.1	145	450	421	16.20	14.96
2021-11-23	宏发转债	110082	0.0085	8.5	60.0	141	410	420.2	34.85	35.59
2021-11-19	耐普转债	123127	0.0033	3.3	22.8	125.1	251	231.5	8.28	7.58
2021-11-18	首华转债	123128	0.0114	11.4	22.1	110	100	102.6	11.40	11.68
2021-11-03	百润转债	127046	0.0014	1.4	88.2	130	300	310	4.20	4.18
2021-10-21	泉峰转债	113629	0.0038	3.8	36.2	134	340	320.7	12.92	12.05
2021-10-18	瑞丰转债	123126	0.0012	1.2	63.7	110	100	93.2	1.20	1.13
2021-09-30	元力转债	123125	0.0051	5.1	42.4	110	100	114	5.10	5.78
2021-09-23	川恒转债	127043	0.0046	4.6	59.7	130	300	573	13.80	26.48
2021-09-17	晨丰转债	113628	0.0020	2.0	51.0	117.45	174.5	92.9	3.49	1.82
2021-09-16	蒙娜转债	127044	0.0019	1.9	82.9	119.8	198	171.6	3.76	3.23

4. 2020年上市的可转债数据(部分)(见下表)

2020年上市的204只可转债,打新收益分别为:3 777.33元（开盘卖）、3 876.20元（收盘卖）。

上市时间	转债名称	转债代码	中签率（%）	单户中签率（%）	股东配售率（%）	上市日开盘价	单签开盘平均收益（元）	单签收盘平均收益（元）	单账户开盘平均收益（元）	单账户收盘平均收益（元）
2020-12-29	润建转债	128140	0.002 2	2.2	83.3	99	−10.00	−19.5	−0.22	−0.43
2020-12-28	万顺转2	123085	0.003 6	3.6	66.9	111.48	114.80	−84.4	4.13	−3.00
2020-12-28	财通转债	113043	0.012 6	12.6	71.7	95.11	−48.90	114.5	−6.16	14.45
2020-12-28	北陆转债	123082	0.001 7	1.7	71.4	96	−40.00	−18	−0.68	−0.31
2020-12-25	润建转债	128140	0.002 2	2.2	83.3	115	150.00	−19.5	3.30	−0.43
2020-12-24	侨银转债	128138	0.000 9	0.9	84.4	109	90.00	11	0.81	0.10
2020-12-24	祥鑫转债	128139	0.001 2	1.2	84.0	103	30.00	−30.8	0.36	−0.38
2020-12-23	永安转债	113609	0.002 1	2.1	81.3	101	10.00	−30.5	0.21	−0.65
2020-12-22	精研转债	123081	0.002 1	2.1	69.2	106.2	62.00	34.5	1.30	0.73
2020-12-22	灵康转债	113610	0.001 3	1.3	78.7	120	200.00	110	2.60	1.47
2020-12-22	福20转债	113611	0.002 2	2.2	89.4	134.11	341.10	368.7	7.50	7.94
2020-12-22	海波转债	123080	0.000 7	0.7	77.2	111.58	115.80	−57.6	0.81	−0.39
2020-12-17	洪城转债	110077	0.004 5	4.5	81.1	106	60.00	88	2.70	3.94
2020-12-16	飞凯转债	123078	0.007 1	7.1	35.7	105.22	52.20	42.5	3.71	3.04
2020-12-15	汉得转债	123077	0.006 0	6.0	52.3	108.65	86.50	35.3	5.19	2.12
2020-12-04	强力转债	123076	0.003 9	3.9	65.1	117.88	178.80	110.2	6.97	4.30
2020-12-02	冀东转债	127025	0.011 6	11.6	69.9	123.99	239.90	206.2	27.83	23.90
2020-12-02	立讯转债	128136	0.012 3	12.3	41.0	127.21	272.10	240	33.47	29.47
2020-12-02	盈峰转债	127024	0.007 3	7.3	63.7	120	200.00	206	14.60	15.12
2020-12-01	洁美转债	128137	0.001 5	1.5	81.2	120	200.00	142.1	3.00	2.20
2020-11-27	伟20转债	113607	0.001 5	1.5	91.1	118.25	182.50	185.1	2.74	2.86
2020-11-27	紫金转债	113041	0.018 2	18.2	77.8	136.2	362.00	378.9	65.88	68.86
2020-11-27	威派转债	113608	0.000 6	0.6	89.9	114	140.00	98.9	0.84	0.55
2020-11-25	天能转债	123071	0.002 5	2.5	70.5	119.69	196.90	77	4.92	1.95
2020-11-25	华海转债	110076	0.005 9	5.9	78.1	122	220.00	192.2	12.98	11.26

续上表

上市时间	转债名称	转债代码	中签率（%）	单户中签率（%）	股东配售率（%）	上市日开盘价	单签开盘平均收益（元）	单签收盘平均收益（元）	单账户开盘平均收益（元）	单账户收盘平均收益（元）
2020-11-23	贝斯转债	123075	0.001 3	1.3	84.7	126	260.00	400	3.38	5.33
2020-11-20	荣泰转债	113606	0.001 4	1.4	85.3	117.11	171.10	150.3	2.40	2.11
2020-11-19	华菱转2	127023	0.013 2	13.2	71.8	116.61	166.10	119.5	21.93	15.82
2020-11-18	洽洽转债	128135	0.004 7	4.7	68.5	120	200.00	180	9.40	8.53
2020-11-17	多伦转债	113604	0.001 3	1.3	82.4	130	300.00	220	3.90	2.91
2020-11-16	同和转债	123073	0.001 9	1.9	70.7	130	300.00	270	5.70	5.23
2020-11-16	隆利转债	123074	0.001 2	1.2	76.9	130	300.00	350	3.60	4.25
2020-11-16	恒逸转债	127022	0.006 7	6.7	72.1	129	290.00	300	19.43	20.01
2020-11-16	星宇转债	113040	0.004 0	4.0	77.5	138	380.00	408.9	15.20	16.54
2020-11-13	大参转债	113605	0.001 8	1.8	89.5	140	400.00	406.4	7.20	7.15

5. 2019年上市的可转债数据（部分）（见下表）

2019年上市的103只可转债，打新收益分别为：5 598.44元（开盘卖）、5 459.73元（收盘卖）。单签收益最高的为尚荣转债，开盘卖出的单户收益高达1 155元。

上市时间	转债名称	转债代码	中签率（%）	单户中签率（%）	股东配售率（%）	上市日开盘价	单签开盘平均收益（元）	单签收盘平均收益（元）	单账户开盘平均收益（元）	单账户收盘平均收益（元）
2019-12-25	烽火转债	110062	0.020 0	20.0	33.5	120.3	203	245	40.60	48.98
2019-12-19	克来转债	113552	0.027 0	27.0	82.2	121.21	212.1	218	57.27	5.79
2019-12-16	海亮转债	128081	0.020 0	20.0	64.4	109.997	99.97	74	19.99	16.71
2019-12-12	常汽转债	113550	0.040 0	40.0	49.3	108	80	95.7	32.00	41.72
2019-12-11	白电转债	113549	0.030 0	30.0	62.5	108	80	39	24.00	13.03
2019-12-11	福特转债	113551	0.010 0	10.0	69.4	119.5	195	205.6	19.50	14.11
2019-12-09	利德转债	123035	0.050 0	50.0	53.3	109	90	105	46.56	54.32
2019-12-09	顺丰转债	128080	0.020 0	20.0	77.4	115	150	159.6	27.11	28.84
2019-12-02	川投转债	110061	0.010 0	10.0	81.6	115.55	155.5	140.5	17.76	16.05

第3章 每年赚一些——可转债打新

续上表

上市时间	转债名称	转债代码	中签率（%）	单户中签率（%）	股东配售率（%）	上市日开盘价	单签开盘平均收益（元）	单签收盘平均收益（元）	单账户开盘平均收益（元）	单账户收盘平均收益（元）
2019-11-28	天路转债	110060	0.020 0	20.0	33.6	106.49	64.9	72.2	12.37	13.76
2019-11-28	通光转债	123034	0.020 0	20.0	54.5	103.1	31	10.4	6.72	2.25
2019-11-25	金力转债	123033	0.040 0	40.0	48.9	113	130	92.7	52.02	37.10
2019-11-22	索发转债	113547	0.020 0	20.0	36.8	103.11	31.1	48.7	7.07	11.07
2019-11-22	石英转债	113548	0.020 0	20.0	43.7	110.1	101	123.5	18.34	22.43
2019-11-21	迪贝转债	113546	0.010 0	10.0	44.0	102	20	-3.4	2.96	-0.50
2019-11-21	北方转债	127014	0.020 0	20.0	60.8	107	70	72.2	16.65	17.18
2019-11-21	英联转债	128079	0.010 0	10.0	42.8	105.99	59.9	45.3	8.75	6.62
2019-11-15	浦发转债	110059	0.300 0	300.0	52.7	103.5	35	39	105.59	117.66
2019-09-26	晶瑞转债	123031	0.050 0	50.0	8.1	116.95	169.5	105.6	77.04	48.00
2019-09-16	翔鹭转债	128072	0.030 0	30.0	35.0	110.1	101	120	31.43	37.34
2019-09-16	合兴转债	128071	0.090 0	90.0	9.2	104.52	45.19	75	38.86	64.50
2019-09-12	九洲转债	123030	0.040 0	40.0	44.1	112.3	123	95.1	50.75	39.24
2019-09-11	哈尔转债	128073	0.040 0	40.0	27.9	111	110	114	42.16	43.69
2019-09-10	英科转债	123029	0.040 0	40.0	62.5	119	190	169	75.32	67.00

6. 2018年及之前上市的可转债数据（部分）（见下表）

申购时间	转债名称	转债代码	中签率（%）	单户中签率（%）	单签开盘平均收益（元）	单签收盘平均收益（元）	单账户开盘平均收益（元）	单账户收盘平均收益（元）	上市时间
2018-12-21	凯龙转债	128052	1.442 2	1 442.2	60	58.6	865.32	845.13	2019-01-21
2018-12-20	溢利转债	123018	2.348 5	2 348.5	0	-23	0.00	-540.16	2019-01-23
2018-12-19	佳都转债	110050	2.350 3	2 350.3	35	50.9	822.61	1 196.30	2019-01-21
2018-12-18	海尔转债	110049	0.039 3	39.3	107	149.2	42.05	58.64	2019-01-18
2018-12-17	台华转债	113525	0.421 4	421.4	-1	11.2	-4.21	47.20	2019-01-11
2018-12-14	光华转债	128051	0.437 1	437.1	-35	-1.3	-152.99	-5.68	2019-01-09

41

续上表

申购时间	转债名称	转债代码	中签率（%）	单户中签率（%）	单签开盘平均收益（元）	单签收盘平均收益（元）	单账户开盘平均收益（元）	单账户收盘平均收益（元）	上市时间
2018-12-14	奇精转债	113524	0.574 1	574.1	-38.1	-40.8	-218.73	-234.23	2019-01-07
2018-12-10	钧达转债	128050	0.856 0	856.0	-27.7	-69.9	-237.11	-598.34	2018-12-27
2018-12-10	伟明转债	113523	0.348 4	348.4	0	14.5	0.00	50.52	2018-12-26
2018-01-19	常熟转债	113018	0.192 4	192.4	60	79.1	115.44	152.19	2018-02-06
2017-12-28	道氏转债	123007	0.071 8	71.8	180	180	129.24	129.24	2018-01-26
2017-12-27	迪龙转债	128033	0.038 7	38.7	33	40	12.77	15.48	2018-01-29
2017-12-27	吉视转债	113017	0.399 5	399.5	24	-19.1	95.88	-76.30	2018-01-15
2017-12-25	航电转债	110042	0.196 8	196.8	30	17.6	59.04	34.64	2018-01-15
2017-12-25	双环转债	128032	0.082 5	82.5	35.1	47.5	28.96	39.19	2018-01-25
2017-12-22	蒙电转债	110041	0.266 6	266.6	40.2	41.7	107.17	111.17	2018-01-09
2017-12-22	天康转债	128030	0.061 8	61.8	81	90.1	50.06	55.68	2018-01-29
2017-12-22	太阳转债	128029	0.043 1	43.1	130	245.3	56.03	105.72	2018-01-16
2017-12-21	赣锋转债	128028	0.061 3	61.3	0	22.1	0.00	13.55	2018-01-19
2016-04-21	辉丰转债	128012	0.987 7	987.7	183.9	136.9	1 816.38	1 352.16	2016-05-17
2016-03-18	江南转债	113010	0.110 1	110.1	250.9	291	276.24	320.39	2016-04-05
2016-03-02	汽模转债	128011	0.216 3	216.3	300	335	648.90	724.61	2016-03-24
2016-02-26	白云转债	110035	0.084 1	84.1	202.5	192	170.30	161.47	2016-03-15
2016-01-22	广汽转债	113009	0.246 9	246.9	180	180	444.42	444.42	2016-02-04
2016-01-22	蔚蓝转债	128010	0.637 5	637.5	300	301	1 912.50	1 918.88	2016-02-23
2016-01-15	九州转债	110034	0.101 1	101.1	180	173.5	181.98	175.41	2016-01-29
2016-01-05	国贸转债	110033	0.108 1	108.1	103	88.8	111.34	95.99	2016-01-19
2016-01-04	三一转债	110032	0.368 9	368.9	71.1	76.9	262.29	283.68	2016-01-18
2015-12-18	蓝标转债	123001	0.058 2	58.2	150	143	87.30	83.23	2016-01-08
2015-06-12	航信转债	110031	0.032 2	32.2	200	453.2	64.40	145.93	2015-06-30
2015-02-02	电气转债	113008	0.284 2	284.2	310.1	333.1	881.30	946.67	2015-02-16
2014-12-25	格力转债	110030	0.284 7	284.7					2015-01-13
2014-12-12	歌尔转债	128009	0.119 7	119.7					2014-12-26
2014-12-02	洛钼转债	113501	0.321 6	321.6					2014-12-16

续上表

申购时间	转债名称	转债代码	中签率（%）	单户中签率（%）	单签开盘平均收益（元）	单签收盘平均收益（元）	单账户开盘平均收益（元）	单账户收盘平均收益（元）	上市时间
2014-10-13	浙能转债	110029	0.861 5	861.5					2014-10-28
2014-09-15	齐峰转债	128008	0.219 4	219.4					2014-10-10
2014-09-05	吉视转债	113007	0.160 3	160.3	24	−19.1	38.47	−30.62	2014-09-25
2014-08-15	通鼎转债	128007	0.221 3	221.3					2014-09-05
2014-07-18	冠城转债	110028	0.632 5	632.5					2014-08-01
2014-07-10	东方转债	110027	1.278 1	1 278.1					2014-07-25
2014-06-20	长青转债	128006	1.958 0	1 958.0					2014-07-09
2014-05-14	国金转债	110025	1.133 5	1 133.5					2014-06-03
2014-04-18	齐翔转债	128005	0.380 9	380.9					2014-05-13
2014-02-25	久立转债	128004	2.789 7	2 789.7					2014-03-14
2013-12-13	深燃转债	113006	0.587 5	587.5					2013-12-27
2013-11-22	平安转债	113005	3.417 7	3 417.7					2013-12-09
2013-10-25	徐工转债	127002	3.048 6	3 048.6					2013-11-15
2013-09-13	隧道转债	110024	0.999 2	999.2					2013-09-30
2013-08-12	华天转债	128003	1.684 9	1 684.9					2013-08-28
2013-07-26	东华转债	128002	0.067 3	67.3					2013-08-19
2013-03-15	民生转债	110023	0.368 2	368.2					2013-03-29
2013-01-09	泰尔转债	128001	2.328 2	2 328.2					2013-01-28
2012-12-19	海直转债	127001	0.823 5	823.5					2013-01-07
2012-10-16	南山转债	110020	0.806 2	806.2					2012-10-31
2012-06-04	重工转债	113003	0.459 3	459.3					2012-06-18
2012-03-23	恒丰转债	110019	0.416 8	416.8					2012-04-12
2011-08-19	国电转债	110018	1.088 8	1 088.8					2011-09-02
2011-08-01	中海转债	110017	0.327 8	327.8					2011-08-12
2011-07-19	巨轮转2	129031	0.421 4	421.4					2011-08-04
2011-07-15	深机转债	125089	1.340 5	1 340.5					2011-08-10
2011-03-21	川投转债	110016	0.560 8	560.8	155.5	140.5	17.77	787.92	2011-03-31
2011-02-11	中鼎转债	125887	0.223 6	223.6					2011-03-01
2011-01-25	国投转债	110013	0.239 3	239.3	150	160	75.62	382.88	2011-02-15

3.4 如何参与可转债申购

投资者参与可转债申购，没有特别的要求，只需按照下面的步骤操作即可。

第一步：准备一个证券账户。

2022年6月18日之前，开通证券账户后，投资者第二天可以申购可转债。2022年6月18日之后，《关于可转换公司债券适当性管理相关事项的通知》提高了可转债开通的门槛，具体为：开通可转债权限要求2年交易经历+账户20日日均资产要满足10万元以上。

第二步：操作可转债打新（以海通证券为例）。

步骤1：打开e海通财App，点击"交易"→"一键打新"按钮。

步骤2：点击"新债申购"按钮。

步骤3：选择要打的新债。

步骤4：填写申购上限的数量，也就是满额申购。

步骤5：点击"一键申购"按钮。

详细操作如下图所示。

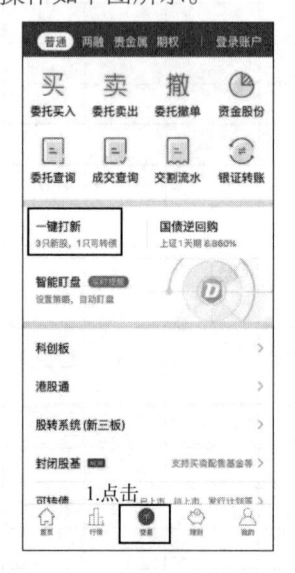

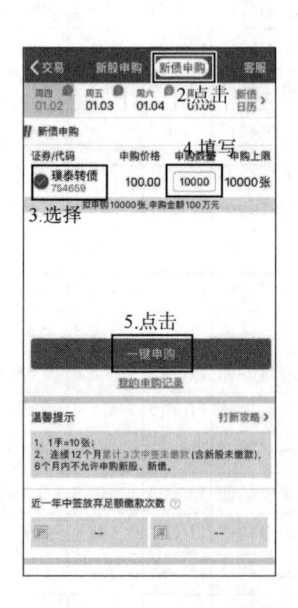

第三步：中签后，银证转账，转入缴款资金。

第 3 章 每年赚一些——可转债打新

步骤 1：点击"我的申购记录"→"中签查询"按钮，查询自己是否中签，如下图所示。

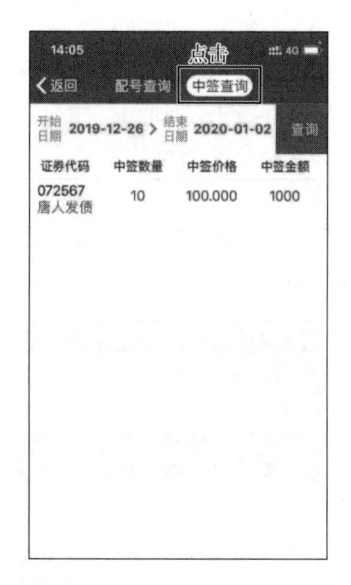

步骤 2：如有中签，按照上图中签金额缴款，点击"交易"→"银证转账"→"资金转入"按钮，然后按提示操作转入相应的金额。

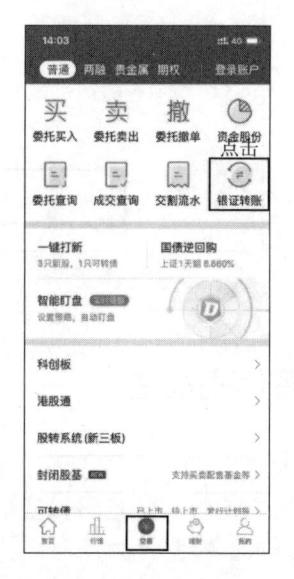

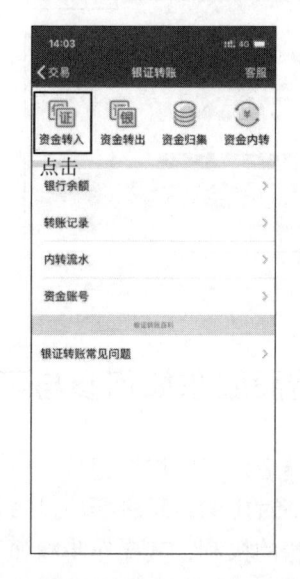

第四步：可转债上市卖出。

从持仓中选择、卖出。

如何预约打新债？很简单，按以下步骤操作即可。

步骤 1：打开 e 海通财 App，点击"交易"→"一键打新"按钮。

步骤 2：点击"新债申购"按钮。

步骤 3：点击"预约打债"按钮。

步骤 4：选择要预约的债。

步骤 5：下拉选择"申购时间"选项。

步骤 6：点击"预约打新"按钮。

操作如下图所示。

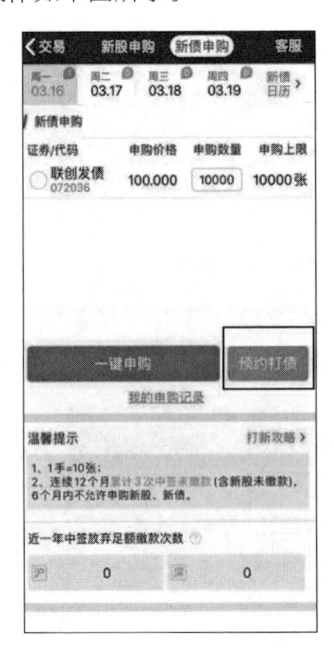

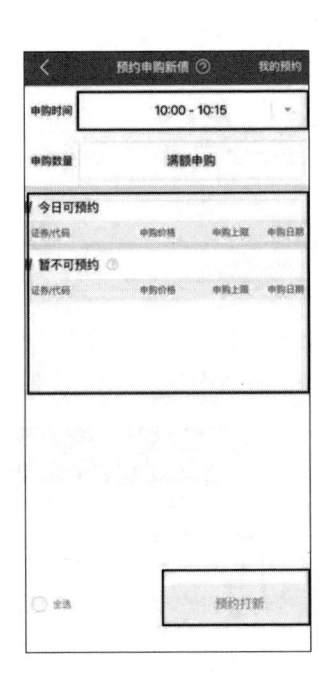

3.5 持股股东如何参与可转债优先配售

在可转债发行股权登记日（一般是打新债前一个交易日）结束之前，持有可转债对应的正股股票的投资者，只要持股数量足够，就享有可转债的优先配售的权利，其操作步骤如下（以兴业转债为例）。

1. 根据公告,计算配售数量

在公告出来之后，持股股东想要参与配售，可以在公告中找到配售的相关条款。在兴业银行或者兴业转债的行情公告栏中找到《兴业转债：兴业银行公开发行可转换公司债券发行公告》，其中"向原普通股股东优先配售"章节，如下图所示。

> **二、向原普通股股东优先配售**
>
> 本次公开发行的可转换公司债券将向发行人在股权登记日（2021年12月24日，T-1日）收市后登记在册的原普通股股东优先配售。
>
> **（一）优先配售数量**
>
> 原普通股股东可优先配售的兴业转债数量为其在股权登记日（2021年12月24日，T-1日）收市后登记在册的持有兴业银行的股份数量按每股配售2.406元面值可转债的比例计算可配售可转债金额，再按1,000元/手的比例转换为手数，每1手（10张）为一个申购单位，即每股配售0.002406手可转债。原普通股股东优先配售不足1手部分按照精确算法（参见释义）原则取整。

我们可以从发行公告中，重点找到如下几个要素。

（1）股权登记日：2021年12月24日；

（2）配售认购及缴款日：2021年12月27日；

（3）配售比例：按每股配售2.406元面值可转债的比例计算可配售可转债金额，再按1 000元/手的比例转换为手数，每1手（10张）为1个申购单位，即每股配售0.002 406手可转债。原普通股股东优先配售不足1手部分按照精确算法原则取整。

其中，精确算法是指原普通股股东网上优先配售转债可认购数量不足1手的部分按照精确算法原则取整，即先按照配售比例和每个账户股数计算出可认购数量的整数部分，对于计算出不足1手的部分（尾数保留三位小数），将所有账户按照尾数从大到小的顺序进位（尾数相同则随机排序），直至每个账户获得的可认购转债加总与原普通股股东可配售总量一致。

提示：沪市规则与深市不同，沪市每1手（1 000元）为1个申购单位；深市每1张（100元）为1个申购单位。

（4）配售代码：764166

（5）配售数量：可配数量＝正股数量×配售比例÷票面金额。假设账户持有1 000股兴业银行，根据配售比例，1 000×0.002 406＝2.406（手），不足1手部分按照精确算法配售。

2．原普通股股东的优先认购程序

（1）股权登记日（T-1日）收市时持有一定数量的正股投资者（一定

要持有至收盘后）才有资格享有优先配售权，在收市清算后，交易软件证券账户持仓内则会出现债券的可配数量。

（2）投资者应根据自己的认购量于认购前存入足额的认购资金，不足部分视为放弃认购。所以，投资者的账户中一定要准备足额的可用资金，假设可配数量为5手，就要准备5 000元认购资金，且要在认购日完成配售操作，否则视为放弃。

（3）股东持有的正股股票，如果托管在两个或者两个以上的证券营业部，则以托管在各营业部的股票分别计算可认购的手数，且必须依照上交所的相关业务规则在对应证券营业部进行配售认购。

3. 原普通股股东除可参加优先配售外，还可以参加优先配售后余额的网上申购

原普通股股东参与网上优先配售后余额的网上申购部分无须缴付申购资金。同时，该账户还可同步参与网上新债申购。

3.6 如何预估可转债中签率

中签率既然是一个概率数字，可通过数学的方式计算，也就是可以实现预估。其中需要四个关键数据：发行规模、是否仅供网上申购、申购户数和原股东配售率。预估计算的公式如下：

单户中签率＝网上发行规模×（1－配售率）÷申购户数×单账户申购上限×100%

多少户能中1签＝1÷单户中签率

下面以2022年2月10日即将发行的锦浪转债为例，演示如何预估可转债的中签率。

从下图中可以看出锦浪转债的发行规模为8.97亿元。

代码	名称	发行规模(亿元)	类型	评级	股东配售率	转股价	正股价	股权登记日	网上规模(亿元)	中签率	单账户中签(股)	申购户数(万户)
300763 123137	锦浪科技 锦浪转债	8.97	可转债	AA-	-	227.02	213.00	2022-02-09	-	-	-	-
688116 118005	天奈科技 天奈转债	8.30	可转债	AA-	70.580%	153.67	140.94	2022-01-26	2.44	0.0025%	0.0246	990.90
002968 127053	新美新材 新美转债	8.24	可转债	AA-	79.790%	21.51	18.21	2022-01-21	1.67	0.0015%	0.0155	1075.94
603186 113239	华正新材 华正转债	5.70	可转债	AA-	44.410%	39.09	34.67	2022-01-21	3.74	0.0035%	0.0347	1078.09
300778 123136	新城市 城市转债	4.60	可转债	AA-	89.380%	21.58	19.63	2022-01-20	0.49	0.0005%	0.0049	996.59
601012 113053	隆基股份 隆22转债	70.00	可转债	AAA	62.100%	82.65	71.86	2022-01-04	26.53	0.0238%	0.2377	1116.70

第3章 每年赚一些——可转债打新

从下图中可以看到，最临近的3只可转债的申购户数分别为990.90万户、1 075.94万户、1 078.09万户。因此，可以1 000万户作为锦浪转债的申购户数。

代码	名称	发行规模(亿元)	类型	评级	股东配售率	转股价	正股价	股权登记日	网上规模(亿元)	中签率	单账户中签(顶格)	申购户数(万户)
300763 123137	锦浪科技 锦浪转债	8.97	可转债	AA-	-	227.02	213.00	2022-02-09	-	-	-	-
688116 118005	天奈科技 天奈转债	8.30	可转债	AA-	70.580%	153.67	140.94	2022-01-26	2.44	0.0025%	0.0246	990.90
002988 127053	豪美新材 豪美转债	8.24	可转债	AA-	79.790%	21.51	18.21	2022-01-21	1.67	0.0015%	0.0155	1075.94
603186 113639	华正新材 华正转债	5.70	可转债	AA-	34.410%	39.09	34.67	2022-01-21	3.74	0.0035%	0.0347	1078.09
300778 123136	新城市 城市转债	4.60	可转债	AA-	89.380%	21.18	19.63	2022-01-20	0.49	0.0005%	0.0049	996.59
601012 113053	隆基股份 隆22转债	70.00	可转债	AAA	62.100%	82.65	71.86	2022-01-04	26.53	0.0238%	0.2377	1116.22

关于原股东配售率数据，可以在可转债发行前的路演中获取大股东配售意愿。这里把大股东的意愿按百分比分为几个档次进行预估，最后根据可以根据单户中签率和多少户能中1签的计算公司预测出单户的中签率，见下表。

2022-02-10	锦浪转债	中签率预估				
股东配售率（%）	40	50	60	65	70	80
单户中签率（%）	5.38	4.49	3.59	3.14	2.69	1.79
多少户中1签	18.6	22.3	27.9	31.9	37.2	55.7

假设持股股东的意愿很强烈，可以选择80%的配售率，那么预估中签率可能在1.79%左右，合计56户左右才能中1签。

另外，特别值得一提的是，隆22转债中签率在近25%时，如下图所示，为什么一家4口中0签，下面来分析具体原因。

代码	名称	发行规模(亿元)	类型	评级	股东配售率	转股价	正股价	股权登记日	网上规模(亿元)	中签率	单账户中签(顶格)	申购户数(万户)
300763 123137	锦浪科技 锦浪转债	8.97	可转债	AA-	-	227.02	213.00	2022-02-09	-	-	-	-
688116 118005	天奈科技 天奈转债	8.30	可转债	AA-	70.580%	153.67	140.94	2022-01-26	2.44	0.0025%	0.0246	990.90
002988 127053	豪美新材 豪美转债	8.24	可转债	AA-	79.790%	21.51	18.21	2022-01-21	1.67	0.0015%	0.0155	1075.94
603186 113639	华正新材 华正转债	5.70	可转债	AA-	34.410%	39.09	34.67	2022-01-21	3.74	0.0035%	0.0347	1078.09
300778 123136	新城市 城市转债	4.60	可转债	AA-	89.380%	21.18	19.63	2022-01-20	0.49	0.0005%	0.0049	996.59
601012 113053	隆基股份 隆22转债	70.00	可转债	AAA	62.100%	82.65	71.86	2022-01-04	26.53	0.0238%	0.2377	1116.22

其实原因很简单，因为这次的中签号码中，有一些人中了"双黄蛋"。可在雪球搜索一个双黄蛋的起始配号，即尾号 92896~93895，能匹配公告中的 3676 和 93833，所以，有人中了 2 签。这表明剩下的 7 人中有人中了 0 签，那么，中签率等于或约等于 23.8%，所以，出现了有人欢喜有人忧的结局，如下图所示。

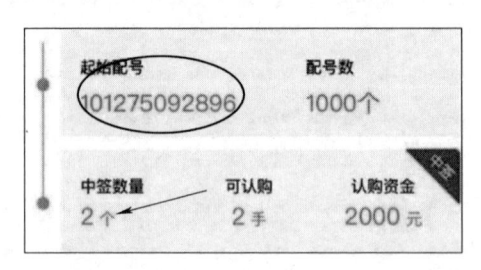

末尾位数	中签号码
末"4"位数	8676，3676
末"5"位数	36757，86757，93833
末"6"位数	008269，208269，408269，608269，808269，551883，051883
末"7"位数	7830069，9830069，5830069，3830069，1830069，5899026
末"8"位数	54685138，74685138，94685138，34685138，14685138
末"9"位数	228979732，428979732，628979732，828979732，028979732，838099982
末"10"位数	0223583355，5223583355
末"11"位数	04181904709

虽然中签率与实际上的中签率会有差价，但是有一点，只要参与的人数够多，参与的时间够长，实际中签率和利润就会越接近理论值。所以，我们打新债，一是要坚持，二是邀请家人一起参与。

3.7 如何预估可转债上市价格

可转债的中签率不仅可以预估，其上市价格也可以根据已有的数据进行预估。计算公式为：上市预估价格 = 转股价值 ×（1 + 预估溢价率）。因此，需要先掌握以下数据（以兴业转债为例）。

- 上市代码：113052（沪市）。
- AAA 评级，规模 500 亿元，股东配售率 45.43%，大股东认可度尚可。
- 正股情况：兴业银行（601166）。2021 年度，兴业银行实现营业收入 2 212.36 亿元，同比增长 8.91%；实现归属于母公司股东的净利润 826.80 亿元，同比增长 24.10%，盈利能力保持较高水平；不良率降至 1.10%，拨备覆盖率继续提升。2022 以来，兴业银行股价上涨 10%。

- 1 月 13 日收盘转股价值 83.26。

预估可转债上市价格中最重要的是转股价值和评级，并结合所属行业，单击"银行-银行Ⅱ-银行Ⅲ"，进入银行业所有可转债的页面，如下图所示。

代码	转债名称	现价	涨跌幅	正股名称	正股价	正股涨跌	正股PB	转股价	转股价值	溢价率	转债价值	债券评级
110059	浦发转债	107.350	0.40%	浦发银行	8.65	1.53%	0.38	13.97	61.92	73.37%	105.10	AAA
113042	上银转债	108.060	0.50%	上海银行	7.25	1.83%	0.51	10.63	68.20	58.44%	103.87	AAA
113021	中信转债	111.550	0.51%	中信银行	4.83	1.26%	0.39	6.73	71.77	55.43%	108.75	AAA
113037	紫银转债	110.840	1.12%	紫金银行	3.30	2.48%	0.76	4.05*	81.48	36.03%	100.40	AA+
127032	苏行转债	117.610	0.27%	苏州银行	7.04	1.59%	0.74	8.10	86.91	35.32%	98.21	AAA
113052	兴业转债	116.800	0.49%	兴业银行	22.38	1.68%	0.70	25.51	87.73	33.14%	95.03	AAA
128129	青农转债	114.660	0.24%	青农商行	3.87	2.38%	0.63	4.32*	89.58	27.99%	97.71	AAA
128034	江银转债	117.150	0.79%	江阴银行	4.11	1.48%	0.72	4.32**	95.14	23.14%	101.70	AA+
113011	光大转债	115.170	0.69%	光大银行	3.47	2.06%	0.40	3.55	97.75	17.83%	103.98	AAA
113050	南银转债	124.320	0.59%	南京银行	10.12	1.10%	0.86	10.10	100.20	24.07%	94.22	AAA
113516	苏农转债	127.930	-0.74%	苏农银行	5.73	4.18%	0.79	5.37	106.70	19.89%	105.75	AA+
110053	苏银转债	125.860	0.32%	江苏银行	6.88	1.18%	0.54	6.37	108.01	16.53%	108.95	AAA
110043	无锡转债	126.650	1.09%	无锡银行	6.21	2.14%	0.75	5.61**	110.70	14.41%	101.67	AA+
110079	杭银转债	128.920	0.24%	杭州银行	14.66	-0.07%	0.99	12.99*	112.86	14.23%	95.99	AAA
128048	张行转债	130.975	0.20%	张家港行	6.57	1.55%	0.85	5.60	117.32	11.64%	103.83	AA+

从上图可以看出，在 2022 年 1 月 13 日，兴业转债上市前一个交易日，转股价值 83.26，AAA 评级。当天银行转债中同属 AAA 评级，且转股价值最接近 83.26 的是苏行转债，转股价值 85.93，是最适合作为兴业转债的上市对标参考标的。当时苏行转债溢价率为 35.32%，那么，可以认为兴业转债上市合理溢价率为 35%。

因此，兴业转债上市预估价格 = 83.26 × （1 + 35%）≈ 112.4（元），所以，可以预估其合理上市价格在 112.4 元左右。

事实上，兴业转债上市日开盘价为 110 元，最高价为 112.24 元，接近我们的预估价。主要原因有以下几方面：

- 兴业转债发行规模500亿元，这么大的规模容易低于预期。
- 股东配售率45.43%，不到一半，配售率高才会出现超预期。
- 受到上市首日正股走势的影响。

综上所述，在进行可转债上市价格预估时，需要同步考虑规模、配售率、市场热度的数据，实时对预估值进行修正，同时，需要我们对市场有敏锐的鉴别能力。

3.8 如何根据新债发行数据判断是否值得申购

学会了可转债的预估中签率和上市价格，基本上就可以判断它是否值得申购，因为前者判断自己有多少把握，后者是中签后的价格是否能够接受，即后市能否有利可图。

下面以丰山转债为例，进行详细讲解。

第一步：在行情软件中找到发行公告，主要关注七个要素：发行规模、发行日期、初始转股价格、信用评级、下修条款、票面利率、到期赎回价，如下图所示。

丰山转债 - 113649（正股：丰山集团 - 603810 行业：基础化工-农化制品-农药）						+自选
价格：100.000		转股价值：100.00		税前收益：3.20%	成交(万)：0.00	
涨幅：0.00%		溢价率：0.00%		税后收益：2.59%	当日换手：-	
转股起始日	2023-01-02	回售起始日	2026-06-26	到期日	2028-06-26	发行规模(亿)	5.000
转股价	13.80	回售价	100.00+利息	剩余年限	6.000	剩余规模(亿)	5.000
股东配售率	-	转股代码	未到转股期	到期赎回价	115.00	转债占比1	22.77%
网上中签率	-	已转股比例	0.00%	正股波动率	39.99%	转债占比2	22.32%
折算率	0.000	质押代码	113649	主体评级	AA-	债券评级	AA-
担保	自有土地、房产、设备等资产抵押的方式提供担保					
募资用途	年产10000吨3,5-二硝基-4-氯三氟甲苯等精细化工产品建设项目					
转股价下修	当公司股票在任意连续三十个交易日中至少有十五个交易日的收盘价低于当期转股价格的85%时注：转股价 可以低于 每股净资产（以招募说明书为准）					
强制赎回	如果公司股票连续三十个交易日中至少有十五个交易日的收盘价格不低于当期转股价格的130%（含130%）					

其中，需要记住以下几个重要的要素。
- 申购时间：6月27日。
- 申购代码：754810。
- 原股东配售码：753810。配售1 000元债需要325股正股。
- 评级为AA-（信用评级一般从高到低分为：AAA、AA、A、BBB、BB、B、CCC、CC、C。AA级至CCC级可用＋号和－号，分别表示强弱），迄今发行的转债在发行期最低的评级一般为 A。

第二步：预估丰山转债的中签率。

丰山转债的发行规模为 5 亿元，结合 6 月 27 日之前最邻近的新债申购户数，再结合本债正股股东配售意愿，可以根据公式预估出中签率和近期可转债的申购户数近 1 177 万户。

单账户申购上限为 100 万元；大股东配售意愿可以在发行前一天下午的上市公司发行路演中获悉。这里把大股东的意愿按百分比分为几个档次进行预估，如下表所示，假设股东配售率为 70%，中签率预计 1.27%，那么，约 79 户中有一个中签者。

2022-06-27	丰山转债	中签率预估				
股东配售率（%）	40	50	60	65	70	80
单户中签率（%）	2.55	2.12	1.70	1.49	1.27	0.85
多少户中 1 签	39.3	47.1	58.9	67.3	78.5	117.8

第三步：预估丰山转债的合理上市价格。

丰山转债发行前一交易日收盘最新转股价值为 100.8 元，参考转股价值接近、评级一致的同行可转债——苏利转债，市场给予了 23.79% 溢价，如下图所示。因此，可以预估丰山转债的上市价格在 123 元左右，尽管上市前这段时间还会出现变化，我们也可以放心满额申购该转债。

转债名称	现价	涨跌幅	正股名称	正股价	正股涨跌	正股PB	正股涨跌	转股价	转股价值	转股溢价率	纯债价值	债券溢价率	债券评级
利尔转债!	183.817	0.13%	利尔化学R	23.49	0.38%	3.30	12.80	183.52	0.16%	104.02	76.71%	AA
苏利转债	123.980	-0.07%	苏利股份	19.74	-0.30%	1.44	19.71	100.15	23.79%	85.53	44.95%	AA-
利民转债	118.902	1.27%	利民股份	9.92	-0.40%	1.32	11.20*	88.57	34.24%	95.31	24.75%	AA
国光转债	115.450	0.66%	国光股份	9.84	-0.51%	2.96	13.17	74.72	54.52%	91.09	26.74%	AA-

总结：在看到发行公告时，就可以了解发行要素，并分析这些要素得出是否值得申购的结论，然后记住申购日期，准备好打新，并且在缴款日查询是否中签，如果已中签记住要按时足额缴款。

3.9　新债中签卖出好价钱的三种方式

投资者好不容易才中了新债，如何才能卖出好价钱？有以下三种方法。

1. 上市首日卖出法

如果新股和新债上市首日就卖出获利，则投资者是赚取新股、新债的收益。如果新股和新债持有到上市第二天以后卖出获利，则投资者是赚炒股、炒债的收益。

前者，上市首日卖出获利的策略，更适合刚入市的新手和无法实时盯盘的上班族。方法为：在新债上市之前预估合理的溢价率和上市价格。然后，在集合竞价时间段9:15—9:25下单，只要下单价格低于开盘价，就会在9:25以开盘价格成交。

比如，2022年6月21日中辰转债上市，前一天我们可以如此分析计算：6月20日的收盘转股价值为105.27元，正股中辰股份从事电线电缆及电缆附件的研发、生产与销售。参考当前市场上其他同行的可转债是起帆转债，因此，中辰转债的合理溢价率为23%，据此计算预计中辰转债上市合理价格为 105.27 ×（1 + 23%）≈ 129（元）。

按照上市首日卖出策略，在6月21日集合竞价时间段（9:15—9:25）下单卖出价格可以设置在129元附近，为了方便成交，可以设置下单价格低于自己预估价格，如126元，实际上中辰转债上市开盘价为130元，所以，即使以126元卖出也会以开盘价130元成交。至此，300元利润就此落袋为安，如下图所示。

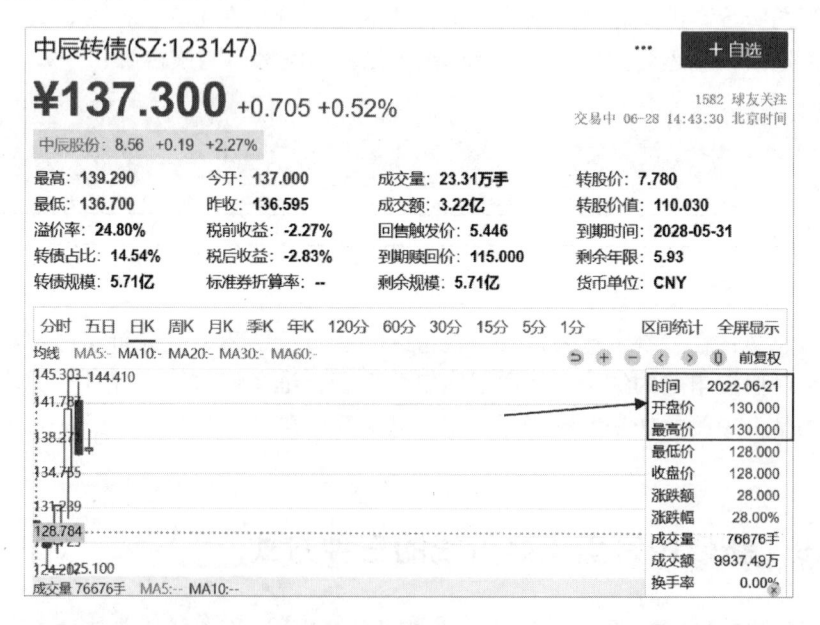

由于上市首日正股的涨跌也会影响转股价值,所以,我们也要在上市首日结合当日正股走势,对预估价格做出调整。

后者,炒股、炒债的方法不属于低风险可转债的操作范围,本书就不再赘述。

2. 130 元卖出法

如果转债的首日开盘价格远低于 130 元,则可以运用 130 元卖出法的策略。但是该方法更适合那些耐得住寂寞,能守得云开见月明的投资者。方法为:等到发行公司强赎。

怎样理解该方法?我们可以从历史上可转债的退市方式中找到答案,见下表。

退市分类	退市原因	数 量	占比(%)
有条件赎回	强赎	275	91.06
	低于 3 000 万元	7	2.32
到期赎回	到期	16	5.30
发行失败	撤销发行	1	0.33
正股退市/重整	正股退市/重整	3	0.99

注:统计截至 2023 年 8 月 21 日。

从上表中可以看出,截至 2023 年 8 月 21 日,历史上已经有 302 只可转债退市,其中有条件赎回的可转债有 282 只,占比 93.38%。进一步细化,其中,退市原因为强赎的可转债有 275 只,占比 91.06%,而退市原因为低于 3 000 万元的可转债只有 7 只,占比 2.32%。我们可以得出一个结论:绝大多数可转债以强赎为退市方式。

既然大多数转债以强赎为退市方式,则说明这些可转债最后都达成了强赎条件(常见的强赎条件:如果公司股票在任何连续三十个交易日中至少十五个交易日的收盘价格超过当期转股价格的 130%),此时,转债价格也在一段时间内达到 130 元左右。所以,打新债持有到满足强赎条件,就有机会获得 30% 左右的收益,也就是死守直到 130 元卖出。

3. 高点回落卖出法

如果可转债的规模不太大且正股有潜力。那么,对于那些熟悉量化,善于使用条件单等工具的投资者，就可以运用高点回落卖出法卖出新债获利。

怎样理解该方法？我们可以从历史上可转债以什么价格退市中找到答案，见下表。

	退市价格区间	数量	占比（%）
所有退市	130 元以下	97	32.12
	130～150 元	77	25.50
	150～170 元	53	17.55
	170～200 元	31	10.26
	200 元以上	44	14.57

注：统计截至 2023 年 8 月 21 日。

从上表中可以看出，截至 2023 年 8 月 21 日，历史上已经有 302 只可转债退市，130 元以上退市的可转债占 67.88%。这表明，至少有 67.88% 的退市可转债到过 130 元以上的价格。所以，把 130 元卖出策略优化为 130 元以上高点回落卖出策略。比如，计划以 130 元卖出 A 转债，但是当价格到了 130 元仍在上涨。此时，可以设定一个回落比例，这里设定为 10%，那么，假如 A 转债的价格在后面一段时间涨到最高价 200 元后，又跌到 180 元，触发回落比例 10%，随即卖出。

其实，该策略是用条件单来实现的，第一步设置触发条件为价格≥130 元，第二步累计回落比例 ＝10%。其中，回落比例可以按照自己的风险承受能力进行设定，如 5%、8% 等。但也忌讳设置太小，如 0.5%，以防条件太容易触发了。

可转债的条件单一般要等到可转债首日上市后才可以设置，没上市时没法设置。右图所示为设置回落卖出条件单的条件图，其中需要输入转债代码，填好监控价、回落比例和委托数量。

川恒转债上市首日最高价 157.3 元，次日摸高 197 元后回落，假如设定回落 10% 卖出，就会在次日 177.39 元实施卖出。如下

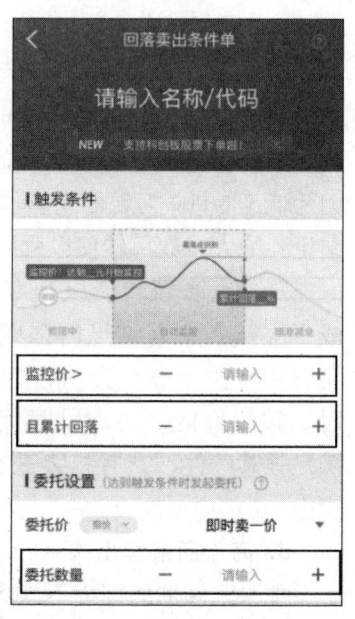

图所示，川恒转债上市 1 个月后到了最高价 207.800 元，虽然，我们没有卖在最高点，但以 177.39 元的价格是非常理想的，毕竟在后面大半年的时间里，大部分时间川恒转债的卖出价格均低于 177 元。

当然，回落卖出策略也有局限性，对于波动率小，规模大且具备还钱能力的转债，可能更适合首日卖出策略。

3.10　可转债发行后上市前正股翻倍该如何应对

历史上有些新债，发行上市短短 1 个月时间，恰逢正股翻倍，转股价值上了 200 元，如深市转债，首日最高价为 157.3 元，中签者如果首日卖出肯定亏得很。那么，遇到这样的情况该怎么办呢？下面详细讲解应对方法，见下表。

上市时间	转债名称	上市前转股价值（元）	上市 3 日最高价（元）	中 1 手毛利（元）	毛利率（％）
2021-09-23	川恒转债	216	197.1	97.1	97.10
2022-04-08	盘龙转债	254.04	246	1 460	146

从上表中可以看出，2021 年 9 月 23 日上市的川恒转债，上市次日冲高到 197.1 元，单签获利 97.10%。无独有偶，2022 年 4 月 8 日上市的盘龙转债，受益于正股在发行可转债后一路翻倍，上市前一日收盘转股价值为 254.04 元，为转债历史之最。按此转股价值计算，投资者有 1 540 元的毛利（2021 年打新债单户平均收益之和也能赚 1 500 元左右）。因此，有同行戏说：中了盘龙转债，堪称"一签顶一年"。

下面以川恒转债、盘龙转债为例，介绍这类情况的应对策略。

3.10.1 案例一：川恒转债上市前布局实录

2021 年 9 月 23 日，这只要翻倍的川恒转债将要上市，下面是它的基本要素和对应图片。

- 上市代码：127043（深市）。
- AA-评级，规模 11.600 亿元，股东配售率为 59.73%。
- 受益于川恒股份在发行可转债后一路翻倍，截至 9 月 22 日收盘，川恒转债转股价值为 216.51 元，如果上市，投资者即使中 1 签也可能赚 1 165 元，毛利高达 116%。

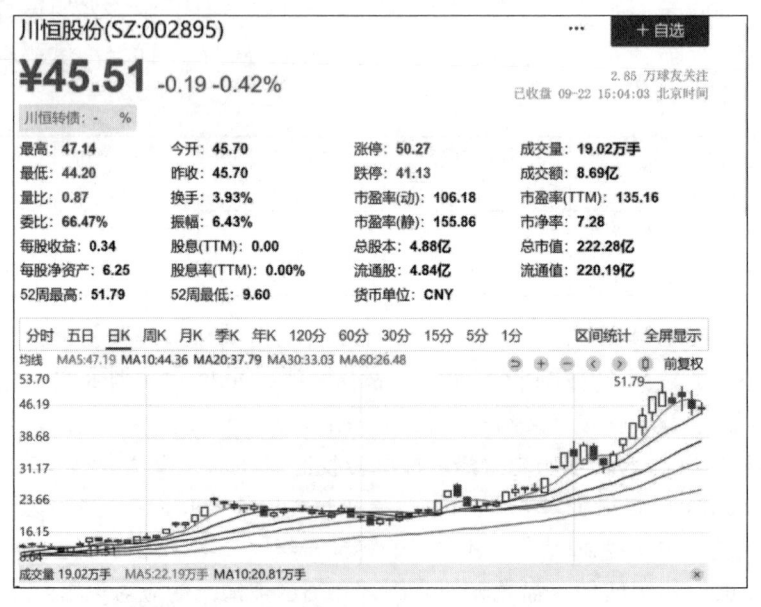

上市首日价格走势预估和对策如下：

第3章　每年赚一些——可转债打新

由于川恒转债转股价值远高于首日涨停最高价157.3元，所以，川恒转债首日一定是涨停收盘。中签者上市首日卖出肯定会少赚，下面是预估川恒转债的全天价格走势。

（1）川恒转债的开盘价一定是以开盘最高价130元开盘，直接停牌至14：57。

（2）14：57复牌撮合成交价格一定会上涨10%，即130×110%＝143。

（3）14：57—15：00为尾盘集合竞价，上涨10%，也就是143×1.1＝157.3元收盘。

对策：如果中签，则第一天不卖。如果没中签，则在前一天晚上下隔夜单，分别以130元、143元、157.3元的价格下单，虽然散户没有通道优势，可能买不到，但也要碰碰运气。

上市次日价格走势预估和对策如下：

这一天非常重要，假设转债的价格也是全天涨停，那么，未来价格预估如下。

（1）次日，川恒转债的开盘价比前一天收盘价最多高出10%，也就是157.3×1.1＝173.03元开盘。

（2）9：30开盘，价格涨至157.3×1.2＝188.76元－173.03×1.1＝190.333元时，会停牌半小时。

（3）10：00复牌，价格涨至157.3×1.3＝204.49元－190.333×1.1＝209.366元时，停牌至14：57。

（4）14：57复牌，撮合成交价格的最高价为上浮10%，即204.49×1.1＝224.939元－209.366×1.1＝230.303（元）。

（5）14：57—15：00为尾盘集合竞价，最高上浮10%。

但是，如果上市后正股下跌，转股价值也会跌，那么，川恒转债上市次日会涨到哪一档次，上市前一天谁也不知道。我们只能做好预案，严格执行，具体如下。

- 对于中签者的预案

假如当天的转股价值仍在216元档位，可以等到220元左右档位再考虑卖出，假如，当天的转股价值回到200元档位，如果转债上涨到220元左右，可以卖出落袋为安。如果正股的趋势更弱，也可在188元档位落袋为安，毕竟高价债有折价的情况较多。

- 对于没中签者的预案

如果上市首日收盘，川恒转债的转股价值在216元以上，在上市首日晚，可以隔夜下单，分别在173.03元、188.76元、190.333元、204.49元等价格处；如果上市次日开盘后转股价值下跌到205元，则可以撤掉204.49元档位的买单，如果跌破195元，则可以撤掉190元及以上的买单。

3.10.2 案例二：盘龙转债上市前布局实录

盘龙转债上市首日（4月8日）价格走势预估和对策：

由于盘龙转债的转股价值远高于首日涨停的最高价157.3元，所以，盘龙转债首日一定是涨停收盘。中签者上市首日卖出肯定会少赚，下面预估全天价格的走势。

（1）盘龙转债的开盘价一定是以最高价130元开盘，直接停牌至14:57。

（2）14:57复牌撮合成交价格一定会上涨10%，即130×110%=143（元）。

（3）14:57—15:00为尾盘集合竞价，上涨10%，也就是143×1.1=157.3元收盘。

对策：对于中签者，第一天不卖。对于未中签者，可以下隔夜单碰运气，分别以130元、143元、157.3元的价格下单（提醒：新规下，隔夜下单143元、157.3元会是废单）。

盘龙转债上市次日（4月11日）价格走势预估和对策如下：

假设上市首日4月8日盘龙药业正股未跌，转股价值维持在254元，上市次日4月11日的4个时间节点的走势预估见下表。

	日　　期	时　　间	预计价格（元）
上市首日	4月8日	9:25	130
		14:57	143
		15:00	157.3
上市次日	4月11日	9:25	173.03
		9:30	188.76
		10:00	204.49
		14:57	224.939

注：新规后限制转债价格的涨跌幅为20%，次日价格将不可能超过188.76元。

假设上市首日4月8日盘龙药业正股跌停，此时盘龙转债转股价值将下降到228.6元；假设正股4月11日开盘跌停，转股价值会回落到205.7元，当天价格可能在 205～228 元。那么开盘后的走势预估如下：

（1）开盘价最高比 T-1 日收盘价高出 10%，也就是 157.3×1.1＝173.03 元开盘。

（2）9:30 开盘涨至 157.3×1.2＝188.76 元－173.03×1.1＝190.333 元时，会停牌半小时。

（3）10:00 复牌后，此时能涨多少主要是随着正股的跌幅，如果涨幅不到 10%，我们则继续连续竞价。最多再涨 10% 可以再次引发停牌至 14:57。

由于在上市之前无法预估正股下跌幅度，所以，盘龙转债上市次日会涨到哪一档次，谁也不会提前知道。我们能做的就是做好预案，严格执行，具体如下：

- 对于中签者的预案

假如 4 月 11 日开盘后转股价值还在 228 元，则可以等到 228 元左右档位再考虑卖出，假如 4 月 11 日开盘后转股价值回到 205 元，那么如果转债上涨到 200 元左右，则可以考虑落袋为安。

- 对于没中签者的预案

可以参与隔夜下单，可以下 173.03 元、188.76 元、190.333 元或 204.49 元，几个价格档位买单，如果上市次日开盘后转股价值下跌到 205 元，则撤掉 204.49 元的买单。

3.11 上市首日转债涨停但正股几乎跌停，如何"埋伏"获利

如果转债上市首日转债如期涨停但正股接近跌停，作为投资者应如何埋伏获利？首先需要做出预估，然后再做出方案对策，下面以川恒转债为例进行讲解。

川恒转债的价格走势为 130 元、143 元和 157.30 元，如下图所示。

但正股川恒股份却是一路下跌，直至跌停，如下图所示。

上市首日，2021 年 9 月 24 日收盘时，川恒转债的收盘转股价值为 194.86 元，如下图所示。

川恒转债(SZ:127043)

¥157.30 +57.30 +57.30%

6294 球友关注
已收盘 09-23 15:04:03 北京时间

川恒股份: 40.96 -4.55 -10%

最高: 157.30	今开: 130.00	成交量: 11.29万手	转股价: 21.02
最低: 130.00	昨收: 100.00	成交额: 1.64亿	转股价值: 194.86
溢价率: -19.28%	税前收益: --	回售触发价: --	到期时间: 2027-08-12
转债占比: 5.80%	税后收益: --	到期赎回价: --	剩余年限: 5.88
转债规模: 11.60亿	标准券折算率: --	剩余规模: --	货币单位: CNY

分时 五日 日K 周K 月K 季K 年K 120分 60分 30分 15分 5分 1分   区间统计 全屏显示

均价:145.43 最新:157.30 +57.30 +57.30%

价格	涨幅		五档盘口	
157.30	57.30%	卖5	-	0
142.98	42.98%	卖4	-	0
128.65	28.65%	卖3	-	0
114.33	14.33%	卖2	-	0
		卖1	-	0

川恒股份(SZ:002895)

¥40.96 -4.55 -10.00%

2.89 万球友关注
交易中 09-23 14:27:42 北京时间

川恒转债: 130.00 +30 +30%

最高: 47.55	今开: 46.99	涨停: 50.06	成交量: 21.97万手
最低: 40.96	昨收: 45.51	跌停: 40.96	成交额: 9.37亿
量比: 1.16	换手: 4.54%	市盈率(动): 95.67	市盈率(TTM): 121.65
委比: -100.00%	振幅: 14.48%	市盈率(静): 140.28	市净率: 6.55
每股收益: 0.34	股息(TTM): 0.00	总股本: 4.88亿	总市值: 200.06亿
每股净资产: 6.25	股息率(TTM): 0.00%	流通股: 4.84亿	流通值: 198.17亿
52周最高: 51.79	52周最低: 9.60	货币单位: CNY	

分时 五日 日K 周K 月K 季K 年K 120分 60分 30分 15分 5分 1分   区间统计 全屏显示

均价:42.65 最新:40.96 -4.55 -10.00%

价格	涨幅		五档盘口	
50.06	10.00%	卖5	41.00	515
48.92	7.50%	卖4	40.99	6
47.78	5.00%	卖3	40.98	7
46.65	2.50%	卖2	40.97	889
45.51	0.00%	卖1	40.96	3537
44.37	-2.50%	买1	-	0
43.23	-5.00%	买2	-	0
42.10	-7.50%	买3	-	0
40.96	-10.00%	买4	-	0
		买5	-	0

成交量: 21.97万手

成交明细
14:27 40.96 15
14:27 40.96 5
14:27 40.96 8

川恒转债 - 127043 (正股：川恒股份 - 002895) 行业：化工-化学制品-磷化工及磷酸盐

价格: 130.000	转股价值: 194.86	税前收益: -1.23%	成交(万): 1229.38
涨幅: 30.00%	溢价率: -33.29%	税后收益: -1.83%	当日换手: 0.82%

川恒转债上市次日 2021 年 9 月 25 日的价格预估如下：

1. 假如正股平开

按照 2021 年 9 月 24 日收盘时，川恒转债的最新转股价值 194.86 元去预估，2021 年 9 月 25 日合理价格在 195 元左右，假如明天川恒正股平开且不跌，那么，开盘后的走势预估如下：

（1）开盘价最高比 T-1 日收盘价高出 10%，也就是 157.3×1.1 = 173.03 元开盘。

（2）9:30 开盘涨至 157.3×1.2 = 188.76 元 - 173.03×1.1 = 190.333 元时，会停牌半小时。

（3）10:00 复牌后是否能再涨 10%，再次引发停牌至 14:57，则需凭借川恒股份能否上涨。

2. 假如正股跌停

如果 9 月 25 日川恒股份继续上演跌停走势，那么，转股价值会回落到 175 元左右，开盘后的走势预估如下：

（1）开盘依旧以 173.03 元开盘。

（2）9:30 开盘后进入连续竞价环节。

川恒转债 2021 年 9 月 25 日会涨到哪一档次，在 9 月 24 日谁也不能确定，因此，我们只能做好预案并严格执行。

- 对于中签者的预案

假如转股价值还在 194 元，可以等到 188～190 元档位卖出；假如正股继续跌停，可以选择在开盘涨停时卖出落袋为安。

- 对于没中签者的预案

假如在 2021 年 9 月 24 日晚上隔夜下单，可以在 173.03 元和 188.76 元两个价格档位买单。假如 9 月 25 日开盘正股跌停，可以撤掉 188.76 元档位的买单。

3.12 一招学会辨别可转债上市"成妖"概率

2022 年不仅出现了不少的上市大大超预期的新债和次新债，而且 2022 年上市的部分可转债在上市后的短期内价格不断创新高，见下表。

序号	上市日期	转债名称	规模（亿）	股东配售率（%）	上市首日开盘价（元）	上市后短期最高价（元）	规模*（1-配售率）
1	2022-05-17	永吉转债	1.46	65.68	150	436	0.50
2	2022-05-16	永东转2	3.8	60.12	130	199.161	1.52
3	2022-04-22	胜蓝转债	3.3	86.11	130	188.792	0.46
4	2022-04-21	山石转债	2.674	25.38	150	226.58	2.00
5	2022-04-19	聚合转债	2.04	89.88	150	303.22	0.21
6	2022-04-08	盘龙转债	2.76	80.32	130	343	0.54
7	2022-03-30	天地转债	1.72	59.40	130	254.65	0.70
8	2022-01-19	泰林转债	2.1	78.22	130	514.995	0.46
9	2022-01-18	卡倍转债	2.79	79.11	130	305	0.58

那么，这些可转债有什么共性呢？股东配售率较高和交易规模小。

根据《中华人民共和国证券法》（以下简称《证券法》），持有5%以上的大股东如果配售可转债，则这部分可转债根据《证券法》的相关规定在6个月内是限售的。另外，一致行动人和董事、监事、高级管理人员所持有的可转债也是限售的。

这说明，上市半年内这些大股东无法卖出可转债，导致上市半年内可转债的可交易流通规模非常小，容易被游资炒作，促使出现高价+高溢价率的双高表现，当然，风险非常高，切忌追高。对于中签者，可以采取回落卖出的策略，如设置从高点回落5%就自动卖出的条件单。

对于普通投资者，如何提前知晓可转债上市后"成妖"的概率呢？也就是如何计算出未上市可转债的股东配售率和实际可交易规模？下面分别进行介绍。

3.12.1 查看配售率

可以在公告或者集思录等网站直接获取到股东配售率，该配售率是所有配售可转债的股东的配售率，如下图所示。

代码	名称	方案进展	进展公告日	发行规模（亿元）	类型	评级	股东配售率	转股价
603609 113647	禾丰股份ᴿ 禾丰转债	2022-05-18上市	2022-05-18	15.00	可转债	AA	71.200%	10.22
300725 123145	药石科技ᴿ 药石转债	2022-05-18上市	2022-05-18	11.50	可转债	AA	69.970%	92.98
603477 113648	巨星农牧 巨星转债	2022-05-17上市	2022-05-17	10.00	可转债	AA-	76.720%	25.24

3.12.2 计算交易规模

持股 5% 以上的大股东,以及大股东一致行动人、董事、监事、高级管理人员配售的可转债,会在上市半年内限售。所以,实际上可转债上市前半年的流动规模,需要扣除这部分限售的规模。这里我把前半年的流动规模称为可交易规模。那么,如何计算上市前半年的次新债可交易规模?下面用两个例子进行演示。

[例1] 永东转2

第一步:找到可转债的上市公告书,找到"前十名本期可转换公司债券持有人及其持有量",如下图所示。

永东转2(SZ127059)
05-12 17:35· 来自公告
永东转2: 山西永东化工股份有限公司公开发行可转换公司债券上市公告书 🔗网页链接
🔁 转发 | 💬 评论(1) | 👍 赞(1) | ⭐ 收藏 | ⚠ 举报

(八)前十名本期可转换公司债券持有人及其持有量

序号	持有人名称	持有数量(张)	持有转债比例(%)
1	刘东良	982,053	25.84
2	靳彩红	170,792	4.49
3	刘山云	88,252	2.32
4	刘东秀	68,317	1.80
5	刘东玉	51,238	1.35
6	刘东果	51,238	1.35
7	刘东梅	51,238	1.35
8	高永福	41,670	1.10
9	董宁	39,208	1.03
10	刘东竹	34,158	0.90

第二步:查看他们是不是持股 5% 以上的股东,如下图所示。可以看到,只有刘东良是重合的,符合限售要求。

十大股东

报告期:	2022-03-31	2021-12-31	2021-09-30	2021-06-30	2021-03-31		
股东名称			股东类型	股份类型		持股数(股)	占总股本比(%)
刘东良			个人	流通A股,限售流通A股		9703万	25.84
刘东杰			个人	流通A股,限售流通A股		6328万	16.86
深圳市东方富海投资管理股份有限公司			投资公司	流通A股		2688万	7.16
靳彩红			个人	流通A股,限售流通A股		1688万	4.49

第三步：找到最新一期财报中"一致行动人"的明细数据，从下图中可见前十名中1，2，4，5，6，7均为一致行动人，符合本年内限售规定，合计36.18%。上市半年内，这36.18%的可转债无法卖出。那么，永东转2上市半年内可交易的可转债规模为：3.8×（1－36.18%）＝2.425（亿元）。

永东股份一致行动人明细

数据日期：2022-03-31

一致行动组本期持股比例53.04%，持股数量1.99亿。

序号	股东名称	股东排名	持股数量(股)	持股市值(元)	已流通股份数量(股)	持股比例(%)	持股数量变动(股)	持股比例变动(%)	股东性质	股份性质	是否控股股东	公告日期
1	刘东良	1	9703.13万	6.89亿	2425.78万	25.84	-	0.00	个人	流通A股,流通受限股份	是	2022-04-29
2	刘东杰	2	6328.13万	4.49亿	1582.03万	16.86	-	0.00	个人	流通A股,流通受限股份	否	2022-04-29
3	靳彩红	4	1687.50万	1.20亿	421.88万	4.49	-	0.00	个人	流通A股,流通受限股份	否	2022-04-29
4	刘东委	6	675.00万	4792.50万	675.00万	1.80	-	0.00	个人	流通A股	否	2022-04-29
5	刘东玉	7	506.25万	3594.38万	506.25万	1.35	-	0.00	个人	流通A股	否	2022-04-29
6	刘东果	7	506.25万	3594.38万	506.25万	1.35	-	0.00	个人	流通A股	否	2022-04-29
7	刘东梅	7	506.25万	3594.38万	506.25万	1.35	-	0.00	个人	流通A股	否	2022-04-29

第四步：上市前一天2022年5月13日收盘转股价值为80.14元，永东化工股份有限公司主营业务为炭黑产品、煤焦油精细加工产品的研发和生产。参考市场上其他同行可转债，给予54%的溢价率，预计上市合理价格在123元左右。2.425亿元规模较小很可能超预期。对于中签者来说，如果超预期涨停，可以采取回落卖出的策略。

[例2] 垒知转债

第一步：在上市公告书中查阅包括上市时间、评级AA-、规模3.963亿元、股东配售率为67.79%和前十名可转债持有量35.66%等信息，如下图所示。

第二步：查看他们是不是持股5%以上的股东，如下图所示。

（九）前十名可转换公司债券持有人及其持有量

序号	持有人名称	持有数量（张）	占总发行比例（%）
1	蔡永太	709,670	17.91
2	中国建设银行股份有限公司－中欧价值发现股票型证券投资基金	127,076	3.21
3	李晓斌	125,694	3.17
4	麻秀星	81,368	2.05
5	广州市玄元投资管理有限公司－玄元科新169号私募证券投资基金	73,842	1.86
6	黄明辉	70,886	1.79
7	中国工商银行股份有限公司－中欧潜力价值灵活配置混合型证券投资基金	68,940	1.74
8	陈界鹏	52,339	1.32
9	广州市玄元投资管理有限公司－玄元科新161号私募证券投资基金	52,269	1.32
10	上海通怡投资管理有限公司－通怡启源1号私募基金	51,169	1.29
合计		1,413,253	35.66

十大股东

报告期：	2022-03-31	2021-12-31	2021-09-30	2021-06-30	2021-03-31	更多数据查询 ▼	
股东名称			股东类型	股份类型	持股数（股）	占总股本比（%）	
蔡永太			个人	流通A股,限售流通A股	1.29亿	17.91	
中国建设银行股份有限公司-中欧价值发现股票型证券投资基金			证券投资基金	流通A股	2310万	3.21	
李晓斌			个人	流通A股,限售流通A股	2285万	3.17	
麻秀星			个人	流通A股,限售流通A股	1479万	2.05	
广州市玄元投资管理有限公司-玄元科新169号私募证券投资基金			投资公司	流通A股	1342万	1.86	
黄明辉			个人	流通A股	1288万	1.79	
中国工商银行股份有限公司-中欧潜力价值灵活配置混合型证券投资基金			证券投资基金	流通A股	1253万	1.74	
广州市玄元投资管理有限公司-玄元科新161号私募证券投资基金			投资公司	流通A股	1020万	1.42	
上海通怡投资管理有限公司-通怡春晓9号私募证券投资基金			投资公司	流通A股	1018万	1.41	
上海通怡投资管理有限公司-通怡启源1号私募基金			投资公司	流通A股	1000万	1.39	

第三步：找到最新一期财报中"一致行动人"的明细数据，从下图中可以看出，前十大持债人中1，3，4，6，10符合限售要求。合计持股比例为26.21%。根据《证券法》相关规定在上市6个月内是限售的，那么，

垒知转债实际可交易规模为：3.963×（1-26.21%）=2.924（亿元）。

序号	股东名称	股东排名	持股数量(股)	持股市值(元)	已流通股份数量(股)	持股比例(%)	股数变动(股)	持股比例变动(%)	股东性质	股份性质	是否控股股东	公告日期
1	蔡永太	1	1.29亿	8.28亿	3224.60万	17.91	-	0.01	个人	流通A股，流通受限股份	是	2022-04-29
2	李盛斌	3	2284.50万	1.47亿	571.13万	3.17	-	0.00	个人	流通A股，流通受限股份	是	2022-04-29
3	麻秀星	4	1478.89万	9494.47万	365.87万	2.05	-	0.00	个人	流通A股，流通受限股份	是	2022-04-29
4	黄明辉	6	1288.37万	8271.33万	1288.37万	1.79	-	0.00	个人	流通A股	是	2022-04-29
5	上海通怡投资管理有限公司-通怡…	9	1018.00万	6535.56万	1018.00万	1.41	-	0.00	投资公司	流通A股	否	2022-04-29

第四步：上市前一天2022年5月19日收盘转股价值为83.12元，垒知集团主营综合技术服务及外加剂新材料。参考前市场上其他同行的可转债，给予45%的溢价率，预计上市合理价格在120元左右。可交易流通规模2.924亿虽然不属于迷你债，但考虑2022年5月近10亿元规模的禾丰转债、药石转债都大大超预期，因此，可以认为垒知转债被炒作的可能性是有的。

3.13　非持股股东如何参与可转债抢权配售

持有可转债对应的正股股票至股权登记日收盘的投资者，只要持股数量足够，就享有优先配售可转债的权利。那么，没有持有正股的投资者想要参与配售，也可以通过在股权登记日收盘前买入足够数量的正股的方式来参与，也成为抢权配售。

3.13.1　什么是抢权配售

非持股股东在转债发行之前买入正股进行配债，被称为抢权配售。具体是指在可转债发行股权登记日（一般是打新债前一个交易日）结束之前，投资者买入可转债对应的正股股票，获得可转债的优先配售资格。只要抢权的数量足够，投资者通过抢权配售就可以100%获配新债。

大家都知道股票的1手等于100股，而转债的1手等于10张，转债面值100元，那么，1手转债面值就是1 000元。沪深两市可转债的配售单位不同主要有两点：一是沪市可转债配债以1手为计量单位，即沪市可转债获配数量一般为10张的整数倍；二是深市可转债配债以1张为计量单位，即 1 张的整数倍，比如 13 张、16 张。

沪市可转债配售的精确算法可以简单理解为：类似"四舍五入"，当持股零头可配大于 0.5 手时，投资者有机会获配 1 手转债；当持股零头越接近于 1 手，投资者获配 1 手转债的概率越大。比如，持有 10 000 元（1 000 股）正股能配 1 手债，如果该转债是沪市的，那么，你持有 6 000 元（600 股）也有机会获配 1 手 1 000 元转债，它被称为"一手党抢权"；而如果该转债是深市的，那么，你持有 6 000 元（600 股）只能获配 6 张 600 元转债。

有人会问配售和申购最大的不同是什么？单张身份证可以开三个证券账户＋一个融资账户，共计四个账户。在申购可转债时，一张身份证只有一个账户是有效申购，不能重复申购。但是配售不同，每个账户都能分别进行配售。因此，合理利用账户，结合沪市可转债"一手党抢权"策略，一张身份证最多可以在四个账户分别"配 1 手"，以提高获配金额。

同时，讲到抢权配售，就不得不讲百元股票含权指标。是指你持有 100 元正股可以优先获配转债的金额，计算公式为：

$$百元股票含权 = 可转债发行规模 \div 股票总市值 \times 100 元$$

$$百元股票含权 = 每股配售金额 \div 股票价格 \times 100 元$$

以 2021 年 12 月 23 日公告发行的兴业转债为例，兴业银行的发债规模为 500 亿元，股票总市值 = 股价 × 总股本。其中，2021 年 12 月 24 日兴业银行开盘价为 18.39 元，总股本为 207.74 亿元，所以，兴业转债的百元股票含权 = 500 ÷（18.39 × 207.74）× 100 ≈ 13（元）。由于，含权量越高，配债所需正股金额越少，可以重点筛选沪市百元股票含权大于 10 元、深市百元股票含权大于 20 元的上市公司，再结合其他因素进一步筛选。

另外，同等预期收益的可转债，配含权量越高，安全垫越高，就能抵御更多的正股下跌风险。这里的安全垫，可以理解为抢权配售的套利空间，计算公式如下：

$$安全垫 = 新债上市预估收益 \div 配债所需资金 \times 100\%$$

因此，优先选择安全垫大于 10%，其次选择安全垫大于 5% 以上的上市公司，再结合其他因素进一步筛选。

我们想要选到安全垫较高的抢权配售机会，要么是转债上市价格高且收益高，要么是配债所需资金少。由此可见，在同等条件下，沪市配 1 手转债比深市配 1 手转债的成本低，安全垫高。

【深市可转债抢权案例：锦浪转债抢权】

锦浪转债的关键要素信息见下表。

申购日期	转债名称	上市代码	规模/亿	评级	下修条款	正股代码	配售1 000元债所需股数
2022-02-10	锦浪转债	123137	8.97	AA-	30,15,85	锦浪科技 300763	277

锦浪转债的正股锦浪股份在股权登记日 2022 年 2 月 9 日开盘价为 213 元。收盘价为 217 元，配售日 2022 年 2 月 10 日开盘价为 216.34 元，假设在股权登记日进行抢权，需要计算它的两个指标：百元股票含权和抢权套利安全垫。

百元股票含权 =8.97÷537×100 元≈1.67（元）　　→　　含权量较低

假设以 2 月 9 日开盘价 213 元买入 300 股锦浪科技，按照发行公告：每股配售 3.623 0 元可转债，计算可得，我们可以获配可转债 11 张 1 100 元，2 月 9 日锦浪转债转股价值在 95 元左右，参考光伏电源同行可转债给予它 33% 溢价。预估上市价格在 127 元左右（上市前这段时间还会出现变化），11 张锦浪转债预计获利 300 元。可以抵御多少下跌幅度：300 元÷（300×213）×100%≈0.47%，即这笔抢权套利安全垫为 0.47%。

可以看出，百元股票含权、安全垫都很低，所以，大多数抢权党选择放弃锦浪的抢权配售。

事实上，锦浪转债上市首日开盘价为 130 元，收盘价为 138 元，这笔抢权获配 11 张锦浪转债开盘即可获利 330 元；锦浪股份在股权登记日收盘价 217 元买入，配售日开盘价以 216.34 元卖出，抢权的锦浪股份卖出亏损（216.34 −217）×300 = −198（元）。

3.13.2　抢权配售的风险

1. 转债上市破发的风险

转债申购后到上市一般需要二十个交易日左右的时间，此期间如果正股跌幅较大，会导致转债上市价格低于申购时的预期。虽然 2022 年可转债的破发率为 0，但在市场行情极端不好时，也出现过"股债双杀"的戴维斯双击，这种情况在 2018 年屡见不鲜，个别可转债的上市价格甚至低于 80 元，虽然后期这些转债大多涨到了 130 元以上以强赎为归宿，但是上市初期，投资者经历了一段非常难熬的时期。

2. 正股下跌的风险

配售的可转债等上市后卖出获利，而抢权卖的正股最早可以在配售日（打新日）当天卖出。抢权配售需要买入正股，就需要承担股票买卖之间价格波动的风险，即便是股权登记日买入、配售日卖出，最少也要承担

1天的股价波动。所以，如果出现苏利转债的抢权案例（由于受到尾数相同则随机排序原则影响，有的一手抢权配到了100股苏利股份，配售比例高达89.84%，而有的一手抢权未获得配债额度），即使新债卖出的收益，也无法覆盖正股抢权的亏损，那么这次抢权就失败了。

而可转债发行公告出来之前，其正股普遍有资金提前介入，已经有过一段涨幅。在配售日当天，配售者大都会选择抛售抢权的股票，导致配售日正股跌幅较大。此时，聪明的投资者会选择提前抢权那些证监会核准的可转债。到股权登记日当天，如果抢权的人多会造成股价大幅被拉升，可以直接卖出正股锁定收益，放弃配售。

同时还需要留意大股东质押公告，上市公司大股东基本上都会认购自家可转债，一是保证转债顺利发行，二是赚取可转债的利润。大股东解决认购资金最快的方式是向券商质押股权拿现金，涉及股权质押就要发公告。一旦有潜在发债的上市公司发布质押公告，就可以判断发债的时间快要到了。这时，提前埋伏的投资者，可以在后续抢权资金推升股价中获利了结，也可以等到配债结束后退出。

3.13.3　2021—2022年抢权配售经历了几个时代

抢权配售1.0时代，可转债发行公告后到股权登记日结束之前投资者纷纷抢权配售，股价也随之上涨；配售当日又纷纷卖出正股，造成正股在配售日大跌，出现新债赚的钱无法抵消配正股下跌的幅度。

抢权配售2.0时代，聪明的投资者会提前关注近2个月内证监会核准的可转债，盯着大股东质押股票的公告，一旦公告，就买入抢权，等待可转债发行公告发出时，抢权者在推高股价时卖出获利了结。

一段时间后，这样做的人也多了。更聪明的投资者"埋伏"交易所受理或上市委通过的正股，可能提前几个月就介入正股，持有到大股东质押股票公告之后，把正股卖给2.0版本的人，这个阶段被称为配债3.0时代，也正是"螳螂捕蝉，黄雀在后"。

总之，抢权配售的套利者想要成功，必须不断精进自己的时机，提前"埋伏"并提前卖出正股来获利。

3.13.4　如何提前发现抢权配售的机会

可转债发行之前，要经过董事会预案→股东大会批准→交易所受理→上市委通过→同意注册→发行公告的流程。

想要在上市公司发布发行公告之前就"埋伏"正股，就需找那些已经同意注册的可转债。从经验来看，可转债从同意注册到发行需要3个月左右（这个时间不是固定的，仅作为参考）。核准超过半年还未发债的正股可能遇到了困难，以后更长时间都发不了转债，所以，同意注册超过6个月的可转债，我们不作为考察标的。

待发行可转债查看方式：打开集思录网站，进入"实时数据"→"可转债"→"待发转债"页面，然后在"类型"中选择"可转债"。我们可以看到包括转股价格、百元含权、配售10张转债所需股数等明细数据的待发可转债。

转股价如何自己手动计算确定？

可转债发行时初始转股价格的制定规则是：不低于募集说明书公告之日前三十个交易日、前二十个交易日公司A股股票交易均价（若在该三十个交易日或二十个交易日内发生过因除权、除息引起股价调整的情形，则对调整前交易日的交易价按经过相应除权、除息调整后的价格计算）和前一个交易日公司A股股票交易均价，以及最近一期经审计的每股净资产（若自最近一期经审计的财务报告资产负债表日至募集说明书公告日期间发生送股、资本公积金转增股本或配股等除权事项，则最近一期经审计的每股净资产按经过相应除权调整后的数值确定）和股票面值。

其中，前三十个交易日公司A股股票交易均价=前三十个交易日公司A股股票交易总额÷该三十个交易日公司A股股票交易总量。

前二十个交易日公司A股股票交易均价=前二十个交易日公司A股股票交易总额÷该二十个交易日公司A股股票交易总量。

前一个交易日公司A股股票交易均价=前一个交易日公司A股股票交易总额÷该日公司A股股票交易总量。

如果你想参与抢权配售，则按照上述的转股价格制定规则进行估算，具体我们不用自己计算，集思录已经帮我们算好了，拿来看即可。

3.13.5 提前"埋伏"抢权标的，如何选择

主要有以下几个可供参考。

● 沪市可转债优先，持有正股只要含权大于500元就有可能配到1 000元的转债，含权越接近1 000元配到1 000元转债的成功率越高。

● 优先选择安全垫大于10%，其次，选择安全垫大于5%以上的上市公司。

- 优先考虑百元股票含权高的，配售每一手转债需要资金较少。重点筛选沪市百元股票含权大于 10 元、深市百元股票含权大于 20 元的上市公司。
- 规模：发债规模越小，越易有高溢价率，上市价格超预期的可能性越大。
- 时机：一是大势向好，大盘平稳的时机；二是避开熊市。
- 理论上越早拿到批文的可转债，在理论上应该离发行越近，但也有例外，如拿到批文一年一直未发行的可转债，我们就不用埋伏了，这么长时间不发行一定事出有因。
- 选择正股基本面较好，发行可转债对公司利润增长有帮助的上市公司。发行公告之前一段时间股价没有大涨的，股价处于低位则更优。
- 选择同行业转债溢价率较高的，因为盈利高、安全垫也高。
- 选择正股市净率 PB >1 的上市公司，很多可转债的下修条款中规定正股 PB <1 的适合不能下修转股价，所以，我们要规避此类股票的配债。

总结：我们挑选那些规模小、正股股价较低或是含权量高的可转债，沪市可转债在配售日之前买入含权 >500 对应的股数，在配售当日进行配债操作和卖出正股。

3.14 告别无限制涨跌，可转债交易再添新规

2022 年 7 月 29 日晚，沪深交易所同时发布了《可转债交易实施细则》和《可转债监管指引》，并于 8 月 1 日开始实施，从信息披露和交易机制两方面规范了可转债上市、转股、回售、下修、强赎、停止交易等存续期的全流程。以上两份文件外加 6 月 17 日发布并于 6 月 18 日实施的《上市公司自律监管指引——可转换公司债券》，对可转债权限开通增加了门槛。新规后，沪深两市的交易规则大体趋同。随着新规正式实施，相关不确定性落地，可转债市场迎来新的发展机遇。

那么，本次新发布的三项新规会对我们日常的可转债交易产生哪些影响呢？主要体现在以下几方面：

1. 开通条件(6 月 18 日已实施)

新开通可转债权限需要 2 年交易经验 +账户 20 日日均资产达到 10 万元。老用户不受影响，新老划断。

另外，如果用户在 A 券商已经有了 2 年交易经验，换券商 B 开通权限无须再等 2 年，表明交易经验全市场通用。

2. 交易规则（沪深交易所日渐趋同）

- 可转债最小价格单位，沪市从 0.01 元调整为 0.001 元，与深市一致。
- 上市首日开盘价：沪市原开盘价 70~150 元变为 70~130 元，与深市一致。
- 沪市交易经手费调整为成交金额的 0.004% 双向收取，与深市一致。
- 沪深可转债上市首日统一采取 57.3% 和 -43.3% 的涨跌幅机制（老规下沪市可转债最后 3 分钟没有涨跌幅限制）。
- 首日沪深开盘最高价均为 130 元，停牌至 14:57 后，深市复牌后两次集合竞价，而沪市连续竞价，最高只能涨到 157.3 元。
- 上市次日起，设置 20% 涨跌幅价格限制。超过涨跌幅范围的价格均为无效申报，挂单则为废单（老规老债是涨 20% 停牌 30 分钟，涨 30% 停牌至 14:57）。

3. 龙虎榜信息披露，上榜条件

- 上市首日：公布买入、卖出金额最大的五家证券营业部名称及其各自的买入、卖出金额。
- 非上市首日：公布当日收盘价涨跌幅达到 ±15% 的前五只可转债。
- 非上市首日：公布当日价格振幅达到 30% 的前五只可转债。
- 异常波动（上市首日不算）：连续三个交易日内日收盘价累计偏离 ±30%。
- 严重异常波动（上市首日不算）：连续十个交易日收盘价累计偏离 +100%（-50%）或连续三十个交易日收盘价累计偏离 +200%（-70%）。

4. 强化风险提示

可转债最后交易日的证券简称前增加 Z 标识。强赎或到期赎回的最后三个交易日停止交易。

5. 短线交易监管

明确上市公司持有 5% 以上股份的股东、董事、监事、高级管理人员申购或认购、交易或转让本公司发行的可转债，应当遵守短线交易的相关规定，转股、赎回及回售除外。即持股 5% 以上股东及董事、监事、高级管理人员纳入短线交易监管，要求股票减持半年内，不得认购可转债。可转债认购后，半年内不得减持。

6. 下修信息披露

明确要求预计满足下修条件触发日前五个交易日披露提示性公告。触发转股价格修正条件时当日应当召开董事会决定是否下修，并且在次一交易日开盘前公告。如果公告不下修，下修计算周期从次一交易日起重新计算。未及时发布下修公告则视为不下修。下一触发下修条件的日期从次一交易日重新起算。

7. 强赎信息披露

明确要求预计满足强赎条件触发日前五个交易日披露提示性公告。满足强赎条件当日应当召开董事会决定是否强赎，并且在次一交易日开盘前公告强赎与否。未及时发布强赎公告则视为不强赎，在未来至少 3 个月内不得再强赎。下一触发下修条件的日期从次一交易日重新起算。如果公告不强赎，需要说明下一次强赎条件的起算时间。还应当披露实际控制人、控股股东、持有 5% 以上股份的股东、董事、监事、高级管理人员未来6 个月内减持可转债的计划。

8. 交易经手费调整

许多投资者可能特别关注到"沪市交易经手费调整为成交金额的 0.004% 并双向收取"，足足 40 倍的增长，是不是特大利空？其实，我们仔细比照可转债相关交易规则就不难发现，深交所早已按照 0.004% 这个费率征收执行，此次上交所只是把这一标准与深交所设定为一致。同时，从此前的市场行情可以看到，深交所可转债的赚钱效应也并未因此受到明显影响。因此，相关条款更多只是制度的规范，同时，对市场投机炒作行为起到一定的情绪面上的影响，而对于可转债市场的中长期发展并不存在显著的影响。

9. 可转债交易还值得参与吗

可以看出，《可转债交易实施细则》和《可转债监管指引》的目标是遏制短期次新债的双高过度炒作，降低换手率和日涨跌幅。

可转债本质优势 T+0 交易制度不变，"下有保底的债性、上不封顶的股性"不变、下修、回售、强赎等特性不变。且优化和规范后，更加保护个人投资者，更利好可转债市场的长期稳定发展。

同时，可以感受到监管的政策方向是抑制短期炒作行为，保持可转债长期稳定运行。可转债市场依旧是上市公司补充和优化融资结构的方式。本次新规是利好可转债市场运作。作为一款交易费用低，卖出没有印花税的人气投资工具，可转债依旧是大家十分值得参与的。

3.15 可转债上市首日及常规交易规则总结（2022年8月1日新规）

2022年6月17日，交易所发布了《关于可转换公司债券适当性管理相关事项的通知》，新增开通可转债权限的门槛：2年交易经历+账户20日日均资产要满足10万元以上。

7月29日沪深交易所同时发布了《可转债交易实施细则》和《可转债监管指引》。本节内容根据新规内容整理修正。

1. 代码和价格
- 沪市可转债上市代码为11××××，价格显示到小数点后第3位；
- 深市可转债上市代码为12××××，价格显示到小数点后第3位。

2. 集合竞价时间细分+下单规则
- 9:15—9:20可以挂单，可以撤单；
- 9:20—9:25可以挂单，不可以撤单；
- 9:25确定开盘价。

3. 开盘价范围（集合竞价下单价格范围）
- 沪深市可转债的开盘价范围：70～130元；超过范围的挂单直接废单。
- 集合竞价期间会把买单和卖单进行匹配，选取买卖最大成交量的价格作为开盘价。
- 假设开盘价为130元，如果你在9:15—9:25挂单，卖出价格不大于130元或挂单买入价格等于130元，理论上会以130元成交。
- 因此，很多朋友喜欢上市首日参与集合竞价设置100元卖出，因为价格保本，且按照价格优先的规则，100元卖出也会比130元卖出的单子优先成交。太多人都设置100元卖出，也会引起开盘价低于市场同行转债的平均水平。
- 当然如果你设置的正好是开盘价，且卖出下单时间太晚，也有可能排不上队没在开盘成交。

4. 停牌规则和复牌

• 9:30 开盘后,进入连续竞价阶段,沪市可转债委托价不得超过最近成交价的 ±10%。深市可转债不受此限制,但是不进入队列。

• 例如,旗滨转债开盘后 130 元,如果你设置 117 元以下或者 143 元以上的价格买入/卖出都是无效的,会废单。也就是说 9:30 开盘后,假如你填 100 元卖出,将会是废单,填 145 元买入也是废单。

• 交易价格涨跌幅度超过 30% 将停牌至 14:57;14:57—15:00 一定交易。

• 停牌期间,沪市可转债不能下单买入、不能卖出、不能撤销卖出委托,但可以撤销买入委托。

• 深市可转债可以下单、撤单。

• 转债是 T+0 交易,当日可以多次买卖。

• 价格涨跌幅度超过 20% 停牌半个小时(最多停牌到 14:57,超过 14:57 一定复牌)。

• 假如是停牌半个小时,到时间复牌会进行复牌撮合成交,如果复牌后涨幅超过 30% 就再次停牌至 14:57。

• 14:57 会进行复牌撮合成交。

5. 尾盘竞价

• 沪市可转债:14:57—15:00 连续竞价,最高价 157.3 元。

• 深市可转债:14:57—15:00 集合竞价。假如开盘在最高价 130 元,14:57 复牌撮合成交最高价为 130×1.1=143,尾盘集合竞价最高价也不能超过 143 的 +10%,也就是 143×1.1=157.3。

6. 可转债交易规则简要总结(见下表)

可转债交易规则(2022 年 8 月 1 日起实施)			
沪深可转债		沪市	深市
区别	代码	11 开头	12 开头
	最小报价单位	0.001 元	
	最小交易单位	1 手(10 张)	10 张
上市首日	开盘价范围	70~130 元	
	最高价	157.3 元(对应涨幅 57.3%)	
	最低价	56.7 元(对应跌幅 −43.3%)	
集合竞价规则	新债上市首日可申报范围	70~130 元	
	非首日老债可申报范围	前一日收盘价的 80%~120%	

续上表

可转债交易规则（2022年8月1日起实施）			
沪深可转债		沪市	深市
集合竞价规则	9:15—9:20	可以挂单，可以撤单	
	9:20—9:25	可以挂单，不可以撤单	
	9:25	确定开盘价；低（高）于开盘价的卖（买）单会以开盘价成交	
	9:25—11:30；13:30—14:57	连续竞价时间，可以挂单，可以撤单	
连续竞价	委托有效范围	①买一价向下10% ~ 卖一价向上10%；②不高于买一价与卖一价平均数的130%且不低于该数的70%	最近成交价的±10%
上市首日临时停牌	首次涨跌幅≥20%	停牌30分钟，若停牌时间超过14:57，则14:57复牌	
	首次涨跌幅≥30%	停牌至14:57	
	停牌期间	不能委托买卖，不能撤卖，可以撤买	可委托
	14:57—15:00	连续竞价可以挂单，可以撤单	收盘集合竞价，可以挂单，不可以撤单
非上市首日	开盘价/全天最高、最低价	前一日收盘价的80% ~ 120%	
	临时停牌	不再临停	
转股	转股期	发行结束后6个月~退市	
	转股数量计算	转入股票数量=转债张数×100÷转股价（取整）	
	转股规则	当日盘中发起转股，当日结算后股票到账，次日可以交易	
其他规则	开通条件	2年交易经验+账户20日日均资产达到10万元	
	有5%以上股份的股东+董事、监事、高级管理人员	纳入短线交易监管：要求股票减持半年内，不得认购可转债；可转债认购后，半年内不得减持	
	到期风险提示	可转债最后交易日的证券简称前增加"Z"标识。强赎或到期赎回的最后三个交易日停止交易	

7. 举例：借国泰转债重温可转债上市首日交易规则（新规之前）

（1）开盘价为什么130元持续到14:57？

深市可转债的开盘价范围：70 ~ 130元。超过范围的委托不进入竞价系统。所以开盘130元。这时候下143元、157.3元的价格是全天有效的。

涨跌幅度超过30%将停牌至14:57。

（2）14:57复牌后为什么是143元？

深市可转债14:57复牌，此时撮合成交最高价为连续竞价价格上浮10%，即130×110%=143（元）。

（3）收盘价为什么是157.3元？

深市可转债最后3分钟为尾盘集合竞价，最高价也不能超过143的+10%，也就是143×1.1=157.3（元）。

此时不能撤单，所以下了143元想改157.3元，此时是来不及的。

（4）开盘后为什么我设置了110元卖出，最后没成交？

连续竞价阶段，沪市可转债委托价不得超过最近成交价的±10%。深市可转债的委托不受此限制，但是不进入撮合队列。所以，下价格也是有讲究的。

（5）开盘后我想尾盘卖出150元以上成交，如何下单？

连续竞价阶段下单，价格要超过143元，又要小于收盘价，就是大于143元越小越好，如143.01元。当然，如果下这个价格的人太多也会拉低最后的收盘价。如果看了我的预估文章，下了150元，最后就能以157.3元成交。反之，有网友最后3分钟下110元不能成交又不能撤单，可是着急坏了。

（6）我想涨停板买入国泰转债，如何下单？

可以在券商隔夜委托开始的第一时间，下单买入130元、143元、157.3元三个价格，排队越早越有希望。

但是，国泰转债正股江苏国泰，在国泰转债上市首日大跌时，转股价值随之大跌。这时要及时撤单157.3元的买单，14:57之后不能撤单了。

3.16 新债中签率太低，可转债稳健轮动组合

大家反映新债中签率越来越低，导致我们打新债的利润逐年下滑，还有什么好的办法能从可转债上赚钱吗？

当然有，基于可转债本身的上不封顶、下有保底的特性，可转债组合相对于股票组合来说，风险更低，收益却跟得上。

2021年可谓可转债大年，可转债先抑后扬，截至12月15日，等权指数大涨34.5%，同期沪深300还跌了1.2%，如下图所示。

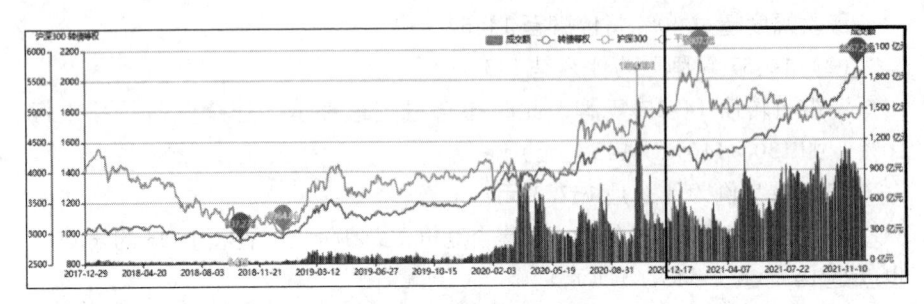

相较于 2020 年同期，可转债均价从 129.249 元上涨到 148.636 元；平均溢价率由 23% 上涨到 35%。目前二级市场有 379 只可转债在交易中，其中价格 <90 元、90~100 元、100~110 元的低价债比例较之去年同期大比例下降；而 110~120 元、120~130 元、>130 元的高价债比例较之去年同期大比例上升（见下表）。这在一定程度上得益于可转债大多数正股所属中证 1000、国证 2000 的良好表现。

日　　期	2020-12-15	2021-12-14
等权指数	1 512.687	2 034.435↑34%
平均价格（元）	129.249	148.636
平均溢价率	23.21%	35.08%
数量	316	379
<90 元	5	0↓1%
90~100 元	20	4↓4%
100~110 元	110	40↓14%
110~120 元	66	88↑2%
120~130 元	43	80↑6%
≥130 元	72	167↑21%

2021 年，可转债各种策略组合的表现如何呢（见下表）？

我对 2020 年 12 月至 2021 年 11 月的可转债进行了不同策略的回测，每月第一个交易日作为调仓日，低溢价率前十策略取最低溢价率的前十名可转债（剔除强赎可转债），计算当月这十只可转债的平均收益率，再将 2020 年 12 月至 2021 年 11 月每个月的收益率进行累计，得出累计收益率，所有统计均按照收盘价测算。

结果如下。

收益率排名：低溢价率前十 88.08% >回售收益率前十 52.52% >到期收益率前十 44.52% >低价前十 42.75% >所有可转债 30.68% >双低前十 23.14%

第 3 章 每年赚一些——可转债打新

时间段内以下策略组合收益率	2020-12	2021-01	2021-02	2021-03	2021-04	2021-05	2021-06	2021-07	2021-08	2021-09	2021-10	2021-11	2020-12—2021-11	最大回撤
低溢价率前十	16.12%	-1.91%	3.47%	-0.19%	16.42%	1.32%	0.94%	10.76%	14.64%	-10.30%	11.42%	5.82%	88.08%	-10.30%
双低前十	-5.88%	-7.12%	5.74%	4.14%	6.20%	4.65%	-1.30%	2.32%	11.41%	-0.69%	-2.56%	5.72%	23.14%	-12.58%
税前到期收益率前十	-3.68%	-5.09%	6.39%	4.24%	11.72%	3.77%	-0.25%	1.32%	9.89%	0.29%	5.89%	4.25%	44.52%	-8.58%
低价前十	-4.51%	-6.36%	6.13%	5.49%	12.80%	3.81%	-0.85%	-1.03%	9.91%	0.08%	5.37%	7.07%	42.75%	-10.58%
税前回售收益率前十	-4.06%	-3.73%	6.66%	3.74%	12.88%	3.76%	4.09%	-1.06%	9.75%	0.08%	5.37%	6.90%	52.52%	-7.64%
所有可转债	-1.52%	-4.63%	1.55%	1.92%	1.97%	5.52%	1.05%	6.21%	5.57%	-1.47%	2.21%	9.50%	30.68%	-6.08%

81

最大回撤排名：所有可转债 −6.08% ＜回售收益率前十 −7.64% ＜到期收益率前十 −8.58% ＜低溢价率前十 −10.30% ＜低价前十 −10.58% ＜双低前十 −12.58%

88.08% 这个收益率有多牛呢？我复盘了同期的所有股票型基金＋混合型基金，收益最高的是涨幅 85% 的平安中证新能源汽车产业 ETF。

但是，可转债在 2021 年初、2021 年 9 月分别经历了两次下挫，年初主杀高溢价率的中低价转债，2021 年 9 月主杀高价低溢价率的转债，上表主要统计了调仓最大回撤 10%~12%，实际上月内最大跌幅可能超过这个幅度。相比较众多公募基金 2021 年最大跌幅为 25%~30%，可转债组合在收益率＋回撤上，表现均不差。但是可转债策略需要长期地跟踪、分析、研究、调仓；而买公募基金，非常省心省事，前提是买对基金。

拉长年限看可转债摊大饼。

我把回测年限拉到 2018 年，众所周知 2018 年新债破发率非常高，这一年低溢价率策略表现最差，表现最好的是低价策略，其次是回售收益率策略（见下表）。

时间段内以下组合累计收益率	2018 年	2019 年	2020 年	2021 年	最大回撤	最大回撤时间段
低溢价率前十	−4.30%	65.99%	154.59%	61.97%	−10.48%	2019-04—2019-07
双低前十	−1.38%	52.28%	24.36%	30.84%	−12.58%	2020-12—2021-01
税前到期收益率前十	−1.27%	16.57%	14.77%	50.04%	−8.58%	2020-12—2021-01
低价前十	0.14%	17.89%	10.61%	49.49%	−10.58%	2020-12—2021-01
税前回售收益率前十	−3.40%	15.73%	12.91%	58.97%	−8.12%	2020-12—2021-01
所有可转债	−3.43%	28.16%	20.21%	32.70%	−7.74%	2018-04—2018-12

注：每个月 1 日或前一交易日调仓，数据统计截至 2021 年 12 月 1 日。

可见，低溢价率策略 3 年第一，1 年最末；双低策略 2 年第二，2021 年排最末；回售收益率策略 2021 年排第二，2019 年排最末。

最大回撤上：双低的最大回撤 −12.58% 最大。

每个策略都有适应的年份，也有表现不好的时候。所以，我们只追逐去年表现优异的策略，这和基民从基金收益排行榜上买基金，第二年大幅回撤，是一个道理。

如何选择可转债"摊大饼"？

首先，要兼顾策略，不要对单个策略孤注一掷，或者自己建立多因子策略；其次，把组合的个债数量设置在 10 只，甚至 20 只以上，平滑风险；最后，在可转债等权指数新高时入市，要做好回撤超过 10% 的心理准备。

以上是 2021 年末在缺乏回测平台的基础上，购买宁稳网日收盘数据，通过 Excel 做的手动月度回测。到了 2023 年，回测工具也有了突破，可以用禄得网站进行可转债各种策略的回测，回测难度降低了，简单的单因子、双因子很快因使用人数大增而慢慢失效。

在不同的时代，适用的策略和因子也会跟随行情而变，尤其是 2022 年 8 月可转债新规后，简单的低溢价率失效；2023 年 4 月可转债出现退市后，双低策略时不时会失效。想要不被市场淘汰，必须与时俱进，量化策略的研发是持久的工作，想要在市场上跑赢可转债等权指数，更要付出辛勤的汗水。

第 4 章

上市后可转债的交易模式

4.1 可转债的到期赎回

到期赎回是指可转债上市后，直到存续期结束，正常到期退市，上市公司为之前买入的投资者还本付息的方式。

4.1.1 历史上到期赎回的可转债有哪些

截至 2023 年 8 月 21 日，历史上已经有 302 只可转债退市，下表中的 16 只可转债是以到期赎回的形式退市的，占比仅为 5.3%，绝大多数可转债以强赎为退出方式。

序号	代码	名称	最后交易价格	发行规模（亿元）	剩余规模（亿元）	发行日期	最后交易日	到期日期	存续年限（年）	退市原因
1	123014	凯发转债	106.35	3.499	0.131	2018-07-27	2023-07-24	2023-07-27	5	到期
2	113013	国君转债	104.919	70	69.885	2017-07-07	2023-07-03	2023-07-07	6	到期
3	127004	模塑转债	109.851	8.137	1.249	2017-06-02	2023-05-29	2023-06-02	6	到期
4	128014	永东转债	107.787	3.4	3.358	2017-04-17	2023-04-11	2023-04-17	6	到期
5	113011	光大转债	104.91	300	72.69	2017-03-17	2023-03-13	2023-03-17	6	到期
6	128029	太阳转债	139.352	12	0.196	2017-12-22	2022-12-19	2022-12-22	5	到期
7	110038	济川转债	134.332	8.43	0.074	2017-11-13	2022-11-08	2022-11-12	5	到期
8	128013	洪涛转债	107.797	12	0.741	2016-07-29	2022-07-14	2022-07-29	6	到期
9	127003	海印转债	111.3	11.11	0.893	2016-06-08	2022-05-23	2022-06-08	6	到期
10	113009	广汽转债	106.43	41.059	10.716	2016-01-22	2022-01-07	2022-01-22	6	到期
11	110034	九州转债	107.73	15	14.979	2016-01-15	2021-12-30	2022-01-15	6	到期
12	110031	航信转债	106.7	24	23.983	2015-06-12	2021-05-28	2021-06-12	6	到期
13	113008	电气转债	106.48	60	13.422	2015-02-02	2021-01-18	2021-02-02	6	到期
14	110030	格力转债	105.69	9.8	4.012	2014-12-25	2019-12-10	2019-12-25	5	到期
15	110007	博汇转债	108.61	9.75	0.145	2009-09-23	2014-09-05	2014-09-23	5	到期
16	110003	新钢转债	106.55	27.6	27.576	2008-08-21	2013-08-06	2013-08-20	5	到期

4.1.2 可转债到期赎回，能拿到多少钱

以九州转债为例，如下图所示。

价格	107.500	转股价值	76.84	税前收益	5.29%	成交(万)	14525.41
涨幅	-0.24%	溢价率	39.91%	税后收益	-11.63%	当日换手	9.01%
转股起始日	2016-07-21	回售起始日	2020-01-15	到期日	2022-01-15	发行规模(亿)	15.000
转股价	17.83	回售价	103.00	剩余年限	0.088	剩余规模(亿)	14.991
股东配售率	-	转股代码	110034	到期赎回价	108.00	转债占比[1]	5.84%
网上中签率	-	已转股比例	0.06%	正股波动率	24.46%	转债占比[2]	5.84%
折算率	0.490	质押代码	110034	主体评级	AA+	债券评级	AA+

最后交易日 2021年12月30日
最后转股日 2022年01月14日
九州转债 - 110034 (正股：九州通R - 600998 行业：医药生物-医药商业Ⅱ-医药商业Ⅲ) +自选

（1）最后交易日：2021年12月30日。

（2）最后转股日：2022年1月14日（注：最后交易日、最后转股日不是同一天。如果你在2021年12月30日忘记卖出，还可以在2022年1月14日收盘之前进行转股）。

（3）可转债到期日和兑付登记日：2022年1月14日。

（4）兑付资金发放日/可转债摘牌日：2022年1月17日（星期一）。

（5）赎回价格（兑付本息金额）：108元，它包括三部分：一是面值100元；二是1～6年的利率（第一年0.20%、第二年0.40%、第三年0.60%、第四年0.80%、第五年1.60%、第六年2.00%，合计5.6%）；三是到期补偿6元。

所以，持有一张九州转债到期，最终能拿到的赎回金额为100 + 2 + 6 = 108元（未扣税）。

4.1.3 可转债到期赎回后如何扣税

根据4.1.2可知，九州转债到期赎回，其赎回价格为108元，其中包含2元利息和6元到期补偿，那么，这部分收益的扣税比例是多少呢？

目前，市场上针对中小投资者转债利息税计算方式主流方式有A、B两种方案：

A. 按照面值以上全额计税方式，全额扣税按照8元扣税1.6元，则中小投资者到手106.4元。

B. 按照募集书约定的利息计税，最后一年2元扣税0.4元，补偿金部分不扣税。最后中小投资者到手107.6元。

注意：对于机构和合格境外机构投资者（QFII），不代扣代缴所得税。以上方案仅仅针对中小投资者。

方案 A 和方案 B 的区别是，扣税是根据多出面值的整体部分（8 元）扣税，还是按最后一期利息（2 元）扣税，存在较大争议。

方案 B 比方案 A，投资者每张能多到手 1.2 元，如果持有 100 张九州转债，则能多赚 120 元。

回到九州转债实例，它到期赎回，最后是如何扣税的？

这次九州转债到期之前，有些投资者积极与上市公司沟通协商计税方案，最后为自己争取到以 B 方案计税，尽量把利益最大化（见下图）。

> **和九州转债沟通了到期扣税问题**
>
> 昨天晚上写了一封邮件给公司，今天初步沟通，公司目前意向是保护中小投资权益，希望共同推动以最后一年利息2元进行扣税。
> 如果顺利中小投资者最终将拿到107.6元。
> 整个扣税流程是
> 1. 公司全额支付到期108元。
> 2. 刊发公告。
> 3. 填写表格，通知券商按什么标准扣税。

中小投资者，一方面，要关心自己的持仓，不要错过最后交易日/转股日；另一方面，如果遇到此类情况，也可以积极与上市公司沟通协商计税方案，既为中小投资者发声，也为自己争取利益。

九州转债到期后，据网友反映，大多数券商的软件都是软件开发商提供的，只能按 8 元的 20% 扣税，证券公司纷纷在之后返回投资者一笔资金进行退税，大家可以在资金流水中查得。

4.1.4　在到期赎回中找到投资可转债的机会

首先在集思录网站的可转债列表中，可通过对"到期税前收益"从大到小进行排名，系统可以筛选出那些快要到期的可转债，假如正股上市公司不违约，就能获取正收益，如下图所示。

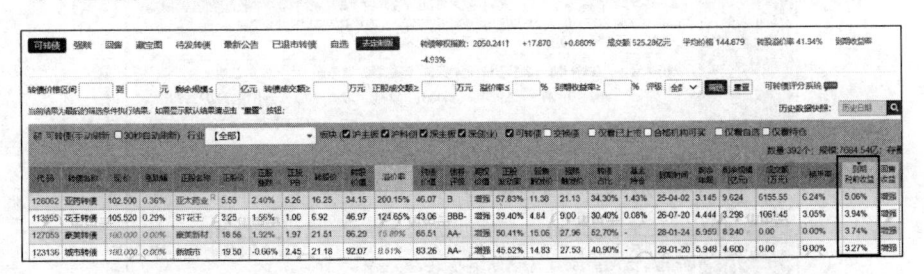

从上图中可以看出，2022 年 2 月 9 日，"到期税前收益"从大到小排第一的是亚药转债。

如下图所示，亚药转债价格为 102.500 0 元，而到期赎回价格为 115.00 元，到期日 2025 年 4 月 2 日，折合税前到期收益为年化 5.06%。这说明我们以 102.500 0 元买入亚药转债，假设亚太药业 2025 年 4 月 2 日之前都不违约，到期赎回价格就是 115.00 元，可以赚取其间差价作为毛利（未交税）。在根据到期税前收益进行筛选可转债时，未考虑其正股上市公司的质地，如果要稳健投资，在兼顾可转债评级、规模等因子之外，还需仔细甄别上市公司的财务、收入状况，避免踩雷。

4.1.5 海印转债——开创到期少还钱的新方法

如下图所示，海印转债存续的 6 年里，为了强赎进行多次下修和蹭热点的努力，但是最后还是以到期赎回退场。

第 4 章　上市后可转债的交易模式

从上图中可以看出，海印转债曾经在 2018—2019 年两度下修转股价，直至下修到底，当时，投资者看出了这家公司的强赎决心。但是，海印正股依旧不给力。在蹭非洲猪瘟疫苗、新能源汽车、网红电商领域、免税店概念、迈向光伏发电等多个热点后，均只是对股价造成短期拉升，无法满足强赎条件。

从下面的 K 线图走势中可以看出，海印转债在到期前一年也多次涨到 125 元以上，但是，如果投资者以为它能站上 130 元以上去做强赎博弈，那么终究会失望。

2022 年 5 月 4 日，海印转债发布公告，到期赎回。赎回价格为 110 元，10 元收益中 2 元是最后一年的利息，8 元是补偿金，这次在投资者的努力下，海印股份最后采纳建议，选择利于散户的扣税方式，最后，投资者能拿到 109.6 元（仅仅对 2 元利息扣除 20% 的税）。

海印转债在最后的 1 个多月里，通过买自家转债并转股的方法，实现了少还钱的目的。2022 年 5 月 9 日至 13 日，海印转债的剩余规模从 6.7 亿元降为 4.6 亿元，5 天减少了 2.1 亿元，这部分规模转股的同时，海印正股的融券余额在这几天新增量与之接近，疑似对转股后次日卖出以对冲。这种操作非常专业，完美地为海印股份巧妙地化解了 2.1 亿元的债务。当时，海印转债的转股溢价率在 7% 左右，所以，转股约损失 7%，化解 2.1 亿元债务需要不到 1 500 万元。

海印转债是用了极少的钱完成转股操作，但是后续会影响整个转债市场，如果发行公司都和海印转债学习。最后，自己买债转股完成低成本融资。如此下去，下修博弈、强赎博弈的高胜率逻辑也会被打破。

4.1.6 奇葩洪涛转债，贴钱给投资者转股

洪涛转债最后交易日是 2022 年 7 月 14 日，最后转股日是 2022 年 7 月 29 日。

在 7 月 14 日之后，不少持有洪涛转债的持有者接到官方工作人员的信息：选择转股可以补贴差价，投资者得到补齐部分比拿到期赎回款还多一点儿。

洪涛正股为什么要这么做？

7 月 14 日收盘洪涛转债转股溢价率为 7.8%，剩余规模 2.1 亿元。这表明转股 1 张 1 000 元将损失 7.8 元，当时转债价格为 107.797 元，到期赎回价为 108 元，持债人即便是扣税后，也不会亏损 7.8%。那么，持债人肯定不愿意转股，洪涛正股对于短期内提升股价也没有什么信心，但又不甘心掏出抑或是捉襟见肘掏不出那么多钱赎回转债。所以，他们联系投资者转股，给投资者补足差价，则不用还 2.1 亿元规模的转债，而只需掏出 7.8% 的差价即可，简直完美手法。

从赎回期的买卖双方角度来看是双赢，因为投资者拿到了比等到期赎回更多的补偿款。而洪涛股份上市公司也付出了赎回款不到 10% 的资金。

但是这件事本质上对可转债市场的影响和海印转债一样，后续会影响整个转债市场低价债下修博弈、强赎博弈的逻辑。在 2022 年 5 月之前，剩余年限（到期剩余时间）是个不错的可转债摊大饼的因子，但是这两件事之后，我把这个因子剔除了。如果使用这个因子，记得加上条件，如果可转债到期的剩余年限不到半年，那么其期权价值基本归零。所以，对于那些剩余年限小于 0.5 时，最好规避。

4.2 可转债的转股价格下修

转股价格简称转股价，是可转债的核心要素，它决定了可转债的转股价值的高低。转股价格也不是一成不变的，当正股分红、扩股时上市公司会发公告调整转股价格，也称转股价调整；而当正股满足下修条件时，上市公司也有权力决定是否下修转股价。

4.2.1 认识可转债下修条款

下修条款指可转债的转股价向下修正，是发行人上市公司的权利。转

股价下修后，转债可转换成股票的数量相应变多，对原股东持股比例有一定的稀释，但转股价值提升对转债持有者是利好。

所以，可以将其简单理解为：可转债下修是指向下修正转股价。可转债在发行时，在发行公告、募集说明书中都会规定，当满足一定条件时，董事会有权提出向下修正转股价格的方案。

比如，搜特转债起始转股价格为 5.26 元，虽然可转债价格实时变动，但是面值为固定的 100 元，所以，下修之前，每一张搜特转债可以转换 $100 \div 5.26 = 19.01$ 股搜于特正股。到了 2020 年 9 月 10 日，转股价格由 5.36 元下修到 2.9 元，此时，每一张搜特转债可以转换 $100 \div 2.9 = 34.48$ 股搜于特正股。对于持有搜特转债的债民们，手里的可转债价值就更高了，如下图所示。

一般情况下，可转债下修转股价可以瞬间提高转债价值，是很大的利好；但是如果利好提前释放，转债价格提前释放，当这个利好到来时，转股价格又没有下修到底，则不能算利好了，下面将举例进行说明。

4.2.2 历史上可转债下修后表现举例

转股价格，直接决定每张可转债可以转换的股票数量。下面介绍两个例子以充分说明下修对可转债的影响。

[例1] 搜特转债2021下修

下修前：100÷2.9=34.48（股）。

下修后：100÷1.62=61.73（股）。

董事会提议公告日期：2021年7月30日。

下修公告日期：2021年8月16日。

股东大会日期：2021年9月9日。

生效日期：2021年9月10日。

一旦转股价下调，每张可转债可转换的股票数量会相应增加。自然，可转债的转股价值就会有所增长，因此，当转债宣布"下修"后，很可能会刺激转债交易价格上涨。这一点在搜特转债身上有非常好的体现：由于本次搜特转债下修到底，导致转股价值恢复到100元。

此段时间的可转债价格：在下修提议后价格从78元+回到了90元+，在下修到底公告公布后价格直接站回到100元。之后价格又来到121元。而对比搜特正股，这段时间并没有很好的表现，如下图所示。

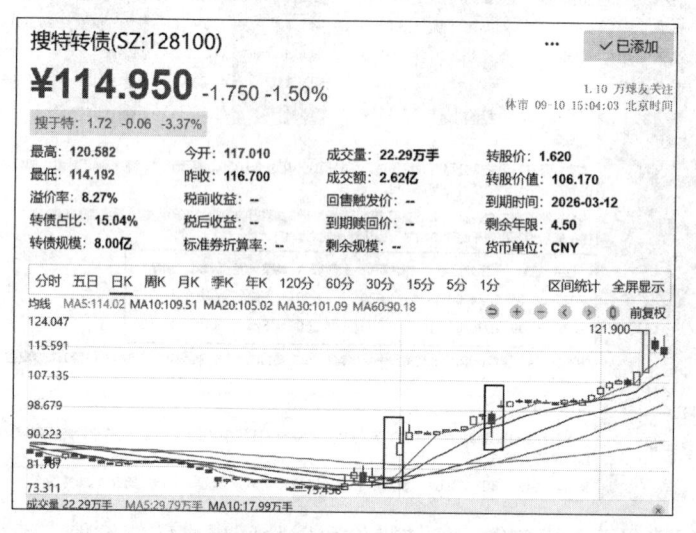

[例2] 万孚转债2022年下修

下修前转股价：71.65元。

下修后转股价：52元。

董事会提议公告日期：2022年1月21日。

股东大会日期：2022年2月10日。

生效日期：2022年2月11日，如下图所示。

第 4 章　上市后可转债的交易模式

万孚转债 - 123064（正股：万孚生物R - 300482　行业：医药生物-医疗器械Ⅱ-医疗器械Ⅲ）							+自选
价格：120.260		转股价值：66.85		税前收益：-1.03%		成交（万）5549.75	
涨幅：-4.77%		溢价率：79.91%		税后收益：-1.61%		当日换手：7.66%	
转债起始日	2021-03-08	回售起始日	2024-09-01	到期日	2026-08-31	发行规模(亿)	6.000
转股价	52.00	回债价	100.00+利息	剩余年限	4.553	剩余规模(亿)	5.985
股东配售率	63.83%	转债代码	123064	到期赎回价	110.00	转债占比¹	5.35%
网上中签率	0.0026%	已转股比例	0.25%	正股波动率	56.52%	转债占比²	3.87%
折算率	0.000	质押代码	123064	主体评级	AA	债券评级	AA
担保	无担保						
募资用途	本次发行募集资金总额不超过人民币60,000万，扣除发行费用后将投资于化学发光技术平台产业化建设项目、分子诊断平台研发建设项目以及用于补充流动资金。						
转股价下修	在本次发行的可转换公司债券存续期间，当公司股票在任意连续三十个交易日中至少有十五个交易日的收盘价低于当期转股价格的80%时，公司董事会有权提出转股价格向下修正方案并提交公司股东大会表决。 注：转股价不得低于每股净资产（以招募说明书为准）						
转股价调整历史	股东大会	生效日期	新转股价	原转股价	调整类型	状态	说明
	2022-02-10	2022-02-11	52.000	71.650	下修	成功	
		2021-07-26	71.650	71.640	其他	成功	回购注销限制性股票
		2021-05-26	71.640	93.570	其他	成功	2020年权益分派每10股派5元转增3股
		2021-02-04	93.570	93.550	其他	成功	调整限制性股票回购价格及回购注销部分限制性股票

　　本次下修后万孚转债的转股价值从 51.54 元提高到 71.02 元，溢价率从 145.02% 降低到 77.83%，理论上如果下修到底转股价可以下修到 46.27 元，但上市公司仅下修到 52 元，本次未下修到底，低于大多数投资者预期，而之前万孚转债价格已经提前释放了下修带来的利好，所以公告出来后利空万孚转债，如下图所示。

万孚转债(SZ:123064)			...	✓已添加
¥120.260 -6.030 -4.77%				2176 球友关注 已收盘 02-11 15:04:03 北京时间
万孚生物 34.76 -2.17 -5.88%				
最高：124.000	今开：124.000	成交量：45843手		转股价：52.000
最低：119.200	昨收：126.290	成交额：5549.75万		转股价值：66.850
溢价率：79.90%	税前收益：-1.03%	回售触发价：36.400		到期时间：2026-09-01
转债占比：3.88%	税后收益：-1.60%	到期赎回价：110.000		剩余年限：4.55
转债规模：6.00亿	标准券折算率：--	剩余规模：5.99亿		货币单位：CNY

4.2.3　上市公司为什么要下修可转债

通过之前我对可转债的理念梳理，大家应该理解了发行可转债对于上市公司而言就是低成本借钱，且大多数可转债会以强赎作为结局。所以，当可转债上市后如果面临价格逐步走低，低于面值，如低于 90 元，甚至低于 70 元时，大多数上市公司为了避免回售，都会主动下修转股价、提高转股价值以利好可转债和转债价格上涨，最好能涨到满足强赎条款。

在大部分情况下，公司下修转股价的原因是为了更容易地强赎。对于以上情况，可以在即将到回售期的可转债（交易时间满 4 年）中，挑选转股价值小于 70 元的可转债。

另外，银行类可转债发行的目的是补充资本金，只有转股才能真正实现。所以，银行类可转债在满足下修条件时，也会较主动地进行下修。比如，2018 年 5 月江银转债（128034）还未进入转股期就下修了一次转股价格，且下修到底。到了 2018 年 8 月，距离上一次下修才刚刚过去 3 个月，江银转债再次触发下修条件继续下修，向转债持有者们表达了促成转股的强烈意愿。那么，我们也可以关注这一类的可转债，筛选方式为：股票价格达到下修条件、正股 PB >1（银行转债一般低于净资产不能下修）且有下修空间，正股公司表达了强烈的下修意愿。

可转债下修对于持债投资者而言是利好，对于上市公司持股投资者而言是稀释了股权，是利空。但是在还钱和稀释股权两方面权衡，上市公司还是愿意稀释股权。事实上，归根到底，发行可转债就是增发股票的一种变相形式，增发价格就是转股价。

因为下修本质是稀释股权，所以，需要开股东大会表决，持债的股东是不能参与这次投票的，如果上市公司想要下修成功，有部分股东必然会提前卖出转债。

4.2.4　下修转股价的一些限制

比如，万孚转债的下修条款：在本次发行的可转换公司债券存续期间，当公司股票在任意连续三十个交易日中至少有十五个交易日的收盘价低于当期转股价格的 80% 时，公司董事会有权提出转股价格向下修正方案并提交公司股东大会表决。

注：转股价不得低于每股净资产（以招募说明书为准）。

每家公司的下修条款略有不同，表示下修的宽松程度不同。比如，万孚转债需要（30%，15%，80%）且不低于1PB，是比较严格的。

有些公司可能只需要满足（20%，10%，90%），即公司股票在任意连续二十个交易日中至少有十个交易日的收盘价低于当期转股价格的90%，这样的条件是比较宽松的。

另外，万孚转债下修股东大会之前也公布了下修原则，如下图所示。

> "在本次发行的可转换公司债券存续期间，当公司股票在任意连续三十个交易日中至少有十五个交易日的收盘价低于当期转股价格的80%时，公司董事会有权提出转股价格向下修正方案并提交公司股东大会表决。
>
> <u>上述方案须经出席会议的股东所持表决权的三分之二以上通过方可实施。股东大会进行表决时，持有本次发行的可转换公司债券的股东应当回避。修正后的转股价格应不低于本次股东大会召开日前二十个交易日公司股票交易均价和前一交易日均价之间的较高者且同时不得低于最近一期经审计的每股净资产以及股票面值。</u>"

● 修正后的转股价格应不低于该次股东大会召开日前二十个交易日公司股票交易均价和前一交易日均价之间的较高者。

● 修正后的转股价格不得低于最近一期经审计的每股净资产以及股票面值。

● 需要通过股东大会表决，且有2/3的出席股东表决同意方可实施。

其中，条款的第二条表示万孚转债不支持破净下修。事实上有些可转债是支持破净下修的。是否支持破净下修，可以在招募说明书或者发行公告中获悉。

4.2.5　下修博弈的风险：下修失败案例

有不少投资者进行可转债的下修博弈，但是下修博弈也有风险，如未下修到底、下修失败。据统计，下修成功率高达95%，剩下5%的失败率是什么情况呢？下面我们一起看一下下修失败的案例。

【蓝思转债123003】

2018年6月，蓝思转债首次提出下修，没承想蓝思转债的价格上涨超过面值100元，在之后的股东大会投票上（2018年6月26日），下修议案股东投票表决没有2/3的通过票，导致下修议案投票未获通过。下修失败公告后次日蓝思转债下跌5%，如下图所示。

转股起始日	2018-06-14	回售起始日	2021-12-08	到期日	2023-12-08	发行规模(亿)	48.000
转股价	10.44	回债价	100.00+利息	剩余年限	-	剩余规模(亿)	0.574
股东配售率	13.54%	转股代码	123003	到期赎回价	106.00	转债占比1	-
网上中签率	-	已转股比例	98.80%	正股波动率	41.65%	转债占比2	-
折算率	-	质押代码	123003	主体评级	AA+	债券评级	AA+
担保	无担保						
转股价下修	在本次发行的可转换公司债券存续期间，当公司股票在任意连续三十个交易日中至少有十五个交易日的收盘价低于当期转股价格的80%时						

转股价调整历史	股东大会	生效日期	新转股价	原转股价	调整类型	状态	说明
		2019-07-11	10.440	10.460	其他	成功	每10股派息0.2500元
	2019-03-29	2019-04-01	10.460	16.080	下修	成功	
	2018-08-13	2018-08-15	16.080	24.180	下修	成功	下调转股价
	2018-06-26				下修	失败	股东大会未通过

4.3 可转债的有条件赎回（强赎）

可转债强赎条款属于可转债的条款之一，是发行人上市公司的权利。当可转债达到特定条件时，发行上市公司有权按照一定的价格向投资者强制赎回未转股的可转债。

4.3.1 历史上有条件赎回（强赎）的可转债比例

历史上有条件赎回（强赎）的可转债比例见下表。

退市分类	退市原因	数量	占比（%）
有条件赎回	强赎	275	91.06
	低于3 000万元	7	2.32
到期赎回	到期	16	5.30
发行失败	撤销发行	1	0.33
正股退市/重整	正股退市/重整	3	0.99

注：统计截至2023年8月21日。

截至2023年8月21日，历史上已经有302只可转债退市，其中有条件赎回的可转债有282只，占比93.38%。我们再进一步细化，其中，退市原因为强赎的可转债有275只，占比91.06%，而退市原因为低于

3 000 万元的可转债只有 7 只，占比 2.32%。绝大多数可转债以强赎为退市方式。

4.3.2　上市公司为什么要强赎可转债

可转债强赎是发行可转债的公司欲以（面值＋当年应计利息）低价强制赎回债民手中的可转债，引导投资者将手中可转债转换成股票，让投资者从债主变成上市公司的股东。这样，公司既可以少还债，又可以让投资者变成公司的股东。其目的是希望投资者转股。

低价债如何走向强赎？

假设 A 转债的转股价格为 10 元，只需 A 正股三十个交易日内十五个交易日收盘价涨到 13 元以上即可强赎。

假设 A 公司因为种种原因，A 正股价格跌到 6 元，且持续了一段时间，此时，上市公司会把转股价下修到 6 元，那么，A 正股只需三十个交易日内十五个交易日收盘价涨到 6×1.3＝7.8（元），即可强赎。

4.3.3　认识可转债有条件赎回（强赎）条款

可转债的强赎条款可能的形式如下：

（1）在任意连续三十个交易日中，有十五个交易日，收盘价高于转股价的 130%。

（2）在任意连续二十个交易日中，有十个交易日，收盘价高于转股价的 130%。

（3）在任意连续三十个交易日中，有二十个交易日，收盘价高于转股价的 130%。

以（1）条款为例具体说明其组成部分。

- 涨幅：130%，正股收盘价高于转股价的 130%；以东财转 3 为例，需要正股东方财富收盘价高于转股价 23.35×130%＝30.36（元）。注意：是收盘价，而不是盘中最高价。
- 时间：强赎条款有效的时间在转股期内，未到转股期的可转债不适用。
- 满足时长：任意连续三十个交易日中，有十五个交易日满足条件即可，这十五个交易日不需要连续，但需要在连续三十个交易日中累计。

4.3.4　可转债强赎后该如何操作

可转债强赎条款属于可转债的条款之一，是发行人上市公司的权利。当可转债达到特定条件，如正股价格在一定期限内高于转股价 130%，发行人有权把价值高于 130 元的可转债以 100 元出头（面值 + 当年应计利息）的价格赎回。

一旦满足强赎条款，上市公司发布强赎公告，那么可转债的生命进入倒计时。这时，投资者有以下三种选择：

- 卖出可转债，以成交价格落袋为安。
- 转股成为股票做股东。
- 持有到最后交易日，被发行人以 100 元出头的价格回收。

由于赎回价仅略高于面值（100 元出头），在可转债触发强赎后，对于投资者而言，最理性的选择是以市场价卖出转债或者转股。

投资者肯定不愿意把手中价值高于 130 元的可转债以 100 元出头的价格被回收，所以，肯定会避免被强制赎回，要么卖出可转债，要么把可转债转成正股。转股后可转债份额消失，这部分可转债变成了上市公司的股票，稀释了原股东的股权。另外，如果可转债的规模较大，卖出可转债会引发可转债的价格下跌；如果可转债稀释的比例较高，转股后卖出正股也会引起股票下跌。

有一些可转债由于正股价格很高，强赎到期之时，可转债价格依旧在 200 元以上，如果投资者忘记卖出，则会带来大幅亏损。所以，强赎到期之前早日卖出或转股，以免到期之时忘记。

4.3.5 可转债强赎案例

东财转 3 的强赎条款：如果公司股票连续三十个交易日中至少有十五个交易日的收盘价格不低于当期转股价格的 130%（含 130%），如下图所示。

当东财转 3 公告强赎时，一定是满足了强制赎回条件，即东方财富正股收盘价高于转股价 23.35×130%＝30.36（元），满足条件之时的可转债价格一般也在 130 元以上。从下图中可以看到，东财转 3 在 2022 年 1 月 24 日收盘价为 140.010 元，高于 130 元。

东财转 3 在满足强赎条件的当晚随即发出了强赎公告，可见其强赎愿望之迫切。

4.3.6 可转债强赎规避策略

可转债强赎是我们做可转债组合必须要重视的因子。据不完全统计，可转债强赎发布公告时到可转债最后交易日，平均跌幅在 8% 左右。所以，做可转债组合一定要提前规避强赎转债。

（1）规避强赎 1.0 版本，强赎公告发出后卖出持仓可转债。

公告次日低开低走的原因一般有两方面：一是卖出的人多发生了踩踏，大家纷纷卖出，导致公告次日开盘价低开 5% 以上；二是满足强赎之时可转债还有较高的溢价率，在公告强赎次日溢价率被迅速抹平。比如，同和转债在 2022 年 7 月 15 日宣布强赎，7 月 18 日开盘在正股未跌的情况下同和转债下跌 6% 溢价率瞬间收缩。

（2）规避强赎 2.0 版本，强赎公告发出之前满足条件日或前两天就卖出持仓可转债。

在集思录中，可以查看强赎状态，对于已公告强赎，即将满足强赎 14/15 | 30（表示还差一天满足就能强赎的可转债），提前规避，避开风险，如下图所示。

代码	转债名称	现价	溢价率	强赎状态
113026	核能转债！	129.240	-0.33%	已公告强赎！
128096	奥瑞转债！	136.003	-0.32%	已公告强赎！
123111	东财转3！	115.880	0.03%	已公告强赎！
128085	鸿达转债！	136.440	1.42%	暂不强赎！
128103	同德转债！	177.137	1.79%	已公告强赎！
127007	湖广转债！	166.777	2.04%	暂不强赎！
123024	岱勒转债！	162.240	2.12%	14/15	30
128106	华统转债！	162.584	3.14%	暂不强赎！

4.3.7 可转债强赎前的一些共性

可转债满足强赎条件时，有的公司会强赎，有的公司会选择不强赎，那么，选择强赎的公司大概率有什么特点呢？根据市场以往的经验，一般会出现以下共性：

一是从上市公司公告中去看大股东减持情况，深市可转债持有比例低于 20% 时，减持不需要强制公告。比如，东财转 3 最后一次披露减持公告表示，截至 2021 年 11 月 5 日，大股东以及一致行动人持有公司 14.29% 的转债，如下图所示。

那么，2022 年 1 月 24 日满足强赎条件，大家就要小心了，可能大股东已经减持完毕。

二是可转债满足强赎之前，溢价率逐渐缩小，个别出现负溢价率。

三是可转债满足强赎之前，转债价格逐渐回落，甚至跌破 130 元，但是正股收盘价刚刚满足强赎条件。

据我的经验，满足上述第二条和第三条的可转债，一般情况下其正股走势偏弱，在满足强赎之后，股价可能面临更大的挑战，可转债价格也会有压力。比如下面几个案例。

> 近日，公司接到控股股东、实际控制人其实先生通知，其实先生于2021年10月18日至2021年11月4日期间，以集中竞价交易方式减持其所持有的"东财转3"共计15,830,001张，占本次发行总量的10.02%。其实先生及其一致行动人持有"东财转3"具体变动情况如下：
>
> | 持有人姓名 | 减持前持有数量（张） | 占发行总量比例 | 本次减持数量（张） | 占发行总量比例 | 减持后持有数量（张） | 占发行总量比例 |
> |---|---|---|---|---|---|---|
> | 其实 | 32,507,283 | 20.57% | 15,830,001 | 10.02% | 16,677,282 | 10.56% |
> | 陆丽丽 | 3,894,593 | 2.46% | 0 | 0% | 3,894,593 | 2.46% |
> | 沈友根 | 2,012,814 | 1.27% | 0 | 0% | 2,012,814 | 1.27% |
> | 合计 | 38,414,690 | 24.31% | 15,830,001 | 10.02% | 22,584,689 | 14.29% |
>
> 特此公告。
>
> 东方财富信息股份有限公司董事会
> 二○二一年十一月五日

1. 三星转债

满足强赎前，转债价格已开始一路下跌，2021年12月22日满足强赎当日收盘价130.42元，正股也是刚好守住了强赎条件，如下图所示。

满足条件当天收盘后,在当天 15:35,发行公司发出了强赎公告,如下图所示,之后债价一路下跌。

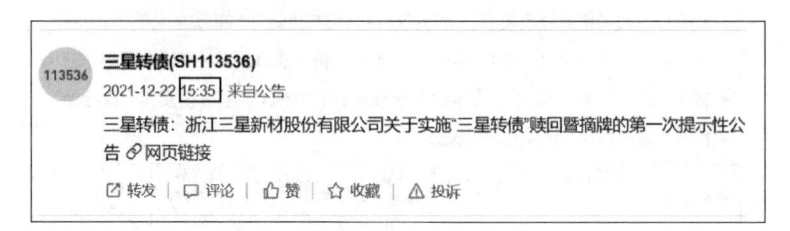

> **三星转债(SH113536)**
> 2021-12-22 15:35 来自公告
>
> 三星转债:浙江三星新材股份有限公司关于实施"三星转债"赎回暨摘牌的第一次提示性公告 🔗网页链接
>
> ⤴ 转发　💬 评论　👍 赞　⭐ 收藏　⚠ 投诉

2. 国贸转债

满足强赎当日,2021 年 9 月 24 日满足强赎当日收盘价 129.10 元,有些投资者以为它满足不了条件,如下图所示。

但是,由于国贸转债转股价为 6.72 元,正股厦门国贸只要在 2021 年 9 月 24 日的收盘价满足 6.72×1.3≈8.74(元)即可,没想到正股最后收盘价拉升到 8.76 元,刚好守住了强赎条件,如下图所示。

如此迫切的尾盘拉升,大家都预感到强赎的迫切。果然,上市公司收盘后发出了强赎公告,如下图所示。次日,正股、转债的跌幅均超过 10%。

2021 年下半年,有很多可转债在强赎发布次日的跌幅均达到 5%~10%,对于持债人而言,都是惨痛的教训和经验。于是才有了强赎规避

2.0，但是随着时间的推移，大家也发现强赎之前，可转债的跌幅也开始越来越大，可能是强赎的影响提前了，对于做可转债"摊大饼"组合的投资者，卖出策略也是要不断优化，与时俱进的。

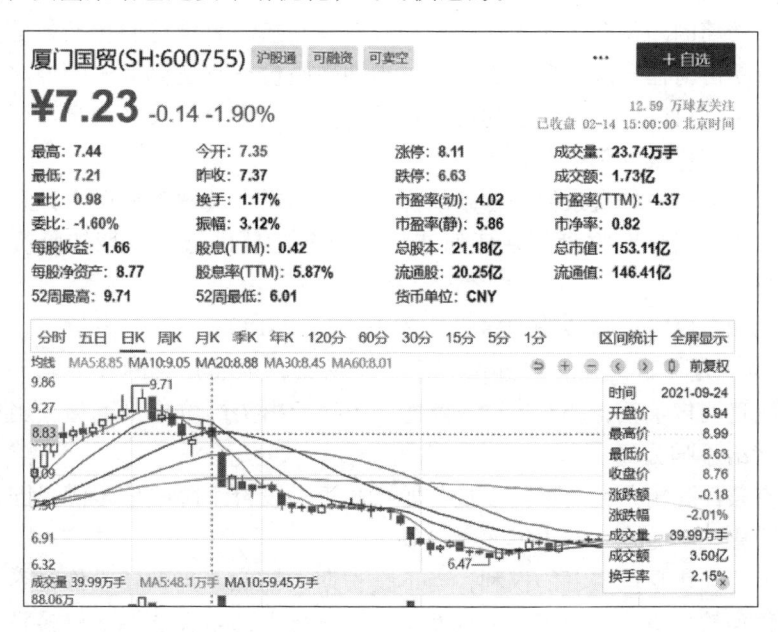

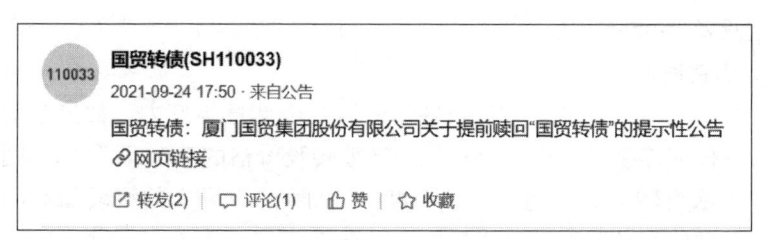

4.4 可转债的回售

可转债回售条款属于可转债的条款之一，是投资者的权利。发行人通常设置该条款来降低投资风险以吸引更多的投资者。当可转债的转股价值远低于百元面值时，投资者可以依据回售条款要求上市公司以面额加利息补偿金的价格收回可转债。

4.4.1 回售条款包括的要素

1. 回售条件

可转债的回售分为无条件回售和有条件回售。有条件回售条款是指当正股股票价格在一段时期内连续低于当期转股价格且达到某一幅度时，可转债持有人可以按事先约定的价格将所持债券卖给发行人（大多数可转债的有条件回售条款都类似）。

不少可转债的有条件回售条款都是：在本次可转债最后两个计息年度内，如果公司股票收盘价在任何连续三十个交易日低于当期转股价格的70%时。

比如，假设小喵转债的转股价为10元，2018年1月1日发行，到了2020年1月1日之后，当连续三十个交易日，小喵正股的股价低于7元时，满足回售条款，那么持债人就能以100元出头的价格（面值+当期利息）卖给小喵公司。

有条件回售条款的风险点是，如果此正股股价下降幅度未满足回售条件，回售无法促成，回售博弈会失败。

因为回售是投资者的权利，当正股长期大幅低于当期转股价时容易触发回售条款。所以，为了避免触发回售，发行人通常会选择下修转股价以缩小这两者之间的差距。

2. 回售时间

比如，回售条款"在本次可转债最后两个计息年度内，如果公司股票收盘价在任何连续三十个交易日低于当期转股价格的70%时"中，回售时间为"本次可转债最后两个计息年度内"。目前市场上的可转债有回售条款的，多数的回售时间都是最后两个计息年度。

回售条款多数在最后两年生效，也就是最后两年才进入回售保护期，市场上很多低价债的价格低于90元，因为没有进入回售期，所以，暂时没有回售保护，前面四年可转债价格即使以再低的价格买入也无法进行回售博弈，但可以博弈下修。

3. 回售触发价

比如，回售条款"在本次可转债最后两个计息年度内，如果公司股票收盘价在任何连续三十个交易日低于当期转股价格的70%时"中，回售触发价为"转股价格的70%"。大多数回售条款的触发价格都是转股价格的70%，个别回售条款为80%、50%。阈值越高，越容易触发回售。

4. 回售价格

回售价格是事先约定的，一般都是面值＋当期计息。虽然低于市场利率，但是回售使得可转债投资者的利益受到有效保护，降低了投资风险，因此，附有回售条款的可转债通常更受投资者的欢迎。

4.4.2 常见回售条款实例

搜特转债的回售条款如下图所示，大家重点要看以下几点。

搜特转债 - 128100（正股：搜于特R - 002503　行业：纺织服装-服装家纺-休闲服装）							一自选
价格	99.941	转股价值	87.65	税前收益	4.02%	成交(万)	6369.19
涨幅	-2.50%	溢价率	14.02%	税后收益	3.24%	当日换手	7.90%
转股起始日	2020-09-18	回售起始日	2024-03-11	到期日	2026-03-11	发行规模(亿)	8.000
转股价	1.62	回售价	100.00+利息	剩余年限	4.068	剩余规模(亿)	7.991
股东配售率	9.33%	转股代码	128100	到期赎回价	112.00	转债占比^1	22.13%
网上中签率	0.0123%	已转股比例	0.11%	正股波动率	47.52%	转债占比^2	18.19%
折算率	0.000	质押代码	128100	主体评级	A	债券评级	A
担保	无担保						
募资用途	本次公开发行可转债公司债券募集资金总额预计不超过 80,000.00 万元，扣除发行费用后拟全部投资时尚产业供应链总部（一期）项目。						
转股价下修	当公司股票在任意连续三十个交易日中至少有十个交易日的收盘价格低于当期转股价格的90%时注：转股价不得低于每股净资产（以招募说明书为准）						
转股价调整历史	股东大会	生效日期	新转股价	原转股价	调整类型	状态	说明
	2021-08-16	2021-08-17	1.620	2.900	下修	成功	
	2020-09-09	2020-09-10	2.900	5.360	下修	成功	下修到底
强制赎回	如果公司A股股票连续三十个交易日中至少有十五个交易日的收盘价格不低于当期转股价格的130%（含130%）						
强赎状态	0/15 | 30						
回售	本次发行的可转债最后两个计息年度，如果公司股票在任何连续三十个交易日的收盘价格低于当期转股价格的70%时						
利率	第一年 0.4%、第二年 0.6%、第三年 1.0%、第四年 1.5%、第五年 1.8%、第六年 2.0%						

1. 回售时间"最后两个计息年度"

大多数可转债的年限为 6 年，因此回售发生在最后两个计息年度，也就是第 5～6 年，前面 4 年可转债价格再低，也没有回售的可能。可通过下图中的"剩余年限"这个字段≤2，来锁定回售期的可转债。

2. 回售触发条件

"连续三十个交易日正股价低于当期转股价的 70%"，结合搜特转债，满足正股价 <1.62 ×0.7 =1.13（元），且持续三十个交易日。

3. 回售价：面值 100 元 + 利息

上图中下修条款是"当公司股票在任意连续三十个交易日中至少有十个交易日的收盘价低于当期转股价格的 90% 时"，因此，在满足回售条款之前，下修条款已经达到。发行公司为了不触发回售，不得不提前下调转股价。毕竟花几亿元去回售，不如用来发展企业。但也不排除少部分发行公司会回售部分可转债。回售价格却不过 100 元出头，利息也是极低的。

4.4.3 回售套利原理

通过上面的内容，大家可以了解到回售是发行人——上市公司的义务，是投资者的权利，回售价格大于面值，因此，当可转债价格"跌跌不休"、远低于面值时，买入可转债等待回售，我们就存在获利机会。

如何筛选有回售可能的可转债呢？

- 观察剩余年限小于 2 年的可转债，则满足回售的第一个条件（最后两个计息年度）。
- 可转债价格在 100 元以下。
- 正股收盘价连续二十个交易日低于转股价的 70%。
- 发行公司账上趴着很多现金，大概率会选择回售。

满足以上条件的可转债，有希望触发回售，投资者就可以参与回售博弈来获利。

4.4.4 有些转债没有回售条款

大部分可转债都有回售条款，但银行、证券类可转债大多数没有回售条款。

截至 2022 年 2 月 15 日，市场上没有回售条款的可转债见下表。

序号	代码	名称	正股名称	行业	子行业	剩余规模（亿元）	回售条款
1	113042	上银转债	上海银行	金融	银行行业	200	无回售
2	110059	浦发转债	浦发银行	金融	银行行业	500	无回售
3	113037	紫银转债	紫金银行	金融	银行行业	45	无回售
4	113056	重银转债	重庆银行	金融	银行行业	130	无回售
5	113021	中信转债	中信银行	金融	银行行业	400	无回售
6	128129	青农转债	青农商行	金融	银行行业	50	无回售
7	110073	国投转债	国投资本	金融	证券行业	80	无回售

续上表

序号	代码	名称	正股名称	行业	子行业	剩余规模（亿元）	回售条款
8	113052	兴业转债	兴业银行	金融	银行行业	500	无回售
9	110067	华安转债	华安证券	金融	证券行业	28	无回售
10	113043	财通转债	财通证券	金融	证券行业	38	无回售
11	127032	苏行转债	苏州银行	金融	银行行业	50	无回售
12	113011	光大转债	光大银行	金融	银行行业	242	无回售
13	113057	中银转债	中国银河	金融	证券行业	78	无回售
14	110083	苏租转债	江苏租赁	金融	其他	50	无回售
15	113050	南银转债	南京银行	金融	银行行业	170	无回售
16	110079	杭银转债	杭州银行	金融	银行行业	150	无回售
17	113060	浙22转债	浙商证券	金融	证券行业	70	无回售
18	113055	成银转债	成都银行	金融	银行行业	80	无回售
19	110053	苏银转债	江苏银行	金融	银行行业	200	无回售
20	113516	苏农转债	苏农银行	金融	银行行业	12.9	无回售
21	127005	长证转债	长江证券	金融	证券行业	50	无回售
22	128070	智能转债	智能自控	机械装备	通用设备	2.29	无回售
23	128048	张行转债	张家港行	金融	银行行业	25	无回售
24	113013	国君转债	国泰君安	金融	证券行业	69.9	无回售
25	110043	无锡转债	无锡银行	金融	银行行业	29.2	无回售
26	128034	江银转债	江阴银行	金融	银行行业	17.6	无回售

可见无回售条款的可转债主要分布在银行、券商等金融可转债中，而其他行业的可转债只有一只智能转债是机械设备行业的。那么，是否可以得出银行、证券的可转债都没有回售呢？答案是否定的。比如，东财转3、国金转债也是证券转债，它们有回售条款。

4.4.5 回售申报

可转债回售如何申报的方法，以海通e海通财为例，在App交易页面下拉菜单中找到"转股回售"，进入后，在顶部菜单中选择"债券回售"选项，输入代码、回售数量，点击"债券回售"按钮确认，则完成了回售申报，等待回售资金到账。

4.4.6 回售小结

可转债的条款稍多，其中下修条款是发行人的权力，不过发行人可以不下修，但是如果到了可转债的最后两年，可转债价格一直下跌，同时正股跌到了当期转股价的 70%，且持续了一段时间，那么持债人就可以回售价卖给发行公司。

当然，如果可转债满足回售，但是价格高于回售价格，投资者也可选择不回售，也可继续等待强赎，毕竟大多数可转债的结局是强赎。

总之，如果发行人不执行下修的权利，等到回售条件满足时，就要执行回售的义务（持债人的权利），因此，回售是可转债下有保底的一个体现。

4.5 退市可转债数据

截至 2022 年 8 月 21 日，部分退市可转债的数据见下表。

代码	名称	最后交易价格	正股名称	发行规模（亿元）	剩余规模（亿元）	发行日期	最后交易日	到期日期	存续年限（年）	退市原因
128140	润建转债	130.003	润建股份	10.9	0.091	2020-12-07	2023-08-16	2026-12-07	2.7	强赎
128114	正邦转债	84.813	*ST正邦	16	0.292	2020-06-17	2023-08-04	2026-06-17	3.1	正股重整
128079	英联转债	149.28	英联股份	2.14	0.017	2019-10-21	2023-08-04	2025-10-21	3.8	强赎
123015	Z蓝转退	26.93	蓝盾退	5.38	0.983	2018-08-13	2023-07-28	2024-08-13	5	退市
127036	三花转债	127.44	三花智控	30	0.038	2021-06-01	2023-07-26	2027-06-01	2.2	强赎
123014	凯发转债	106.35	凯发电气	3.499	0.131	2018-07-27	2023-07-24	2023-07-27	5	到期
123075	贝斯转债	141.444	贝斯特	6	0.007	2020-11-02	2023-07-24	2026-11-02	2.7	强赎
123098	一品转债	162.925	一品红	4.8	0.009	2021-01-28	2023-07-19	2027-01-28	2.5	强赎
113013	国君转债	104.919	国泰君安	70	69.885	2017-07-07	2023-07-03	2023-07-07	6	到期
123136	城市转债	106.76	新城市	4.6	0.071	2022-01-21	2023-06-29	2028-01-21	1.4	强赎
113016	小康转债	170.796	赛力斯	15	0.027	2017-11-06	2023-06-16	2023-11-06	5.6	强赎
110057	现代转债	117.742	国药现代	16.159	0.074	2019-04-01	2023-06-12	2025-03-31	4.2	强赎
113585	寿仙转债	208.609	寿仙谷	3.6	0.002	2020-06-09	2023-05-31	2026-06-08	3	强赎

第4章 上市后可转债的交易模式

续上表

代码	名称	最后交易价格	正股名称	发行规模（亿元）	剩余规模（亿元）	发行日期	最后交易日	到期日期	存续年限（年）	退市原因
127004	模塑转债	109.851	模塑科技	8.137	1.249	2017-06-02	2023-05-29	2023-06-02	6	到期
123148	上能转债	136.2	上能电气	4.2	0.052	2022-06-14	2023-05-24	2028-06-14	0.9	强赎
128100	搜特转债	18.002	*ST搜特	8	7.84	2020-03-12	2023-05-22	2026-03-12		正股退市
123116	万兴转债	255	万兴科技	3.788	0.033	2021-06-09	2023-05-12	2027-06-08	1.9	强赎
127021	特发转2	106.333	特发信息	5.5	0.072	2020-08-07	2023-05-05	2025-08-06	2.7	强赎
111006	嵘泰转债	102.423	嵘泰股份	6.507	0.103	2022-08-11	2023-05-04	2028-08-11	0.7	强赎
123077	汉得转债	120.55	汉得信息	9.372	0.029	2020-11-23	2023-04-24	2026-11-23	2.4	强赎
123083	朗新转债	165.76	朗新科技	8	0.011	2020-12-09	2023-04-17	2026-12-09	2.4	强赎
128078	太极转债	212.744	太极股份	10	0.005	2019-10-21	2023-04-17	2025-10-21	3.5	强赎
128014	永东转债	107.787	永东股份	3.4	3.358	2017-04-17	2023-04-11	2023-04-17	6	到期
123057	美联转债	162.606	美联新材	2.067	0.015	2020-07-01	2023-04-07	2026-06-30	2.8	强赎
127057	盘龙转债	142.1	盘龙药业	2.76	0.05	2022-03-03	2023-03-24	2028-03-03	1.1	强赎
113622	杭叉转债	114.095	杭叉集团	11.5	0.02	2021-03-25	2023-03-20	2027-03-24	2	强赎
113570	百达转债	121.065	百达精工	2.8	0.012	2020-03-11	2023-03-20	2026-03-10	3	强赎
113011	光大转债	104.91	光大银行	300	72.69	2017-03-17	2023-03-13	2023-03-17	6	到期
113567	君禾转债	126.199	君禾股份	2.1	0.007	2020-03-04	2023-03-09	2026-03-03	3	强赎
123134	卡倍转债	116.223	卡倍亿	2.79	0.059	2021-12-27	2023-03-09	2027-12-27	1.2	强赎
123105	拓尔转债	245.5	拓尔思	8	0.018	2021-03-19	2023-03-02	2027-03-19	2	强赎
128145	日丰转债	122.499	日丰股份	3.8	0.026	2021-03-22	2023-02-24	2027-03-21	1.9	强赎
128040	华通转债	153.977	浙农股份	2.24	0.017	2018-06-14	2023-02-23	2024-06-13	4.7	强赎
123060	苏试转债	214.9	苏试试验	3.1	0.009	2020-07-21	2023-01-09	2026-07-20	2.5	强赎
123125	元力转债	117.9	元力股份	9	0.043	2021-09-06	2023-01-03	2027-09-06	1.3	强赎
113525	台华转债	132.045	台华新材	5.33	0.014	2018-12-17	2022-12-30	2024-12-16	4	强赎
128029	太阳转债	139.352	太阳纸业	12	0.196	2017-12-22	2022-12-19	2022-12-22	5	到期
123123	江丰转债	134.2	江丰电子	5.165	0.026	2021-08-12	2022-12-16	2027-08-11	1.3	强赎
128022	众信转债	175	众信旅游	7	0.01	2017-12-01	2022-12-15	2023-12-01	5	强赎
128069	华森转债	131.852	华森制药	3	0.02	2019-06-24	2022-12-12	2025-06-24	3.5	强赎
128015	久其转债	120.5	久其软件	7.8	0.033	2017-06-08	2022-12-06	2023-06-08	5.5	强赎

续上表

代码	名称	最后交易价格	正股名称	发行规模（亿元）	剩余规模（亿元）	发行日期	最后交易日	到期日期	存续年限（年）	退市原因
110056	亨通转债	109.003	亨通光电	17.33	0.166	2019-03-19	2022-11-30	2025-03-19	3.7	强赎
123139	铂科转债	114.005	铂科新材	4.3	0.043	2022-03-11	2022-11-25	2028-03-11	0.7	强赎
123110	九典转债	137.77	九典制药	2.7	0.01	2021-04-01	2022-11-22	2027-03-31	1.6	强赎
113642	上22转债	128.339	上机数控	24.7	0.052	2022-03-01	2022-11-10	2028-03-01	0.7	强赎
110038	济川转债	134.332	济川药业	8.43	0.074	2017-11-13	2022-11-08	2022-11-12	5	到期
128046	利尔转债	141.5	利尔化学	8.52	0.009	2018-10-17	2022-10-31	2024-10-17	4	强赎
128073	哈尔转债	109.999	哈尔斯	3	0.067	2019-08-22	2022-10-27	2024-08-22	3.2	强赎
123027	蓝晓转债	403.133	蓝晓科技	3.4	0.004	2019-06-11	2022-10-18	2025-06-10	3.4	强赎
113635	升21转债	118.324	旭升股份	13.5	0.043	2021-12-10	2022-09-23	2027-12-10	0.8	强赎
123137	锦浪转债	155	锦浪科技	8.97	0.097	2022-02-10	2022-09-21	2028-02-10	0.6	强赎
118001	金博转债	108.794	金博股份	6	0.061	2021-07-23	2022-09-20	2027-07-22	1.2	强赎
113502	嘉澳转债	117.524	嘉澳环保	1.85	0.044	2017-11-10	2022-09-19	2023-11-09	4.9	强赎
123023	迪森转债	107.777	迪森股份	6	0.065	2019-03-20	2022-09-19	2025-03-20	3.5	强赎
123062	三超转债	143.6	三超新材	1.95	0.026	2020-07-27	2022-09-08	2026-07-26	2.1	强赎
123097	美力转债	103.321	美力科技	3	0.035	2021-01-27	2022-09-02	2027-01-26	1.6	强赎
127048	中大转债	180.02	中大力德	2.7	0.021	2021-10-26	2022-08-29	2027-10-26	0.8	强赎
113620	傲农转债	150.843	傲农生物	10	0.018	2021-03-10	2022-08-26	2027-03-09	1.5	强赎
123045	雷迪转债	141.666	雷迪克	2.88	0.012	2020-03-12	2022-08-26	2026-03-11	2.5	强赎
123086	海兰转债	166.011	海兰信	7.3	0.025	2020-12-11	2022-08-23	2026-12-10	1.7	强赎
123084	高澜转债	154	高澜股份	2.8	0.02	2020-12-10	2022-08-19	2026-12-09	1.7	强赎
128139	祥鑫转债	293	祥鑫科技	6.47	0.033	2020-12-01	2022-08-18	2026-11-30	1.7	强赎
123073	同和转债	140.388	同和药业	3.6	0.04	2020-10-26	2022-08-15	2026-10-25	1.8	强赎
113548	石英转债	982.741	石英股份	3.6	0.002	2019-10-28	2022-08-09	2025-10-27	2.8	强赎
113630	赛伍转债	130.45	赛伍技术	7	0.067	2021-10-27	2022-07-29	2027-07-29	0.8	强赎
123070	鹏辉转债	369.2	鹏辉能源	8.9	0.025	2020-10-20	2022-07-28	2026-10-19	1.8	强赎
113599	嘉友转债	142.36	嘉友国际	7.2	0.03	2020-08-05	2022-07-25	2026-08-04	2	强赎
128013	洪涛转债	107.797	洪涛股份	12	0.741	2016-07-29	2022-07-14	2022-07-29	6	到期
128107	交科转债	124.911	浙江交科	25	0.042	2020-04-22	2022-07-07	2026-04-22	2.2	强赎
110071	湖盐转债	165.61	雪天盐业	7.2	0.086	2020-07-10	2022-07-06	2026-07-09	2	强赎

第4章 上市后可转债的交易模式

续上表

代码	名称	最后交易价格	正股名称	发行规模（亿元）	剩余规模（亿元）	发行日期	最后交易日	到期日期	存续年限（年）	退市原因
127013	创维转债	142.555	创维数字	10.4	0.046	2019-04-15	2022-06-28	2025-04-15	3.2	强赎
113541	荣晟转债	128.46	荣晟环保	3.3	0.026	2019-07-23	2022-06-27	2025-07-22	2.9	强赎
113568	新春转债	155.29	五洲新春	3.3	0.028	2020-03-06	2022-06-10	2026-03-05	2.3	强赎
127003	海印转债	111.3	海印股份	11.11	0.893	2016-06-08	2022-05-23	2022-06-08	6	到期
113550	常汽转债	154.46	常熟汽饰	9.924	0.347	2019-11-18	2022-04-18	2025-11-17	2.4	强赎
118002	天合转债	100.15	天合光能	52.52	5.215	2021-08-13	2022-04-12	2027-08-12	0.7	强赎
113036	宁建转债	146.91	宁波建工	5.4	0.13	2020-07-06	2022-04-11	2026-07-05	1.8	强赎
123024	岱勒转债	136.8	岱勒新材	2.1	0.408	2019-03-21	2022-03-21	2024-03-21	3	强赎
110066	盛屯转债	188.02	盛屯矿业	23.86	0.036	2020-03-02	2022-03-17	2026-03-02	2	强赎
113026	核能转债	129.42	中国核电	78	0.094	2019-04-15	2022-03-08	2025-04-14	2.9	强赎
128093	百川转债	233.39	百川股份	5.2	0.316	2020-01-03	2022-03-01	2026-01-03	2.2	强赎
128103	同德转债	164.881	同德化工	1.44	0.42	2020-03-26	2022-03-01	2026-03-25	1.9	强赎
123111	东财转3	114.5	东方财富	158	10.665	2021-04-07	2022-02-28	2027-04-06	0.9	强赎
128096	奥瑞转债	128.5	奥瑞金	10.87	0.279	2020-02-11	2022-02-28	2026-02-11	2	强赎
123042	银河转债	268.5	金银河	1.67	0.357	2020-01-14	2022-02-24	2026-01-13	2.1	强赎
128094	星帅转债	141.5	星帅尔	2.8	0.34	2020-01-16	2022-02-24	2026-01-16	2.1	强赎
127011	中鼎转2	175	中鼎股份	12	0.884	2019-03-08	2022-02-23	2025-03-08	3	强赎
128113	比音转债	171	比音勒芬	6.89	0.591	2020-06-15	2022-02-22	2026-06-14	1.7	强赎
123043	正元转债	162.88	正元智慧	1.75	0.772	2020-03-05	2022-02-17	2026-03-04	2	强赎
128050	钧达转债	463.49	钧达股份	3.2	0.094	2018-12-10	2022-01-26	2024-12-10	3.1	低于3 000万元
113034	滨化转债	169.2	滨化股份	24	0.091	2020-04-10	2022-01-10	2026-04-09	1.8	强赎
113009	广汽转债	106.43	广汽集团	41.059	10.716	2016-01-22	2022-01-07	2022-01-22	6	到期
110034	九州转债	107.73	九州通	15	14.979	2016-01-15	2021-12-30	2022-01-15	6	到期
113536	三星转债	121.83	三星新材	1.92	0.018	2019-05-31	2021-12-30	2025-05-30	2.6	强赎
123053	宝通转债	132.101	宝通科技	5	1.308	2020-06-05	2021-12-30	2026-06-04	1.6	强赎
113607	伟20转债	164.91	伟明环保	12	0.005	2020-11-02	2021-12-28	2026-11-01	1.2	强赎
113528	长城转债	258.95	长城科技	6.34	0.023	2019-03-01	2021-12-23	2025-03-01	2.8	强赎

续上表

代码	名称	最后交易价格	正股名称	发行规模（亿元）	剩余规模（亿元）	发行日期	最后交易日	到期日期	存续年限（年）	退市原因
123081	精研转债	149	精研科技	5.7	0.384	2020-12-03	2021-12-17	2026-12-02	1	强赎
110051	中天转债	178.19	中天科技	39.651	0.052	2019-02-28	2021-12-16	2025-02-28	2.8	强赎
123074	隆利转债	162.2	隆利科技	3.245	0.592	2020-10-29	2021-12-15	2026-10-28	1.1	强赎
113614	健20转债	142.12	健友股份	7.8	0.011	2020-12-17	2021-12-14	2026-12-16	1	强赎
113603	东缆转债	239.44	东方电缆	8	0.05	2020-09-24	2021-11-29	2026-09-23	1.2	强赎
123028	清水转债	321	清水源	4.9	0.748	2019-06-19	2021-11-29	2025-06-18	2.4	强赎
128057	博彦转债	142.5	博彦科技	5.758	0.351	2019-03-05	2021-11-29	2025-03-05	2.7	强赎
113580	康隆转债	156.27	康隆达	2	0.033	2020-04-23	2021-11-18	2026-04-22	1.6	强赎
123102	华自转债	263	华自科技	6.7	0.385	2021-03-12	2021-11-18	2027-03-11	0.7	强赎
123069	金诺转债	185.554	川金诺	3.68	0.494	2020-10-16	2021-11-05	2026-10-15	1.1	强赎
110033	国贸转债	101.64	厦门国贸	28	0.336	2016-01-05	2021-11-04	2022-01-05	5.8	强赎
110041	蒙电转债	145.03	内蒙华电	18.752	0.339	2017-12-21	2021-11-04	2023-12-21	3.9	强赎
128018	时达转债	101.155	新时达	8.825	1.453	2017-11-06	2021-10-27	2023-11-06	4	强赎
123047	久吾转债	216.198	久吾高科	2.54	0.761	2020-03-20	2021-10-20	2026-03-19	1.6	强赎
123051	今天转债	105.2	今天国际	2.8	0.703	2020-06-04	2021-10-14	2026-06-03	1.4	强赎
123068	弘信转债	104	弘信电子	5.7	0.815	2020-10-15	2021-10-11	2026-10-14	1	强赎
113014	林洋转债	165.36	林洋能源	30	0.183	2017-10-27	2021-09-28	2023-10-27	3.9	强赎
113572	三祥转债	155.39	三祥新材	2.05	0.088	2020-03-12	2021-09-23	2026-03-11	1.5	强赎
123030	九洲转债	234.5	九洲集团	3.08	0.545	2019-08-20	2021-09-14	2025-08-19	2.1	强赎
113612	永冠转债	184.1	永冠新材	5.2	0.148	2020-12-08	2021-09-09	2026-12-07	0.8	强赎
123079	运达转债	271	运达股份	5.77	0.431	2020-12-01	2021-09-08	2026-11-30	0.8	强赎
128051	光华转债	184.6	光华科技	2.493	0.354	2018-12-14	2021-09-07	2024-12-14	2.7	强赎
123094	星源转2	261.303	星源材质	10	0.532	2021-01-20	2021-09-06	2027-01-19	0.6	强赎
113012	骆驼转债	152.25	骆驼股份	7.17	0.024	2017-03-23	2021-09-02	2023-03-24	4.4	强赎
113508	新凤转债	116.86	新凤鸣	21.53	0.067	2018-04-26	2021-08-31	2024-04-25	3.4	强赎
123033	金力转债	150.7	金力永磁	4.35	0.59	2019-11-01	2021-08-30	2025-10-31	1.8	强赎
128064	司尔转债	162.2	司尔特	8	0.229	2019-04-08	2021-08-24	2025-04-08	2.4	强赎
113509	新泉转债	213.7	新泉股份	4.5	0.02	2018-06-04	2021-08-17	2024-06-03	3.2	强赎
123066	赛意转债	193.08	赛意信息	3.2	0.365	2020-09-16	2021-08-13	2026-09-15	0.9	强赎

第4章 上市后可转债的交易模式

续上表

代码	名称	最后交易价格	正股名称	发行规模（亿元）	剩余规模（亿元）	发行日期	最后交易日	到期日期	存续年限（年）	退市原因
123007	道氏转债	196.1	道氏技术	4.8	0.529	2017-12-28	2021-08-12	2023-12-28	3.6	强赎
113040	星宇转债	141.8	星宇股份	15	0.075	2020-10-22	2021-08-02	2026-10-21	0.8	强赎
113611	福20转债	181.53	福斯特	17	0.131	2020-12-01	2021-07-28	2026-11-30	0.7	强赎
128032	双环转债	173.021	双环传动	10	0.278	2017-12-25	2021-07-27	2023-12-25	3.6	强赎
127023	华菱转2	141.582	华菱钢铁	40	2.438	2020-10-23	2021-07-15	2026-10-22	0.7	强赎
113543	欧派转债	185.1	欧派家居	14.95	0.015	2019-08-16	2021-07-09	2025-08-15	1.9	强赎
123058	欣旺转债	142.5	欣旺达	11.2	0.646	2020-07-14	2021-07-05	2026-07-13	1	强赎
110065	淮矿转债	136.04	淮北矿业	27.58	0.044	2019-12-23	2021-07-01	2025-12-22	1.5	强赎
123029	英科转债	1 380	英科医疗	4.7	0.024	2019-08-16	2021-06-28	2025-08-15	1.9	低于3 000万元
113041	紫金转债	144.39	紫金矿业	60	0.192	2020-11-03	2021-06-25	2025-11-02	0.6	强赎
113559	永创转债	175.98	永创智能	5.12	0.053	2019-12-23	2021-06-25	2025-12-22	1.5	强赎
110031	航信转债	106.7	航天信息	24	23.983	2015-06-12	2021-05-28	2021-06-12	6	到期
113564	天目转债	100.18	天目湖	3	0.113	2020-02-28	2021-05-18	2026-02-27	1.2	强赎
128126	赣锋转2	173.8	赣锋锂业	21.08	0.815	2020-08-06	2021-05-11	2026-08-05	0.8	强赎
113557	森特转债	191.2	森特股份	6	0.056	2019-12-19	2021-04-29	2025-12-18	1.4	强赎
110069	瀚蓝转债	122.3	瀚蓝环境	9.92	0.008	2020-04-07	2021-04-27	2026-04-06	1.1	强赎
113038	隆20转债	166.13	隆基绿能	50	0.235	2020-07-31	2021-03-30	2026-07-30	0.7	强赎
128052	凯龙转债	148.295	凯龙股份	3.289	0.311	2018-12-21	2021-03-23	2024-12-21	2.3	强赎
113029	明阳转债	141.36	明阳智能	17	0.051	2019-12-16	2021-03-18	2025-12-15	1.3	强赎
113590	海容转债	156.19	海容冷链	5	0.029	2020-06-29	2021-03-05	2026-06-29	0.7	强赎
113592	安20转债	176.53	安井食品	9	0.017	2020-07-08	2021-03-05	2026-07-07	0.7	强赎
128028	赣锋转债	235.977	赣锋锂业	9.28	0.539	2017-12-21	2021-03-05	2023-12-21	3.2	强赎
113583	益丰转债	111.9	益丰药房	15.81	0.077	2020-06-01	2021-03-04	2026-05-31	0.8	强赎
127008	特发转债	132.331	特发信息	4.194	0.433	2018-11-16	2021-03-04	2023-11-16	2.3	强赎
128112	歌尔转2	144.988	歌尔股份	40	0.599	2020-06-12	2021-03-02	2026-06-11	0.7	强赎
128065	雅化转债	205	雅化集团	8	0.28	2019-04-16	2021-03-01	2025-04-16	1.9	强赎
128010	蔚蓝转债	108.79	蔚蓝锂芯	5.1	0.385	2016-01-22	2021-02-26	2022-01-22	5.1	强赎

续上表

代码	名称	最后交易价格	正股名称	发行规模（亿元）	剩余规模（亿元）	发行日期	最后交易日	到期日期	存续年限（年）	退市原因
123055	晨光转债	128.8	晨光生物	6.3	0.261	2020-06-17	2021-02-24	2026-06-16	0.7	强赎
123017	寒锐转债	167.485	寒锐钴业	4.4	0.317	2018-11-20	2021-02-23	2024-11-20	2.3	强赎
128115	巨星转债	309.91	巨星科技	9.73	0.149	2020-06-24	2021-02-23	2026-06-23	0.7	强赎
113587	泛微转债	138.42	ST泛微	3.16	0.014	2020-06-15	2021-02-22	2026-06-15	0.7	强赎
128110	永兴转债	280.502	永兴材料	7	0.203	2020-06-09	2021-02-22	2026-06-08	0.7	强赎
113035	福莱转债	244.78	福莱特	14.5	0.028	2020-05-27	2021-01-29	2026-05-26	0.7	强赎
113556	至纯转债	152.4	至纯科技	3.56	0.063	2019-12-20	2021-01-25	2025-12-19	1.1	强赎
113586	上机转债	417.35	上机数控	6.65	0.027	2020-06-09	2021-01-19	2026-06-08	0.6	强赎
113008	电气转债	106.48	上海电气	60	13.422	2015-02-02	2021-01-18	2021-02-02	6	到期
113032	桐20转债	167.33	桐昆股份	23	0.076	2020-03-02	2021-01-13	2026-02-27	0.9	强赎
113520	百合转债	234.26	梦百合	5.1	0.064	2018-11-08	2021-01-06	2024-11-08	2.2	强赎
128019	久立转2	150.73	久立特材	10.4	0.297	2017-11-08	2021-01-06	2023-11-08	3.2	强赎
128104	裕同转债	129.777	裕同科技	14	0.733	2020-04-07	2021-01-04	2026-04-06	0.7	强赎
128102	海大转债	172.8	海大集团	28.3	0.194	2020-03-19	2020-12-22	2026-03-18	0.8	强赎
113562	璞泰转债	132.14	璞泰来	8.7	0.188	2020-01-02	2020-12-18	2025-01-02	1	强赎
123026	中环转债	117.79	中环环保	2.9	0.588	2019-06-10	2020-12-14	2024-06-10	1.5	强赎
113581	龙蟠转债	295.16	龙蟠科技	4	0.024	2020-04-23	2020-12-10	2026-04-22	0.6	强赎
123036	先导转债	165.87	先导智能	10	0.281	2019-12-11	2020-12-09	2025-12-10	1	强赎
113553	金牌转债	128.46	金牌厨柜	3.92	0.06	2019-12-13	2020-12-03	2025-12-12	1	强赎
113555	振德转债	417.87	振德医疗	4.4	0.028	2019-12-19	2020-12-03	2025-12-18	1	强赎
123032	万里转债	120.36	万里马	1.8	0.582	2019-10-11	2020-11-30	2025-10-10	1.1	强赎
113020	桐昆转债	163.64	桐昆股份	38	0.38	2018-11-19	2020-11-26	2024-11-19	2	强赎
113521	科森转债	168.63	科森科技	6.1	0.08	2018-11-16	2020-11-26	2024-11-16	2	强赎
128058	拓邦转债	151.98	拓邦股份	5.73	0.114	2019-03-07	2020-11-25	2025-03-07	1.7	强赎
128099	永高转债	117.88	公元股份	7	0.225	2020-03-11	2020-11-18	2026-03-10	0.7	强赎
113571	博特转债	139.42	苏博特	6.97	0.026	2020-03-12	2020-11-17	2026-03-11	0.7	强赎
128098	康弘转债	124.908	康弘药业	16.3	0.076	2020-03-05	2020-11-09	2026-03-05	0.7	强赎
128067	一心转债	141	一心堂	6.03	0.101	2019-04-19	2020-10-19	2025-04-19	1.5	强赎
128043	东音转债	212.56	罗欣药业	2.813	0.009	2018-08-02	2020-10-16	2024-08-02	2.2	强赎

第4章 上市后可转债的交易模式

续上表

代码	名称	最后交易价格	正股名称	发行规模（亿元）	剩余规模（亿元）	发行日期	最后交易日	到期日期	存续年限（年）	退市原因
113028	环境转债	114.22	上海环境	21.7	0.087	2019-06-18	2020-09-17	2025-06-17	1.3	强赎
113544	桃李转债	119.48	桃李面包	10	0.098	2019-09-20	2020-09-17	2025-09-19	1	强赎
128092	唐人转债	104.201	唐人神	12.4	0.511	2019-12-30	2020-09-17	2025-12-30	0.7	强赎
113547	索发转债	140.66	索通发展	9.45	0.081	2019-10-24	2020-09-15	2025-10-23	0.9	强赎
113554	仙鹤转债	145.27	仙鹤股份	12.5	0.03	2019-12-16	2020-09-10	2025-12-15	0.7	强赎
123037	新莱转债	172	新莱应材	2.8	0.202	2019-12-19	2020-09-10	2025-12-18	0.7	强赎
128084	木森转债	114.528	木林森	26.6	0.285	2019-12-16	2020-09-10	2025-12-16	0.7	强赎
110042	航电转债	116.32	中航电子	24	0.12	2017-12-25	2020-09-07	2023-12-24	2.7	强赎
113019	玲珑转债	135.88	玲珑轮胎	20	0.074	2018-03-01	2020-09-03	2023-03-01	2.5	强赎
123020	富祥转债	217.52	富祥药业	4.2	0.12	2019-03-01	2020-09-03	2025-03-01	1.5	强赎
113031	博威转债	120.91	博威合金	12	0.086	2020-01-10	2020-08-28	2025-01-09	0.6	强赎
113514	威帝转债	123.34	威帝股份	2	0.063	2018-07-20	2020-08-28	2023-07-20	2.1	强赎
113518	顾家转债	177.68	顾家家居	10.973	0.042	2018-09-11	2020-08-27	2024-09-11	2	强赎
123041	东财转2	194	东方财富	73	0.499	2020-01-13	2020-08-27	2026-01-12	0.6	强赎
128045	机电转债	131.21	中航机电	21	0.029	2018-08-27	2020-08-27	2024-08-27	2	强赎
128086	国轩转债	201.87	国轩高科	18.5	0.331	2019-12-17	2020-08-27	2025-12-17	0.7	强赎
113022	浙商转债	118.46	浙商证券	35	0.277	2019-03-12	2020-08-25	2025-03-12	1.5	强赎
123040	乐普转债	118	乐普医疗	7.5	0.68	2020-01-03	2020-08-19	2025-01-02	0.6	强赎
128088	深南转债	133.4	深南电路	15.2	0.131	2019-12-24	2020-08-19	2025-12-24	0.7	强赎
113558	日月转债	150.44	日月股份	12	0.042	2019-12-23	2020-08-18	2025-12-22	0.7	强赎
128089	麦米转债	139.489	麦格米特	6.55	0.014	2019-12-26	2020-08-18	2025-12-25	0.6	强赎
128059	视源转债	133	视源股份	9.42	0.012	2019-03-11	2020-08-14	2025-03-11	1.4	强赎
113552	克来转债	253.95	克来机电	1.8	0.037	2019-12-02	2020-08-06	2025-12-01	0.7	强赎
128080	顺丰转债	176.5	顺丰控股	58	1.064	2019-11-18	2020-08-03	2025-11-18	0.7	强赎
113551	福特转债	207.28	福斯特	11	0.035	2019-11-18	2020-07-15	2025-11-17	0.7	强赎
128077	华夏转债	169.38	华夏航空	7.9	0.016	2019-10-16	2020-07-14	2025-10-16	0.7	强赎
128054	中宠转债	182.499	中宠股份	1.942	0.01	2019-02-15	2020-06-30	2025-02-15	1.4	强赎
113515	高能转债	130.36	高能环境	8.4	0.079	2018-07-26	2020-06-17	2024-07-26	1.9	强赎
113511	千禾转债	202.82	千禾味业	3.56	0.07	2018-06-20	2020-05-28	2024-06-19	1.9	强赎

续上表

代码	名称	最后交易价格	正股名称	发行规模（亿元）	剩余规模（亿元）	发行日期	最后交易日	到期日期	存续年限（年）	退市原因
113503	泰晶转债	125.47	泰晶科技	2.15	0.092	2017-12-15	2020-05-26	2023-12-15	2.4	强赎
128012	辉丰转债	99.999	辉丰股份	8.45	0.203	2016-04-21	2020-05-25	2022-04-21	4.1	低于3 000万元
113531	百姓转债	130.03	老百姓	3.27	0.02	2019-03-29	2020-05-20	2024-03-28	1.1	强赎
123021	万信转2	154.02	万达信息	12	0.013	2019-03-04	2020-04-13	2025-03-03	1.1	强赎
110050	佳都转债	132.28	佳都科技	8.747	0.183	2018-12-19	2020-04-08	2024-12-18	1.3	强赎
128055	长青转2	116.1	长青股份	9.138	0.154	2019-02-27	2020-04-02	2025-02-27	1.1	强赎
113517	曙光转债	117.52	中科曙光	11.2	0.312	2018-08-06	2020-03-30	2024-08-06	1.6	强赎
128016	雨虹转债	147.9	东方雨虹	18.4	0.016	2017-09-25	2020-03-27	2023-09-25	2.5	强赎
123019	中来转债	106.302	中来股份	10	1.016	2019-02-25	2020-03-25	2025-02-25	1.1	强赎
113510	再升转债	120.19	再升科技	1.14	0.2	2018-06-19	2020-03-24	2024-06-18	1.8	强赎
113540	南威转债	122.53	南威软件	6.6	0.084	2019-07-15	2020-03-24	2025-07-14	0.7	强赎
110046	圆通转债	100.23	圆通速递	36.5	0.861	2018-11-20	2020-03-20	2024-11-19	1.3	强赎
123009	星源转债	108.369	星源材质	4.8	0.529	2018-03-07	2020-03-19	2024-03-07	2	强赎
110054	通威转债	107.5	通威股份	50	0.205	2019-03-18	2020-03-16	2025-03-18	1	强赎
128038	利欧转债	249.005	利欧股份	21.975	0.031	2018-03-22	2020-03-16	2024-03-22	2	强赎
123016	洲明转债	130	洲明科技	5.48	0.086	2018-11-07	2020-03-11	2024-11-07	1.3	强赎
113539	圣达转债	161.51	圣达生物	2.99	0.033	2019-07-03	2020-03-10	2025-07-02	0.7	强赎
128061	启明转债	149.64	启明星辰	10.45	0.016	2019-03-27	2020-03-03	2025-03-27	0.9	强赎
113522	旭升转债	158.58	旭升股份	4.2	0.025	2018-11-22	2020-02-27	2024-11-22	1.3	强赎
113538	安图转债	187.09	安图生物	6.83	0.031	2019-06-28	2020-02-18	2025-06-27	0.6	强赎
128060	中装转债	166.6	中装建设	5.25	0.037	2019-03-26	2020-02-12	2025-03-26	0.9	低于3 000万元
123003	蓝思转债	182.402	蓝思科技	48	0.574	2017-12-08	2020-02-07	2023-12-08	2.2	强赎
113523	伟明转债	155.78	伟明环保	6.7	0.027	2018-12-10	2020-02-05	2024-12-10	1.2	强赎
128068	和而转债	129.03	和而泰	5.47	0.032	2019-06-04	2020-02-05	2025-06-04	0.7	强赎
128020	水晶转债	134	水晶光电	11.8	1.147	2017-11-17	2020-01-23	2023-11-16	2.2	强赎
113533	参林转债	142.29	大参林	10	0.167	2019-04-03	2020-01-16	2025-04-02	0.8	强赎

续上表

代码	名称	最后交易价格	正股名称	发行规模（亿元）	剩余规模（亿元）	发行日期	最后交易日	到期日期	存续年限（年）	退市原因
110049	海尔转债	132.02	海尔智家	30.075	0.09	2018-12-18	2019-12-16	2024-12-17	1	强赎
110030	格力转债	105.69	格力地产	9.8	4.012	2014-12-25	2019-12-10	2019-12-25	5	到期
113529	绝味转债	158.52	绝味食品	10	0.127	2019-03-11	2019-11-21	2025-03-11	0.7	强赎
113507	天马转债	123.29	天马科技	3.05	0.03	2018-04-17	2019-11-04	2024-04-17	1.6	低于3 000万元
128047	光电转债	129.027	中航光电	13	0.023	2018-11-05	2019-10-15	2024-11-05	0.9	强赎
127009	冰轮转债	130.799	冰轮环境	5.091	0.016	2019-01-14	2019-10-14	2025-01-14	0.7	强赎
123001	蓝标转债	135.998	蓝色光标	14	0.02	2015-12-10	2019-10-10	2021-12-18	3.8	强赎
128027	崇达转债	123	崇达技术	8	0.047	2017-12-15	2019-10-09	2023-12-15	1.8	强赎
127010	平银转债	123.88	平安银行	260	0.01	2019-01-21	2019-09-18	2025-01-21	0.7	强赎
113015	隆基转债	154.19	隆基绿能	28	0.193	2017-11-02	2019-09-03	2023-11-01	1.8	强赎
128024	宁行转债	125.7	宁波银行	100	0.108	2017-12-05	2019-08-21	2023-12-05	1.7	强赎
110040	生益转债	167.56	生益科技	18	0.101	2017-11-24	2019-07-31	2023-11-23	1.7	强赎
113513	安井转债	141.29	安井食品	5	0.038	2018-07-12	2019-07-04	2024-07-12	1	强赎
113018	常熟转债	131.63	常熟银行	30	0.156	2018-01-19	2019-05-16	2024-01-19	1.3	强赎
123006	东财转债	138.588	东方财富	46.5	0.306	2017-12-20	2019-05-10	2023-12-20	1.4	强赎
113506	鼎信转债	128.2	鼎信通讯	6	0.122	2018-04-16	2019-04-26	2024-04-16	1	强赎
123008	康泰转债	168.658	康泰生物	3.56	0.056	2018-02-01	2019-04-26	2024-02-01	1.2	强赎
113512	景旺转债	120.27	景旺电子	9.78	0.176	2018-07-06	2019-04-23	2024-07-06	0.8	强赎
110032	三一转债	176.09	三一重工	45	0.094	2016-01-04	2019-03-19	2022-01-04	3.2	强赎
113010	江南转债	100.59	江南水务	7.6	0.241	2016-03-18	2019-01-29	2022-03-18	2.9	低于3 000万元
123005	万信转债	145.8	万达信息	9	0.064	2017-12-19	2018-08-14	2023-12-19	0.7	强赎
110039	宝信转债	141.39	宝信软件	16	0.286	2017-11-17	2018-07-06	2023-11-16	0.6	强赎
128011	汽模转债	121.501	天汽模	4.2	0	2016-03-02	2017-08-08	2022-03-02	1.4	强赎
128009	歌尔转债	146.1	歌尔股份	25	0.008	2014-12-12	2017-06-30	2020-12-12	2.6	强赎
110035	白云转债	138.39	白云机场	35	0.192	2016-02-26	2017-06-06	2021-02-26	1.3	强赎
113501	洛钼转债	130.55	洛阳钼业	49	0.456	2014-12-02	2015-07-09	2020-12-01	0.6	强赎

续上表

代码	名称	最后交易价格	正股名称	发行规模（亿元）	剩余规模（亿元）	发行日期	最后交易日	到期日期	存续年限（年）	退市原因
113007	吉视转债	100.18	吉视传媒	17	6.472	2014-09-05	2015-07-07	2020-09-05	0.8	强赎
110023	民生转债	119.66	民生银行	200	1.62	2013-03-15	2015-06-24	2019-03-15	2.3	强赎
128007	通鼎转债	355	通鼎互联	6	0.003	2014-08-15	2015-06-19	2020-08-15	0.8	强赎
128008	齐峰转债	200.56	齐峰新材	7.6	0.027	2014-09-15	2015-06-05	2019-09-14	0.7	强赎
125089	深机转债	221.1	深圳机场	20	0.026	2011-07-15	2015-05-28	2017-07-14	3.9	强赎
126729	燕京转债	149.979	燕京啤酒	11.3	0.025	2010-10-15	2015-05-28	2015-10-14	4.6	强赎
110029	浙能转债	165.5	浙能电力	100	0.18	2014-10-13	2015-05-26	2020-10-12	0.6	强赎
128002	东华转债	341	东华软件	10	0.001	2013-07-26	2015-05-20	2019-07-26	1.8	强赎
128005	齐翔转债	163.49	齐翔腾达	12.4	0.001	2014-04-18	2015-05-19	2019-04-17	1.1	强赎
110012	海运转债	206.46	宁波海运	7.2	0.013	2011-01-07	2015-05-11	2016-01-07	4.3	强赎
113006	深燃转债	142.99	深圳燃气	16	0.034	2013-12-13	2015-04-30	2019-12-13	1.4	强赎
110011	歌华转债	204.97	歌华有线	16	0.136	2010-11-25	2015-04-28	2016-11-25	4.4	强赎
110019	恒丰转债	173	恒丰纸业	4.5	0.004	2012-03-23	2015-04-24	2017-03-23	3.1	强赎
110028	冠城转债	177.49	冠城大通	18	0.047	2014-07-18	2015-04-23	2020-07-18	0.8	强赎
128006	长青转债	145.999	长青股份	6.318	0	2014-07-09	2015-04-15	2020-06-19	0.8	强赎
110020	南山转债	152.64	南山铝业	60	0.084	2012-10-16	2015-03-10	2018-10-16	2.4	强赎
113001	中行转债	145.93	中国银行	400	0.24	2010-06-02	2015-03-06	2016-06-02	4.8	强赎
110022	同仁转债	131.49	同仁堂	12.05	0.045	2012-12-04	2015-03-03	2017-12-04	2.2	强赎
110018	国电转债	169.69	国电电力	55	0.044	2011-08-19	2015-02-26	2017-08-19	3.5	强赎
110027	东方转债	159.57	东方电气	40	0.036	2014-07-10	2015-02-16	2020-07-10	0.6	强赎
113002	工行转债	132.38	工商银行	250	0.15	2010-08-31	2015-02-12	2016-08-31	4.5	强赎
110015	石化转债	116.3	中国石化	230	0.529	2011-02-23	2015-02-11	2017-02-23	4	强赎
110017	中海转债	115	中远海能	39.5	0.344	2011-08-01	2015-02-09	2017-08-01	3.5	强赎
127002	徐工转债	136.19	徐工机械	25	0.031	2013-10-24	2015-02-05	2019-10-24	1.3	强赎
113005	平安转债	167.57	中国平安	260	0.338	2013-11-22	2015-01-09	2019-11-22	1.1	强赎
110025	国金转债	194.97	国金证券	25	0.152	2014-05-14	2014-12-29	2020-05-13	0.6	强赎
128004	久立转债	143	久立特材	4.87	0.009	2014-02-25	2014-12-23	2020-02-24	0.8	强赎
110024	隧道转债	153.06	隧道股份	26	0.062	2013-09-13	2014-12-11	2019-09-13	1.2	强赎

续上表

代码	名称	最后交易价格	正股名称	发行规模（亿元）	剩余规模（亿元）	发行日期	最后交易日	到期日期	存续年限（年）	退市原因
113003	重工转债	132.55	中国重工	80.5	0.048	2012-06-04	2014-11-28	2018-06-04	2.5	强赎
128003	华天转债	154.001	华天科技	4.61	0.013	2013-08-12	2014-11-27	2019-08-12	1.3	强赎
128001	泰尔转债	134.122	泰尔股份	3.2	0.018	2013-01-15	2014-11-10	2018-01-08	1.8	强赎
110007	博汇转债	108.61	博汇纸业	9.75	0.145	2009-09-23	2014-09-05	2014-09-23	5	到期
110016	川投转债	159	川投能源	21	0.332	2011-03-21	2014-09-02	2017-03-21	3.5	强赎
125887	中鼎转债	142	中鼎股份	3	0.015	2011-02-11	2014-07-31	2016-02-11	3.5	强赎
110003	新钢转债	106.55	新钢股份	27.6	27.576	2008-08-21	2013-08-06	2013-08-20	5	到期
129031	巨轮转2	131.5	巨轮智能	3.5	0.022	2011-07-19	2013-06-05	2016-07-18	1.9	强赎
125731	美丰转债	163.2	四川美丰	6.5	0.022	2010-06-02	2013-04-12	2015-06-02	2.9	强赎
110009	双良转债	93.82	双良节能	7.2	0.261	2010-05-04	2011-12-14	2015-05-04	1.6	低于3 000万元
123095	日升转债	100	东方日升	33	33	2021-01-22	—	2027-01-21	—	撤销发行

4.6 打新配债策略总结

抢权配债于可转债打新风险大很多。本节结合实际操作案例来总结配债策略。

4.6.1 回顾前面的内容

● 可转债发行流程：董事会预案→股东大会批准→交易所受理→上市委通过→同意注册→发行公告。

● 找到已经核准批文的可转债，在上市公司发布发行公告之前，我们"埋伏"正股。技巧为：利用沪市可转债的发行精确算法原则（抢权买入正股只要含权大于500元就有可能配到1 000元的转债），超额配售选择沪市可转债。这样，同样的资金能提高盈利率。同样是沪市可转债，选择百元含权高的可转债进行埋伏，也能提高资金利用率和盈利率。

119

4.6.2 配债失败经验——苏利转债

2022年2月13日，苏利股份发布发行公告，如下图所示。

> **苏利股份(SH603585)**
> 02-13 15:35·来自公告
> 苏利股份：苏利股份公开发行可转换公司债券发行公告 🔗 网页链接

其中，关于配售规则有明确的规定，如下图所示。

> 4. 原股东可优先配售的苏利转债数量为其在股权登记日（2022年2月15日，T-1日）收市后中国结算上海分公司登记在册的持有发行人股份数量按每股配售5.317元面值可转债的比例计算可配售可转债金额，再按1,000元/手的比例转换为手数，每1手（10张）为一个申购单位，即每股配售0.005317手可转债。原股东可根据自身情况自行决定实际认购的可转债数量。
>
> 原股东的有效申购数量超出其可优先认购总额，则该笔认购无效。若原股东有效认购数量小于认购上限（含认购上限），则以实际认购数量为准。
>
> （3）发行人现有总股本180,000,000股，全部可参与原股东优先配售。按本次发行优先配售比例计算，原股东可优先认购的可转债上限总额为957,211手。

"每股配售5.317元面值可转债"按此计算，1 000元可转债只需189股苏利股份，按照当时的股价20.5元，相当于200股只需4 100元就能获配1 000元转债。苏利可转债是沪市转债，根据沪市可转债精确计算原则，如下图所示。

精确算法	指原股东网上优先配售转债可认购数量不足1手的部分按照精确算法原则取整，即先按照配售比例和每个账户股数计算出可认购数量的整数部分，对于计算出不足1手的部分（尾数保留三位小数），将所有账户按照尾数从大到小的顺序进位（尾数相同则随机排序），直至每个账户获得的可认购转债加总与原股东可配售总量一致

持有100股苏利股份，大概率有机会获配1 000元苏利转债。持有100股苏利股份也有机会获配，所以，大量一手参与抢权。

苏利股份百元股票含权＝每股配售金额÷股票价格×100元＝5.317÷20.5×100≈26（元），说明百元股票含权高。

同时，估算1 000元可转债能赚200元，安全垫高，计算公式如下：

苏利转债配售的安全垫＝新债上市预估收益÷配债所需资金×100% ＝200元÷4 100元×100% ＝4.9%，如果100股能配到，安全垫为9.8%。

在百元含权高、安全垫高的诱惑下，给投资者的直接感觉：它是完美的配债标的。债民们趋之若鹜，2月14日开盘后苏利股份直接被抢购。大家都觉得苏利股份配债特别划算，自己不配债就是错失了这次赚钱的机会，但是，大家没想到的是，这个诱惑了你，也诱惑了我，结果发生了"踩踏"。

是怎么踩踏的呢？苏利转债作为沪市可转债，180股稳配1 000元转债，100股苏利股份大概率能分到一手。甚至一人三户，每户买100股更划算，加上信用账户再持有100股配1 000元，一个人买400股苏利股份，岂不是能分到4 000元转债，听起来很顺。可是，事实给了这些投机取巧的人一记重击。

由于参与配债的人数太多，还没等持股100股的股东全部配到，957 211手优先认购转债总额就配完了，所以持有100股的股东，大多数都没有获得优先认购权。而且他们为了配债而买入的正股苏利股份，也承受了不小的跌幅。

2022年2月14日，一朋友以开盘价20.50元的价格买入100股苏利股份，如下图所示。

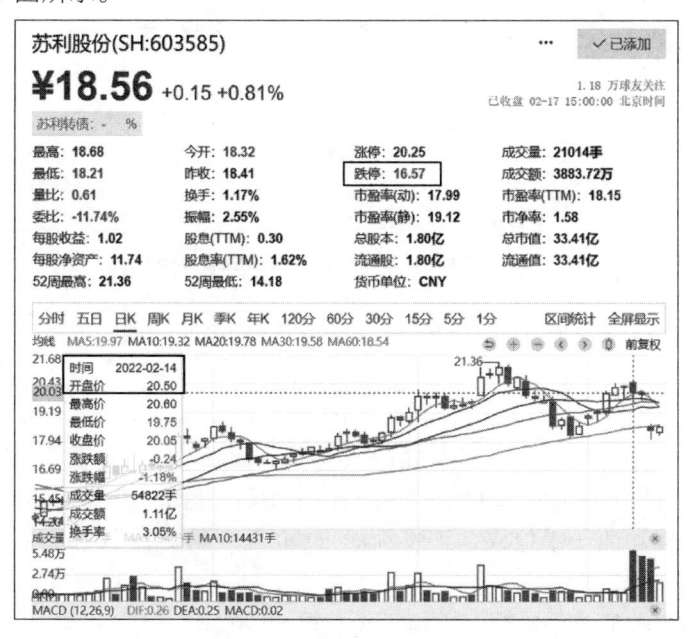

2022 年 2 月 15 日，股权登记日，继续持有。

2022 年 2 月 16 日，苏利股份大幅度低开，开盘价 18.6 元，最低价 18.06 元，配债账户正股亏损（20.5－18.6）×100＝190（元）。如果拿到认购权，转债上市后的盈利一般可以覆盖这个亏损且还有盈余，但是这位朋友的一家人都没有拿到认购权，配置的股票都承受了近 200 元的亏损。计算下来，一家人亏了将近 600 元。

即使在 2022 年 2 月 16 日，这位朋友分配到了优先认购权，持仓账户中出现"苏利配债"数量，有些券商也会推送如下图所示的短信。

【华宝证券】苏利股份发行可转债，您有优先认购权，认购日2月16日，认购代码753585，操作菜单买入/卖出，价格1千元/手。回qxfw退订

一旦进行卖出或是买入操作，输入代码 753585。或者选中这个持仓，全仓进行卖出操作，账户中锁定 1 000 元，就可以算是配债操作成功了。同时，同一账户还能进行申购操作，操作成功后，可以在委托界面看到记录，如下图所示。

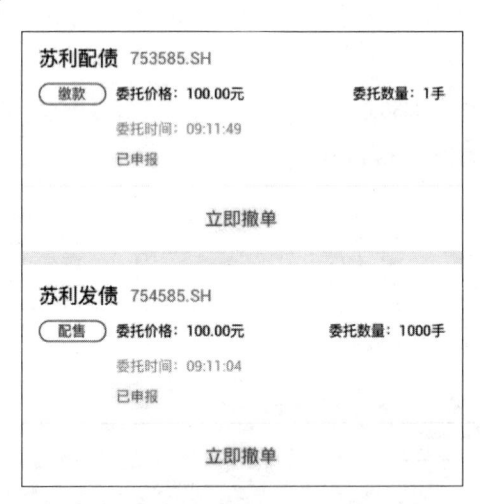

苏利配债 753585.SH
缴款 委托价格：100.00元 委托数量：1手
委托时间：09:11:49
已申报
立即撤单

苏利发债 754585.SH
配售 委托价格：100.00元 委托数量：1000手
委托时间：09:11:04
已申报
立即撤单

总结：由于申购后到上市之前大势颓废，正股下跌，导致苏利转债上市价格 116 元低于预期的 120 元，一手转债上市后开盘价卖出盈利 160 元缩水。

配售成功的一手抢权，正股亏损 －190 元 ＋ 转债盈利 160 元 ＝ 总计亏损 30 元。

配售失败的一手抢权，承担正股亏损 －190 元。

虽然苏利转债百元股票含权 26 元非常高，安全垫 9.8% 看起来很高，但是一旦配售失败，加上配债日的踩踏风险，导致很多一手抢权失利。

2022 年，配债策略不像以前那么容易运用，发行公司和投资者都在利用精确算法。不同的是，你看中发行公司转债的收益，发行公司也看中了你配正股的本金。各位读者一定要谨慎介入配债。聪明的配售投资者会参与 3.0 版本的抢权——只利用配售期间的正股拉升，只抢权并不配售。

4.6.3　埋伏可转债抢权的成功案例——重银转债

2022 年 2 月 28 日，重庆银行 130 亿元转债发审委通过，百元含权量 76.2，配一手预计大概需要 145 股重庆银行，沪市可转债最少 100 股有希望配 1 000 元债。

下图中虚线所在 K 线为 2 月 28 日重庆银行股价，画圈为 3 月 7 日 K 线。可以看出，如果以 8.65 元价格入手，到 3 月 7 日之前，多次有望以 9.10 元以上的价格获利了结，这时已经有了 5% 的利润。

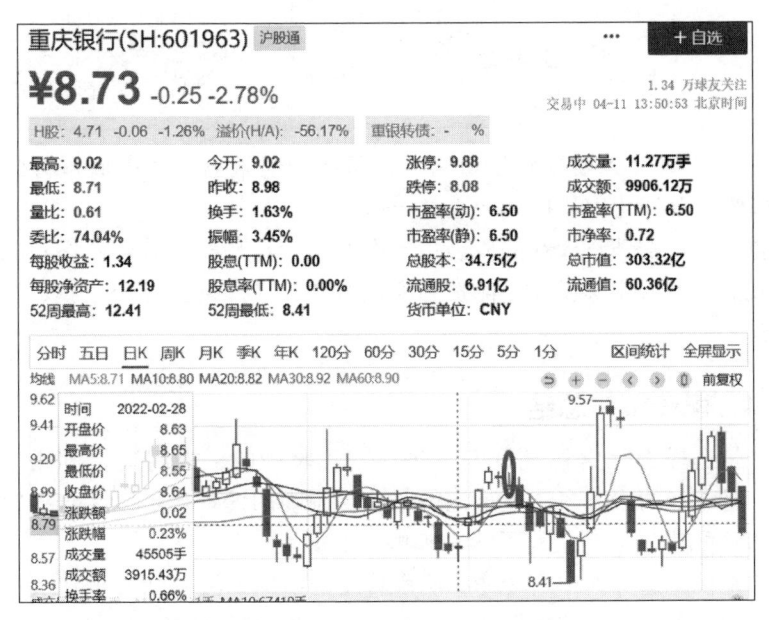

现在我们回头分析重庆银行还值得继续配置吗？

在 3 月 7 日，银行股行业的连续整理，又为投资者提供了参与重庆银行配债的机会，在 3 月 9 日、3 月 15 日都提供了 8.6 元及以下的机会，如果投资者有幸看到且参与，那么在配债日来临之前，有望在 9.5 元以上获利 10%。

3月18日，资本市场中充满了贪婪，低位上来了十几个点，如下图所示。

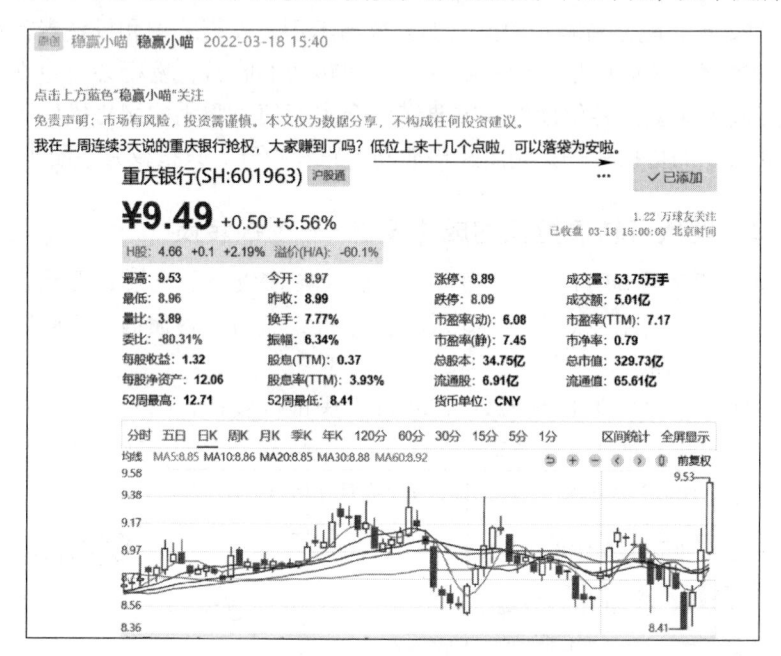

3月23日重庆银行配债日当天，遭遇配债砸盘，大市值银行股砸出-7.62%，落袋为安的投资者逃过一劫。

重庆银行配债日大跌的原因主要有两个：一是配债人数众多；二是持有正股的投资者手头没有足额资金配债缴款，选择抛售部分正股，导致股价大跌。

4.6.4 配债策略总结

一是选择百元含权高、安全垫高的正股标的，提高资金利用率。但是，一旦参与的人太多，还是记得避险。聪明的投资者可以参与抢权，但不配售（配售日之前获利了结）来提高抢权的胜率。

二是优先选择沪市可转债，利用其发行精确算法原则（抢权买入正股只要含权大于500元就有可能配到1 000元的转债）。

三是利用一人三户+信用账户，一共四个账户都进行超额配售沪市可转债，以提高盈利率。

第 5 章

防御性策略：低价策略

5.1　什么是低价策略

可转债低价轮动策略的唯一因子就是"价格",且越低越好。

假设按月调仓,每月 19 日为调仓日。在 2021 年 2 月 19 日,将市场上所有可转债按照价格从低到高排序,挑选前 N 名(这里举例用 $N=10$)的可转债组成组合,等资金比例买入。到 2021 年 3 月 19 日,重新将市场上所有可转债再按照价格从低到高排序,挑选前十名可转债,这时在这一个月期间涨得多的可转债一般就不在前十了,因此会调出。由于价格不同了,按照等金额比例分配原则,组合内每个可转债的数量可能会随之调整。

5.2　低价策略短期回测演示

1. 计算业绩基准

为了回测该策略,首先在宁稳网下载 3 个月度调仓日的可转债收盘数据,如 2021 年 2 月 19 日、2021 年 3 月 19 日、2021 年 4 月 19 日的数据(如果遇到节假日,显示的则是前一个交易日的数据)。

首先,计算每个可转债在 2021 年 2 月 19 日至 3 月 19 日涨跌幅,然后取平均值,得到 2.54%。

其次,计算每个可转债在 2021 年 3 月 19 日至 4 月 19 日涨跌幅,然后取平均值,得到 1.41%。

最后,计算累计收益率,得出结果 3.99%。

数据见下表。

所有可转债	2021-02-19 至 2021-03-19	2021-03-19 至 2021-04-19
分段平均收益率(%)	2.54	1.41
累计收益率(%)	—	3.99

2. 低价策略收益率

对 2021 年 2 月 19 日的可转债数据,选择"转债价格"列,进行升序排列,选出 2021 年 2 月 19 日价格最低的前十名转债,分别是:亚药转债、本钢转债、广汇转债、维格转债、国城转债、搜特转债、天创转债、城地

第 5 章 防御性策略：低价策略

转债、孚日转债、科达转债，如下图所示。

转债代码	转债名称	股票代码	股票名称	行业	子行业	转债价格	2.19-3.19 涨跌幅
128062	亚药转债	2370	亚太药业	医药	化学制药	69.4	3.99%
127018	本钢转债	761	本钢板材	钢铁	炼钢	77.153	7.88%
110072	广汇转债	600297	广汇汽车	汽车	分销、售	77.57	7.46%
113527	维格转债	603518	维格娜丝	服装纺织	服装行业	80.22	4.40%
127019	国城转债	688	国城矿业	有色金属	锌铅镍锡	80.9	6.51%
128100	搜特转债	2503	搜于特	服装纺织	服装行业	80.91	3.15%
113589	天创转债	603608	天创时尚	服装纺织	鞋服行业	81.91	4.24%
113596	城地转债	603887	城地股份	通信互联	通信设备	83.14	6.34%
128087	孚日转债	2083	孚日股份	服装纺织	家纺	83.89	9.91%
113569	科达转债	603660	苏州科达	通信互联	物联网	83.98	8.14%

这些转债在这一个月的平均涨幅为 6.20%，跑赢了所有可转债在这一个月的平均涨跌幅 2.54%。对于 2021 年 3 月 19 日至 4 月 19 日的可转债数据，选择"转债价格"列，进行升序排列，选出 2021 年 3 月 19 日税前回售收益最高的十名转债，分别是：亚药转债、本钢转债、广汇转债、搜特转债、维格转债、天创转债、国城转债、城地转债、岭南转债、科达转债，如下图所示。其中，调出了孚日转债，调入了岭南转债。

转债代码	转债名称	股票代码	股票名称	行业	子行业	转债价格	3.19-4.19 涨跌幅
128062	亚药转债	2370	亚太药业	医药	化学制药	72.166	6.63%
127018	本钢转债	761	本钢板材	钢铁	炼钢	83.231	15.62%
110072	广汇转债	600297	广汇汽车	汽车	分销、售	83.36	13.22%
128100	搜特转债	2503	搜于特	服装纺织	服装行业	83.455	1.82%
113527	维格转债	603518	维格娜丝	服装纺织	服装行业	83.75	6.57%
113589	天创转债	603608	天创时尚	服装纺织	鞋服行业	85.38	4.05%
127019	国城转债	688	国城矿业	有色金属	锌铅镍锡	86.168	3.08%
113596	城地转债	603887	城地股份	通信互联	通信设备	88.41	1.50%
128044	岭南转债	2717	岭南股份	城市公用	生态环境	89.009	4.69%
113569	科达转债	603660	苏州科达	通信互联	物联网	90.82	3.17%

这些转债在这一个月的平均涨幅为 6.03%，跑赢了所有可转债在这一个月的平均涨跌幅 1.41%。同样计算累计收益率，得出结果 12.60%，见下表。

低价前十	2021-02-19 至 2021-03-19	2021-03-19 至 2021-04-19
分段平均收益率（%）	6.20	6.03
累计收益率（%）	—	12.60

结论：2021年2月19日至3月19日，大家每次选择排名前十的税前回售收益率的可转债，按月调仓轮动，获得了12.60%的累计收益。

3. 小　　　结

从短期来看，可转债低价策略是有效的且有意义，见下表。

所有可转债	2021-02-19 至 2021-03-19	2021-03-19 至 2021-04-19
分段平均收益率（%）	2.54	1.41
累计收益率（%）	—	3.99
低价前十	2021-02-19 至 2021-03-19	2021-03-19 至 2021-04-19
分段平均收益率（%）	6.20	6.03
累计收益率（%）	—	12.60

5.3　低价策略长期回测演示

低价转债的优势是有一个相对较高的税前/税后到期收益率。一方面，由于发行可转债的上市公司促进债券转股权的动力，也希望提高可转债价格以促进达成强赎条件；另一方面，长期低价的可转债如果触发下修条款，则还有下调转股价的可能。简言之，除了较高的到期收益率外，外加强赎博弈和下修博弈。所以，我们需要回测投资较低价格的转债策略表现。

策略回测区间为2018年1月1日至2022年6月6日，按照转债价格升序排序，选择低价的前5名、10名、20名构建转债低价策略投资组合，分别得出不同的数量参数之间的差异。

转债低价策略的月度收益统计见下表。

低价策略	TOP 5	TOP 10	TOP 20
(2018，1)	1.00%	2.54%	1.51%
(2018，2)	0.03%	0.31%	0.32%
(2018，3)	−0.20%	−0.65%	0.46%
(2018，4)	−0.09%	−2.11%	−2.05%
(2018，5)	−3.39%	−2.71%	−2.62%
(2018，6)	−0.74%	−2.11%	−1.90%
(2018，7)	2.08%	2.86%	2.29%

第5章 防御性策略：低价策略

续上表

低价策略	TOP 5	TOP 10	TOP 20
(2018, 8)	-0.65%	-1.41%	-1.17%
(2018, 9)	0.07%	0.14%	0.22%
(2018, 10)	0.29%	-0.65%	-1.15%
(2018, 11)	4.70%	4.98%	5.25%
(2018, 12)	-1.47%	-0.81%	-0.45%
(2019, 1)	4.09%	2.83%	3.16%
(2019, 2)	6.50%	6.91%	8.19%
(2019, 3)	4.83%	7.33%	10.94%
(2019, 4)	0.39%	-1.44%	-3.07%
(2019, 5)	0.76%	0.32%	-1.15%
(2019, 6)	-0.33%	-0.66%	0.41%
(2019, 7)	0.20%	0.71%	0.99%
(2019, 8)	0.96%	1.14%	1.33%
(2019, 9)	1.63%	1.64%	1.74%
(2019, 10)	-0.22%	-0.11%	-0.34%
(2019, 11)	-2.25%	-1.38%	-1.26%
(2019, 12)	0.79%	1.72%	2.40%
(2020, 1)	2.07%	2.30%	2.30%
(2020, 2)	5.94%	5.65%	4.92%
(2020, 3)	3.15%	5.17%	5.54%
(2020, 4)	-0.47%	0.29%	-0.12%
(2020, 5)	-5.97%	-3.87%	-2.77%
(2020, 6)	-2.26%	-1.84%	-1.42%
(2020, 7)	3.90%	2.86%	4.69%
(2020, 8)	0.51%	2.14%	1.99%
(2020, 9)	-3.29%	-2.15%	-2.00%
(2020, 10)	-0.59%	0.09%	0.86%
(2020, 11)	-3.32%	-1.95%	-0.64%
(2020, 12)	-6.00%	-5.99%	-4.40%
(2021, 1)	-4.43%	-3.93%	-5.62%

续上表

低价策略	TOP 5	TOP 10	TOP 20
(2021, 2)	6.83%	4.35%	5.03%
(2021, 3)	5.45%	5.71%	7.07%
(2021, 4)	11.00%	7.46%	5.89%
(2021, 5)	3.58%	5.19%	5.57%
(2021, 6)	−0.52%	−0.46%	0.76%
(2021, 7)	−1.65%	−1.17%	1.04%
(2021, 8)	11.45%	8.26%	6.70%
(2021, 9)	0.74%	1.69%	1.45%
(2021, 10)	10.94%	4.89%	2.07%
(2021, 11)	4.91%	6.96%	6.01%
(2021, 12)	6.04%	4.79%	4.29%
(2022, 1)	1.70%	0.81%	1.51%
(2022, 2)	1.54%	0.39%	0.69%
(2022, 3)	3.38%	0.94%	−0.61%
(2022, 4)	3.05%	1.07%	−0.79%
(2022, 5)	5.19%	4.10%	3.39%
(2022, 6)	0.60%	0.04%	−0.11%

低价 TOP 5 的累计净值如下图所示。

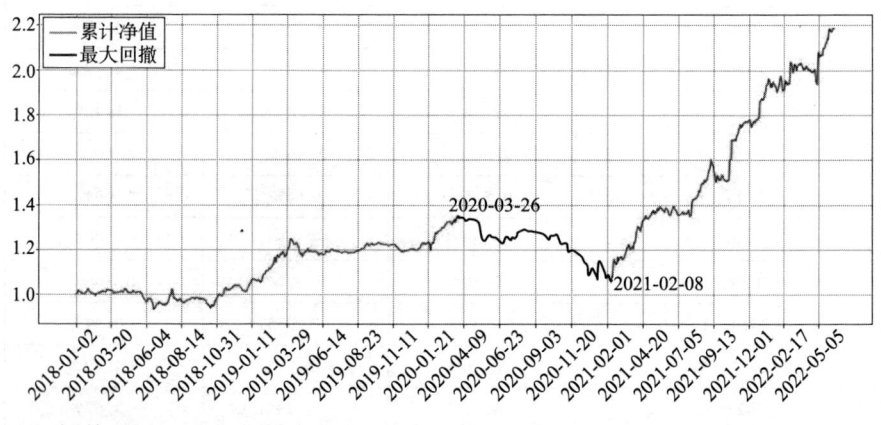

低价 TOP 5 的日收益率如下图所示。

第 5 章 防御性策略：低价策略

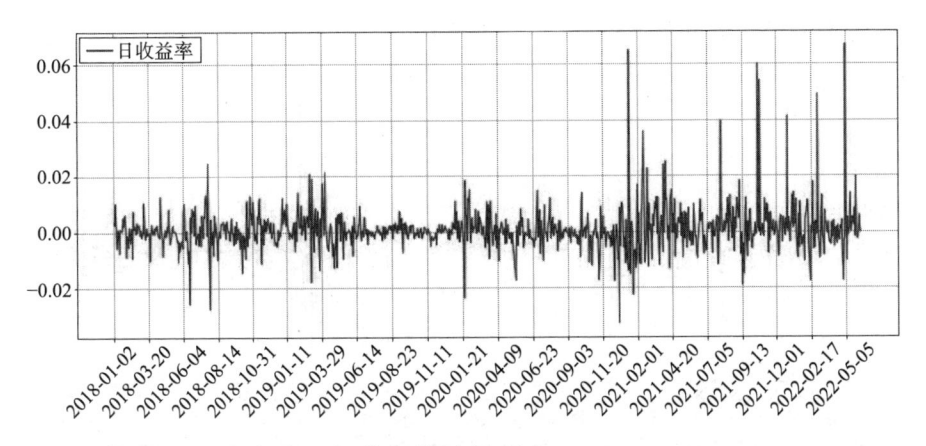

低价 TOP 5 的年度区间收益统计见下表。

年 份	2018—2022	2018	2019	2020	2021	2022-01-06
累积收益率（%）	118.45	1.42	18.08	-6.91	67.80	16.44
年化收益率（%）	20.16	1.47	18.72	-7.13	70.67	46.74
最大回撤比率（%）	21.47	8.82	6.23	19.48	6.19	4.93
最大回撤时间	2020-03-26 至 2021-02-08	2018-04-18 至 2018-06-19	2019-04-10 至 2019-05-06	2020-03-26 至 2020-12-24	2021-09-08 至 2021-09-17	2022-03-02 至 2022-04-28
收益率标准差（%）	11.96	8.69	7.50	9.38	16.98	16.81
夏普比率	1.69	0.17	2.50	-0.76	4.16	2.78

低价 TOP 10 的累计净值如下图所示。

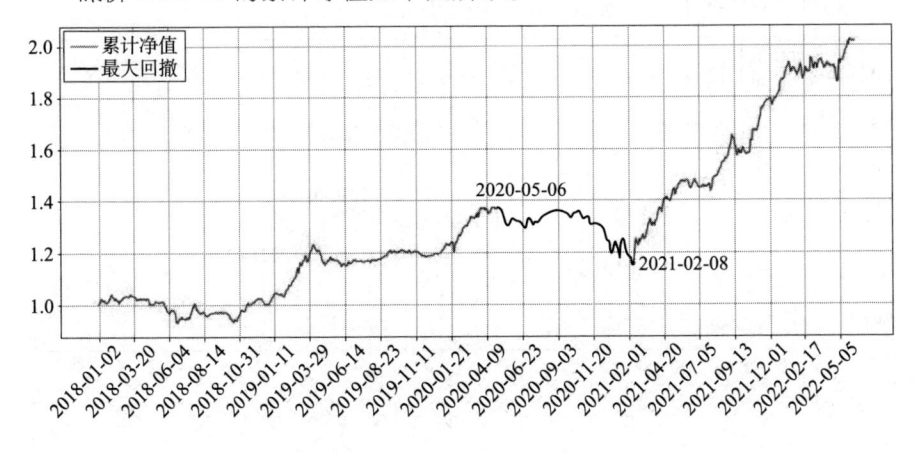

低价 TOP 10 的日收益率如下图所示。

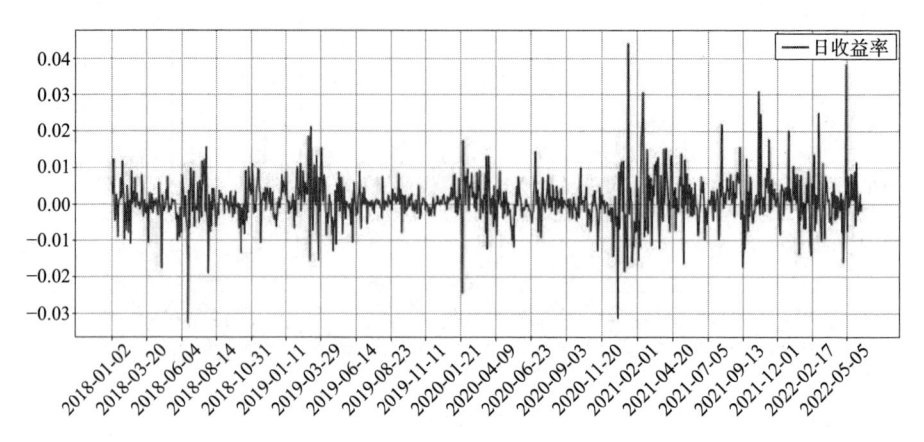

低价 TOP 10 的年度区间收益统计见下表。

年 份	2018—2022	2018	2019	2020	2021	2022-01-06
累积收益率（%）	101.32	0.08	20.04	2.02	52.52	7.52
年化收益率（%）	17.88	0.08	20.76	2.09	54.65	20.05
最大回撤比率（%）	16.41	10.60	6.82	13.07	8.26	4.72
最大回撤时间	2020-05-06 至 2021-02-08	2018-01-26 至 2018-06-21	2019-04-09 至 2019-06-06	2020-05-06 至 2020-12-24	2021-01-21 至 2021-02-08	2022-03-03 至 2022-04-27
收益率标准差（%）	9.64	8.34	7.26	8.37	12.63	11.60
夏普比率	1.854	0.010	2.861	0.249	4.328	1.729

低价 TOP 20 的累计净值如下图所示。

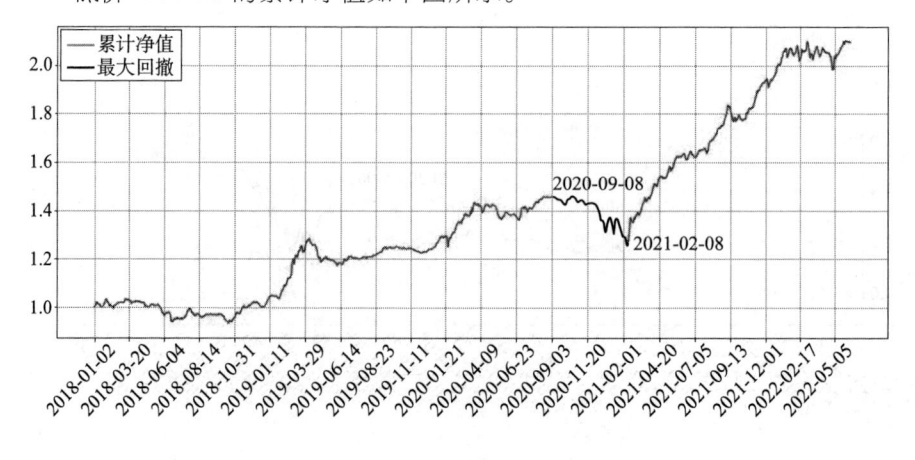

低价 TOP 20 的日收益率如下图所示。

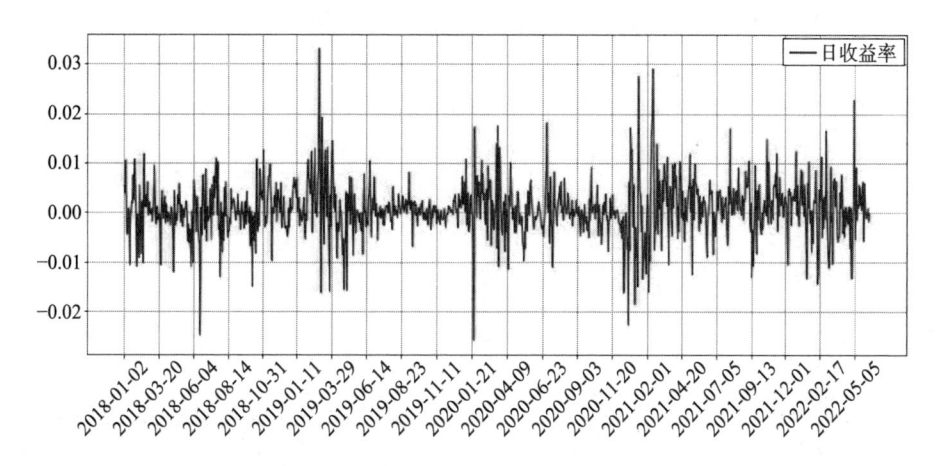

低价 TOP 20 的年度区间收益统计见下表。

年　份	2018—2022	2018	2019	2020	2021	2022-01-06
累积收益率（%）	109.56	0.44	24.88	8.72	47.54	4.08
年化收益率（%）	19.00	0.46	25.79	9.02	49.43	10.61
最大回撤比率（%）	13.86	9.88	8.55	10.18	8.47	5.50
最大回撤时间	2020-09-08 至 2021-02-08	2018-03-13 至 2018-10-18	2019-04-09 至 2019-06-06	2020-09-08 至 2020-12-28	2021-01-06 至 2021-02-08	2022-03-02 至 2022-04-27
收益率标准差（%）	8.81	7.63	8.16	8.65	10.04	9.85
夏普比率	2.16	0.06	3.16	1.04	4.92	1.08

通过上面低价策略的回测结果，发现不同数量的低价转债组合的策略表现，在总体上差别并不大，长期收益率角度来看 TOP 5 的组合表现最好，夏普比例维度 TOP 20 的组合风险收益比最高。单就 2022 年（1 月 1 日至 6 月 6 日）表现来看，TOP 5 的低价组合以 16.44% 的收益和 4.93% 的最大回撤表现最优。总的来说，低价策略收益较为稳定，回撤比例总体较低，适合转债入门及风险偏好较低的投资者根据自身资金水平有选择地进行尝试。

到 2023 年，随着注册制实施，退市节奏加快，可转债市场同步受到正股退市引发的违约风险影响。搜特转债、蓝盾转债、正邦转债先后发生退市和重整。这些转债退市前的行情走势对低价策略也产生了非常大的影响，收益和最大回撤的影响都较大，但是笔者通过信用排雷因子筛选条件，可以大大提升低价策略在 2023 年的效果，详见 10.5.5。

第 6 章

折中策略：双低轮动策略

6.1 什么是双低策略

可转债双低轮动策略有两个因子，分别为价格和溢价率，双低值的计算公式＝价格＋溢价率×100%。价格越低、溢价率越低，则双低值越低。

在实际操作时不用自己进行计算，集思录、宁稳网都已经帮我们计算好了。并且集思录可以查看实时双低排名，而宁稳网可以下载以往任何一天的排名数据（收费）。其中，宁稳网的双低分为老式双低和新式双低，但经过我的中短期测试，还是老式双低的回测结果更好，本节介绍的双低都为宁稳网的老式双低。

下面对双低策略进行短期表格回测和长期代码回测。

6.2 双低策略短期回测演示

比如，要测试 2021 年第 3 季度的低溢价率策略中，前十可转债的收益情况，假定按月调仓，每月 8 日为调仓日，如果遇到节假日则提前到前一个交易日调仓。第 3 季度对应的是 2021 年 7 月 8 日、2021 年 8 月 6 日、2021 年 9 月 8 日几个调仓日，2021 年 10 月 8 日是整 3 个月到期时间点。那么，在 2021 年 7 月 8 日将市场上所有可转债的双低值从低到高排序，挑选前 N（这里举例用 $N=10$）名的可转债组成组合，以等额资金比例买入。等到 2021 年 8 月 6 日、2021 年 9 月 8 日调仓日当天，重新将市场上所有可转债的双低值从低到高排序，挑选前十名的可转债，这时，如果上个月买入的可转债不在前十名，所以会调出，即便不调出，按照等金额比例分配原则，组合内每个可转债的数量可能会随之调整。

以上就是可转债"轮动"。同时，可转债双低轮动策略的因子就是由"价格"和"溢价率"组成的"双低值"。

1. 计算第 3 季度业绩基准

去宁稳网下载 4 个月度调仓日的可转债收盘数据，如 2021 年 7 月 8 日、2021 年 8 月 6 日、2021 年 9 月 8 日的数据。

首先，计算每款可转债在 2021 年 7 月 8 日至 8 月 6 日涨跌幅，取平均值得到 6.59%。

第 6 章　折中策略：双低轮动策略

然后，计算每个可转债在 2021 年 8 月 6 日至 9 月 8 日涨跌幅，取平均值得到 7.24%。

再次，计算每个可转债在 2021 年 9 月 8 日至 10 月 8 日涨跌幅，取平均值得到 −4.52%。

最后，计算累计收益率，得出结果为 9.14%。

数据见下表。

| 2021 年第 3 季度可转债策略 PK（月调仓） ||||
所有可转债	0708-0806	0806-0908	0908-1008	累计收益率
平均收益率（%）	6.59	7.24	−4.52	9.14

上述结果将用来做业绩基准比较策略是否有效。

2. 双低策略收益率

一是对 2021 年 7 月 8 日的可转债数据，选择"老式双低"列，进行升序排列，以选出 2021 年 7 月 8 日双低值中，最低的前十名转债分别是：搜特转债、文科转债、洪涛转债、孚日转债、广汇转债、利群转债、鸿达转债、靖远转债、本钢转债、湖盐转债。

选出的十只可转债在当月的平均涨幅为 1.66%，跑输了所有可转债在当月的平均涨跌幅 6.59%。

二是 2021 年 8 月 6 日至 9 月 8 日，选出的 2021 年 8 月 6 日双低值最低的十名转债分别是：文科转债、洪涛转债、孚日转债、广汇转债、利群转债、东湖转债、青农转债、绿茵转债、靖远转债、亚泰转债。这些转债在当月的平均涨幅为 9.12%，跑赢了所有可转债在当月的平均涨跌幅 7.24%。

三是 2021 年 9 月 8 日至 10 月 8 日，选出的 2021 年 9 月 8 日双低值最低的十名转债是：洪涛转债、文科转债、孚日转债、利群转债、大秦转债、绿茵转债、青农转债、紫银转债、亚泰转债、江银转债。

这些转债在当月的平均涨幅为 −2.87%，跑赢了所有可转债在当月的平均涨跌幅 −4.52%。计算累计收益率见下表。

| 2021 年第 3 季度可转债策略 PK（月调仓） ||||
双低前十	0708-0806	0806-0908	0908-1008	累计收益率
平均收益率（%）	1.66	9.12	−2.87	7.75

结论：2021 年 7 月 8 日至 10 月 8 日，每次选择排名前十的税前回售收益率的可转债，按月调仓轮动，获得 7.75% 的累计收益。

3. 小　　结

从 2021 年第 3 季度来看，可转债双低策略的效果不是最理想的。因为该策略的 7.75% 收益率在 2021 年第 3 季度跑输了所有可转债平均收益率 9.14%，见下表。

2021 年第 3 季度可转债策略 PK（月调仓）				
双低前十	0708-0806	0806-0908	0908-1008	累计收益率
平均收益率（%）	1.66	9.12	-2.87	7.75
所有可转债	0708-0806	0806-0908	0908-1008	累计收益率
平均收益率（%）	6.59	7.24	-4.52	9.14

如果要做按周调仓，需要下载每周 N 的数据进行回测，同样的回测时间区间，数据量会翻四倍。所以，回测是个需要耐心的过程。如果你想比较每周 N 天的收益、回撤等数据，那么，回测工作量继续翻五倍。

上述回测方法，是适合不会编程的读者，有兴趣的读者可以参考该方式，继续做个中长期的回测，对各个可转债策略得出更加客观的评价。

6.3　双低策略长期回测演示

大家要时刻记住，双低策略是利用可转债"进可攻、退可守"的特性，构建的一种"上不封顶、下有保底"的策略。

前面已经了解了可转债的正股股性，这里再叠加可转债作为债券本身的债券到期还本付息的债性。利用这两种特性的结合，才能构建一个既有一定债券收益又享受部分股性优势的相对优势组合。

先复习一下什么是可转债的债性，能给我们带来什么？

可转债的发行面额一般为 100 元，发行基本上以面额进行申购，可转债像债券一样每年有付息，到期可以偿还本金（有部分发债主体都希望最后转股，以不用偿付本金，成功地让持有人从债权转变为股权）的性质，通过每年给付的利息现金流及最后给付的本金。我们就可以计算出一只可转债债权部分的价值，通常称为纯债价值。

下面以国贸转债（110033.SH）为例进行说明，国贸转债的发行说明书中有一个基本条款，其中利率为第一年 0.3%、第二年 0.5%、第三年 0.9%、第四年为 1.4%、第五年 1.7%、第六年 2%，最后还有补偿利率条款即本次发行可转债期满后五个交易日内，公司以本次发行的可转债的票面面值的108%（含最后一年利息）向可转债持有人赎回全部未转股的可转债。大家看到可转债的利息都较低，主因是可转债有很多其他转股期权属性的加成。所以，债券方面的利息不如普通债券得高，这一部分可以理解为：相对于其他债券，我们花费了一些利息的钱去购买了一项权力（后面可以转成股票的权力），这就是可转债的期权性质。

现在，以可转债作为债券的利息条款来计算它的债券价值是多少。国贸转债的基本条款中给出该债券的起息日是2016年1月5日，到期日期是2022年1月5日，这段时间就是可转债的计息区间，以2021年10月20日为例计算它当天的对应债券价值，目前离可转债到期还有77天，以365天/年计算其剩余年限为：$77 \div 365 = 0.2110$（年），根据到期的条款，持有到期，发行公司会以108元包含年底利息的价格进行赎回，利用这一未来确定的现金流来确定现在值是多少，即可得到债底的现值。

有人会问：如何折现呢？可以利用同样评级的信用债的基准利率进行折现，国贸转债的评级是AAA，经查询目前AAA级的信用债的基准利率为2.77%（半年期）。如果单买一只同样评级的信用债并持有半年，应该获得2.77%的年化基准收益。通过计算$108 \div [(1+2.77\%)]^{0.2110} = 107.379$（元），得到国贸转债的纯债价值。

我们可以利用纯债价值做什么呢？纯债价值相当于可转债的一个保底价值。假设发行方守信用不违约，那么，到期至少可以拿到相当于现在纯债价值的钱。从这种程度上来讲，它是投资可转债的一个"安全保底"功能。在2018年下半年，很多可转债的交易价格低于其对应的纯债价值，对于低风险投资者而言，此时就是一个不错的机会，可以获得高于市场信用债基准的一个超额收益。但同时转债市场的违约风险也随之加剧，这是博取超额收益时对应的一个风险点。

如何利用债性+股性呢？

前面了解到债券的纯债价值基本都是面值和利息贴现得到的。可转债的价格越低就越接近纯债价值，叠加可转债的转股溢价率构建一个双低指标策略。即双低指标=转债价格+转股的溢价率×100，根据这个双低指标对可转债进行升序排序，排名靠前的转债就是在这两个指标上相对其他转债较为低估的品种，延续之前的方法，取该指数排名靠前的五只可转债进行买入，然后，每日根据收盘计算的指标高低进行排序调仓。回测区间是2018年1月2日至2022年6月6日。此期间的累计收益率为447.89%，最大回撤为24.20%，发生在2020年11月25日至2021年2月8日，夏普比率为5.72，如下图所示。

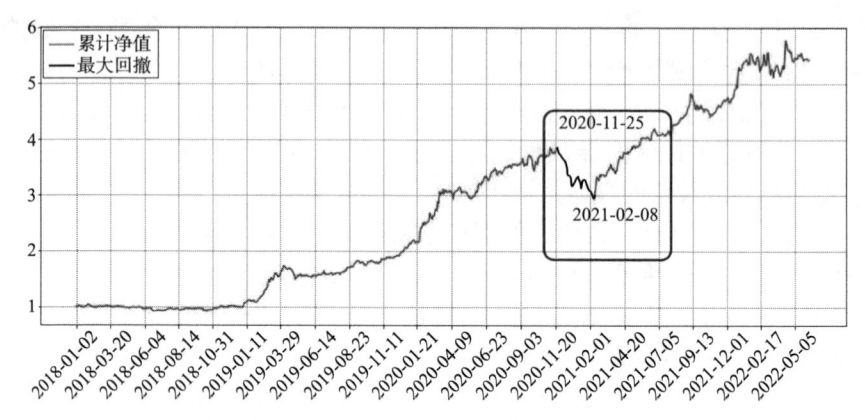

从上图可以看到，当前的双低策略表现不如单纯溢价率排序的策略好，而且需要忍受长达一个季度之久的震荡回撤期间。但是，如果了解了可转债的债券属性后（到期大概率会得到债券票面＋利息的钱），在某种程度上可以增强对持有更多偏债性可转债的信心。不同策略参数的对比（部分）见下表。

双低策略	TOP 5	TOP 10	TOP 20
（2018，1）	0.72%	2.33%	2.56%
（2018，2）	−0.45%	0.17%	0.28%
（2018，3）	−0.14%	2.00%	1.67%
（2018，4）	−2.87%	−0.77%	−0.54%
（2018，5）	−1.54%	−1.30%	−0.44%
（2018，6）	−2.84%	−4.53%	−3.78%
（2018，7）	3.07%	4.60%	3.68%
（2018，8）	0.57%	−0.57%	−1.24%
（2018，9）	0.59%	−0.42%	−0.97%
（2018，10）	−2.49%	−3.12%	−2.02%
（2018，11）	4.47%	3.97%	4.65%
（2018，12）	0.25%	−1.29%	−1.15%
（2019，1）	8.83%	5.82%	5.47%
（2019，2）	20.33%	16.98%	15.45%
（2019，3）	21.31%	12.93%	12.17%
（2019，4）	0.52%	1.24%	1.22%
（2019，5）	−1.28%	−1.93%	−0.49%
（2019，6）	1.50%	1.30%	2.59%
（2019，7）	2.50%	3.51%	1.74%
（2019，8）	6.71%	3.64%	2.91%

第 6 章　折中策略：双低轮动策略

续上表

双低策略	TOP 5	TOP 10	TOP 20
(2019, 9)	1.51%	1.61%	3.25%
(2019, 10)	1.85%	0.64%	0.17%
(2019, 11)	5.65%	2.68%	1.08%
(2019, 12)	9.92%	9.77%	7.98%
(2020, 1)	4.71%	4.13%	3.59%
(2020, 2)	19.13%	9.49%	7.22%
(2020, 3)	18.55%	17.01%	11.97%
(2020, 4)	0.44%	−0.59%	0.18%
(2020, 5)	−1.78%	−2.61%	−2.90%
(2020, 6)	8.57%	2.82%	1.66%
(2020, 7)	6.52%	9.92%	10.30%
(2020, 8)	1.93%	1.73%	3.46%
(2020, 9)	−2.82%	−2.81%	−1.57%
(2020, 10)	6.94%	9.60%	9.63%
(2020, 11)	1.45%	2.62%	2.05%
(2020, 12)	−12.14%	−8.23%	−4.18%
(2021, 1)	−6.77%	−6.60%	−5.32%
(2021, 2)	8.94%	7.63%	5.68%
(2021, 3)	1.83%	4.55%	5.32%
(2021, 4)	11.46%	8.34%	5.71%
(2021, 5)	6.48%	5.66%	5.62%
(2021, 6)	2.20%	0.65%	2.75%
(2021, 7)	−0.79%	2.17%	2.29%
(2021, 8)	9.65%	7.95%	9.55%
(2021, 9)	1.97%	3.30%	2.85%
(2021, 10)	−2.77%	−0.19%	−0.22%

双低 TOP 5 的数据见下表。

年　　份	2018—2022	2018	2019	2020	2021	2022-01-06
累积收益率（%）	447.89	−0.93	110.08	59.30	60.81	2.74
年化收益率（%）	46.7	−0.96	113.69	61.24	62.80	6.90
最大回撤比率（%）	24.20	12.40	13.32	18.26	12.67	7.86
最大回撤时间	2020-11-25 至 2021-02-08	2018-01-25 至 2018-06-22	2019-04-08 至 2019-05-06	2020-11-25 至 2020-12-24	2021-01-06 至 2021-02-08	2022-03-03 至 2022-03-15
收益率标准差（%）	18.39	12.17	19.26	22.47	16.63	21.15
夏普比率	2.54	−0.08	5.90	2.72	3.78	0.33

双低 TOP 5 的累计净值如下图所示。

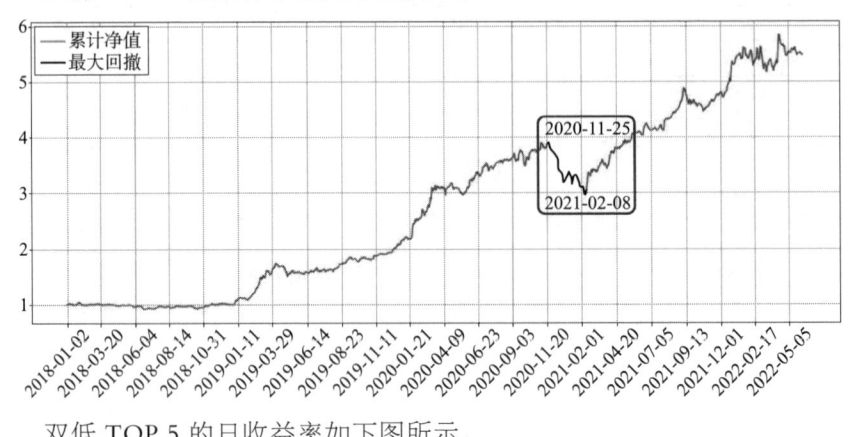

双低 TOP 5 的日收益率如下图所示。

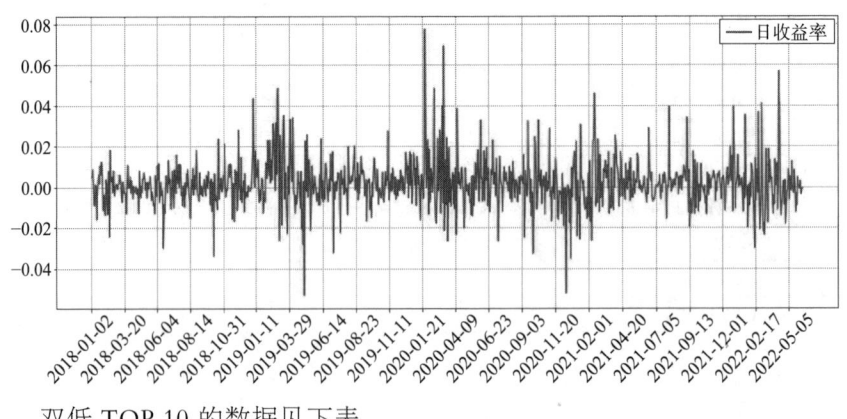

双低 TOP 10 的数据见下表。

年　　份	2018—2022	2018	2019	2020	2021	2022-01-06
累积收益率（％）	330.66	0.68	73.98	48.96	55.03	6.53
年化收益率（％）	38.96	0.70	76.41	50.56	56.84	16.46
最大回撤比率（％）	18.34	11.09	10.38	13.55	9.85	7.35
最大回撤时间	2020-11-25 至 2021-02-08	2018-05-22 至 2018-10-18	2019-04-19 至 2019-05-06	2020-11-25 至 2020-12-24	2021-01-06 至 2021-02-08	2022-03-02 至 2022-03-15
收益率标准差（％）	14.91	11.28	15.99	17.96	12.37	17.02
夏普比率	2.61	0.06	4.78	2.82	4.60	0.97

双低 TOP 10 的日收益率如下图所示。

第 6 章 折中策略：双低轮动策略

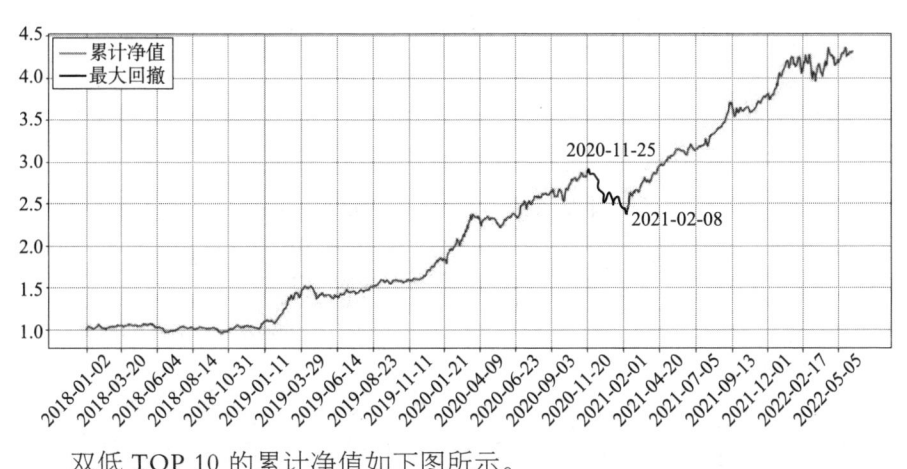

双低 TOP 10 的累计净值如下图所示。

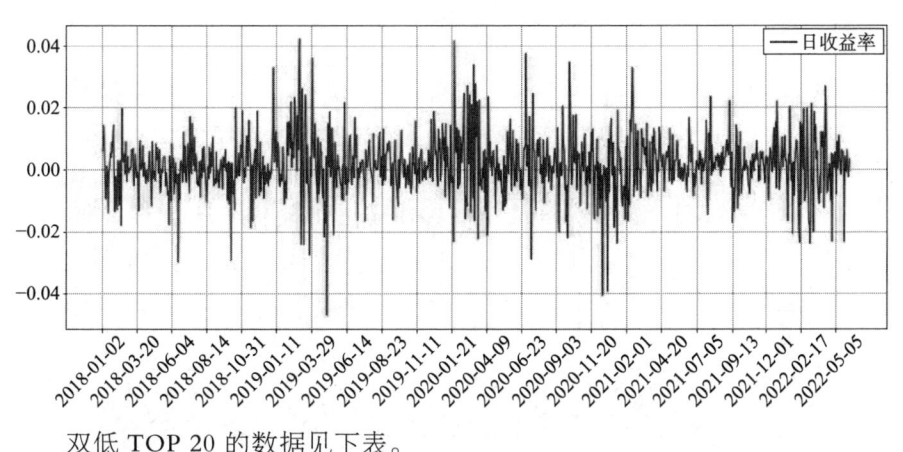

双低 TOP 20 的数据见下表。

年　份	2018—2022	2018	2019	2020	2021	2022-01-06
累积收益率（%）	323.62	2.40	66.20	48.09	55.56	7.65
年化收益率（%）	38.44	2.49	68.37	49.66	57.38	19.29
最大回撤比率（%）	14.03	11.42	10.69	8.98	9.23	7.15
最大回撤时间	2020-12-08 至 2021-02-08	2018-05-22 至 2018-10-18	2019-04-19 至 2019-05-06	2020-12-08 至 2020-12-24	2021-01-04 至 021-02-08	2022-03-02 至 2022-03-15
收益率标准差（%）	13.70	10.32	14.66	16.41	11.49	15.76
夏普比率	2.81	0.24	4.67	3.03	5.00	1.22

双低 TOP 20 的累计净值如下图所示。

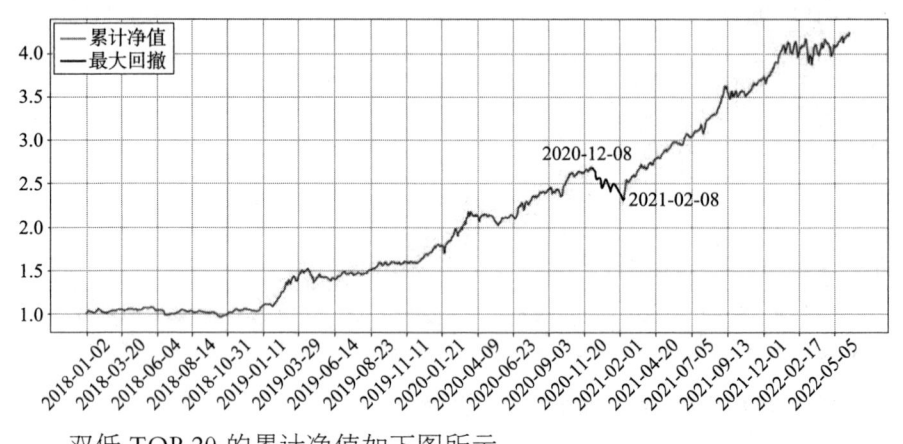

双低 TOP 20 的累计净值如下图所示。

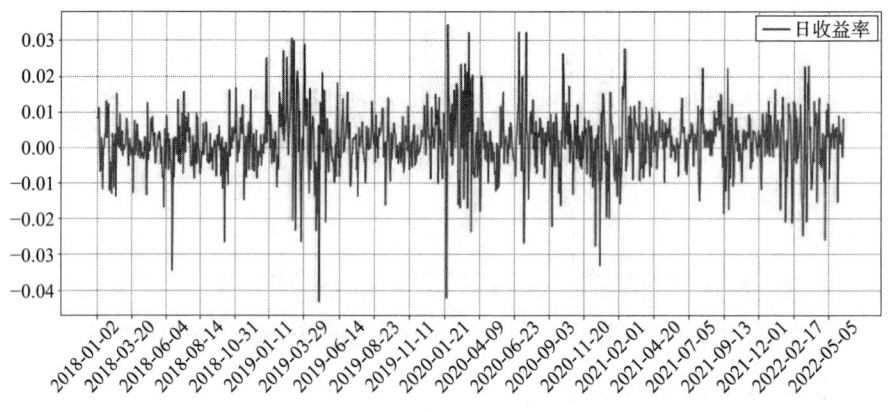

可以看到，取不同参数的前几名排序产生了不同的策略收益，经过回测发现取指标排序前五名、前十名和前二十名差距不大，在 2018 年 1 月 2 日至 2022 年 6 月 6 日的回测区间内均产生了 447.89%、330.66%、323.62% 的正向收益。

再结合最大回撤和波动率情况来看，长期夏普比率最高的参数为取双低排序的前五名。而就近期半年的情况观察双低排名前二十的策略有较高的收益和较低的回撤。长期和短期最优参数则表现不一致，后续可以考虑以移动窗口的方式优化，尽量选择长短期均表现平稳的参数。总体而言，三个参数的表现都比较平稳，产生最大回撤的时间相近，可根据自己的资金情况选择适合的参数进行分散化投资。

第 7 章

进取型策略：低溢价率策略

7.1 什么是溢价率，如何利用它获益

溢价率是指转股溢价率，它是衡量股性的主要指标，即股性因子。

我们知道可转债有一个转股价格，每张可转债按照面值除以转股价格得出转股的数量，之后乘以现在的正股价格得到转股价值。这表明可转债的转股价值就是可转债转换成股票的价值。计算公式为：

可转债的转股价值＝可转债的正股价格÷可转债的转股价×100（元）

其中，转股价在发行后，一般情况下是不变的，除非下修或分红配股等。通过上面的公式，可以看出转股能获得很好的收益，需要正股价格高，转股价低，这样转股价值就越大，转股收益就越大，反之亦然。

转股溢价率＝可转债现价÷转股价值－1＝（可转债现价－
转股价值）÷转股价值×100%

若溢价率为正数，说明转债价格高于转股价值。此时，投资者持有可转债更为划算。

弱溢价率为负数，也称为折价，说明转债价格比转股价值要低。此时，换成股票会更划算。正股投资者可以通过关注其可转债，在溢价率为负时，投资者买入转债转股，同时卖出正股来降低正股的成本。

以国贸转债为例，其转股价为 6.72 元，每一张可转债可转换成 100÷6.72＝14.88 股的厦门国贸股票。2021 年 10 月 20 日，厦门国贸的收盘价为 7.47 元，那么，可以得到转债转股后的价值为（100÷6.72）×7.47＝111.160 7（元）。2021 年 11 月 4 日国贸转债的收盘价为 104.613 元，比转股价值低了一点，这时转债相对于正股时的折价率为（104.613÷111.160 7）－1≈－0.06%。

这时，如果投资者看好这只股票并想要持有，同样的钱投资这只国贸转债比投资股票划算，因为同一个标的归于转债项是相对低估的。可以利用这一特性根据溢价率排序进行可转债优选的策略。

通常情况下，高价债的溢价率低，此时，可转债价格与正股关联较强。低价债一般溢价率较高，此时，可转债价格与正股价格关联较弱，溢价率超过 20%，可转债股性就很弱了。

若溢价率为负数，则被称为折价，代表转股后套利有收益，所以，它越小越好。低溢价率策略是股性投资的典型策略，一般是面向价格较高的转债。

7.2 什么是低溢价率策略

低溢价率策略的轮动因子是"转股溢价率",而且选择最低的进行排序。

比如,要测试2021年第3季度的低溢价率策略中,前十可转债的收益情况,如果按月调仓,每月8日为调仓日,假如遇到节假日就提前一个交易日调仓。第3季度对应的日期是2021年7月8日、2021年8月6日、2021年9月8日几个调仓日,2021年10月8日是整3个月到期时间点。那么,在2021年7月8日将市场上所有可转债的转股溢价率从低到高排序,挑选前 N 名(这里举例用 $N=10$)的可转债组成组合,等金额比例买入。等到2021年8月6日、2021年9月8日调仓日这天,重新将市场上所有可转债的转股溢价率从低到高排序,挑选前十名的可转债。这时,上个月买入的可转债如果不在前十,则需调出,即便不调出,按照等金额比例分配原则,组合内每个可转债的数量可能会随之调整。

以上就是可转债"轮动",因此,可转债低溢价率轮动策略的唯一因子是"转股溢价率"。

7.3 低溢价率策略简单回测演示

1. 计算第3季度业绩比较基准

为了回测策略,在宁稳网下载4个月度调仓日的可转债收盘数据,这里下载了2021年7月8日、2021年8月6日、2021年9月8日的数据。

首先,计算每只可转债在2021年7月8日至8月6日涨跌幅,然后取平均值,得到6.59%。

其次,计算每只可转债在2021年8月6日至9月8日涨跌幅,然后取平均值,得到7.24%。

最后,计算每只可转债在2021年9月8日至10月8日涨跌幅,然后取平均值,得到-4.52%,并计算累计收益率,得出结果9.14%,见下表。

2021 年第 3 季度可转债策略 PK（月调仓）				
所有可转债	0708-0806	0806-0908	0908-1008	累计收益率
平均收益率（%）	6.59	7.24	−4.52	9.14

上述结果将用来做业绩基准比较策略是否有意义。

2. 计算低溢价率策略 2021 年第 3 季度收益率

第一步：对 2021 年 7 月 8 日的可转债数据，选择"转股溢价率"列，进行升序排列。选出 2021 年 7 月 8 日转股溢价率最低的 11 只转债分别是：华自转债、中钢转债、星源转 2、九洲转 2、维格转债、光华转债、新凤转债、鸿路转债、星宇转债、新春转债、永安转债。

其中，星宇转债在 2021 年 8 月 2 日完成了强赎，策略规避强赎转债，向下选择"永安转债"替代。选出的十只可转债在当月的平均涨幅为 49.43%，远远跑赢了所有可转债在当月的平均涨跌幅 6.59%。

第二步：2021 年 8 月 6 日至 9 月 8 日，选出的 2021 年 8 月 6 日转股溢价率最低的十名转债分别是：华自转债、中钢转债、林洋转债、彤程转债、一品转债、鸿达转债、九洲转 2、斯莱转债、星帅转债、寿仙转债。

这些转债在这一个月的平均涨幅为 16.2%，也跑赢了所有可转债在这一个月的平均涨跌幅 7.24%。

第三步：2021 年 9 月 8 日至 10 月 8 日，选出的 2021 年 9 月 8 日转股溢价率最低的 14 名转债分别是：华自转债、中钢转债、运达转债、晶科转债、蒙电转债、三祥转债、国贸转债、嘉泽转债、台华转债、长城转债、本港转债、永冠转债、九洲转债、鸿达转债。

其中，运达转债、三祥转债、永冠转债、九洲转债均在期间完成强赎，策略会规避这几只强赎转债（具体操作时，在满足强赎条件或者强赎公告发布之时调出），在策略回测时向下选择其他的转债替代（此处回测简单处理了强赎转债，与实际情况会有差异）。这些转债在这一个月的平均涨幅为 −6.93%，跑输了所有可转债在这一个月的平均涨跌幅 −4.52%。

计算累计收益率，得出结果 61.60%，见下表。

2021 年第 3 季度可转债策略 PK（月调仓）				
低溢价率前十	0708-0806	0806-0908	0908-1008	累计收益率
平均收益率（%）	49.43	16.20	−6.93	61.60

结论：2021 年 7 月 8 日至 10 月 8 日，每次选择排名前十的税前回售收

益率的可转债，按月调仓轮动，获得 61.60% 的累计收益。

3. 小　结

从 2021 年第 3 季度来看，可转债低溢价率策略非常有意义。因为这个策略 61.60% 的收益率在 2021 年第 3 季度跑赢了所有可转债平均收益率 9.14%。

2021 年第 3 季度可转债策略 PK（月调仓）				
所有可转债	0708-0806	0806-0908	0908-1008	累计收益率
平均收益率（%）	6.59	7.24	−4.52	9.14
低溢价率前十	0708-0806	0806-0908	0908-1008	累计收益率
平均收益率（%）	49.43	16.20	−6.93	61.60

如果要做按周调仓，那么需下载每周 N 的数据进行回测，同样的回测时间区间，数据量就会翻四倍，所以，回测是个需要耐心的过程。如果你想比较每周 N 天的收益、回撤等数据，那么回测工作量继续翻五倍。

7.4　低溢价率策略的中长期回测思路

对于有编程基础的投资者，可以做更长期的回测，这里以低溢价率策略为例，给大家演示从粗到细的回测结果。

1. 做按周调仓一次的回测

下面是根据可转债低溢价率进行排名，排名靠前的五只，排名在低溢价率排序十名以外的可转债调出，每周五进行换仓的历史表现情况进行一个模拟回测，表现如下，如下图所示。

- 回测区间：2020 年 1 月 3 日至 2021 年 9 月 30 日。
- 调仓节点：每周五。
- 买入规则：挑选溢价率最低的前五名且未发布强赎公告的可转债。
- 卖出规则：溢价率排第十以后，或者发布强赎公告。
- 回测收益：331.24%。
- 最大回撤：9.69%。
- 最大回撤时间：2021 年 9 月 10 日至 17 日。

2. 在以上策略的基础上加一个价格低于 170 元的阈值作为约束条件进行优化

得到如下结果。

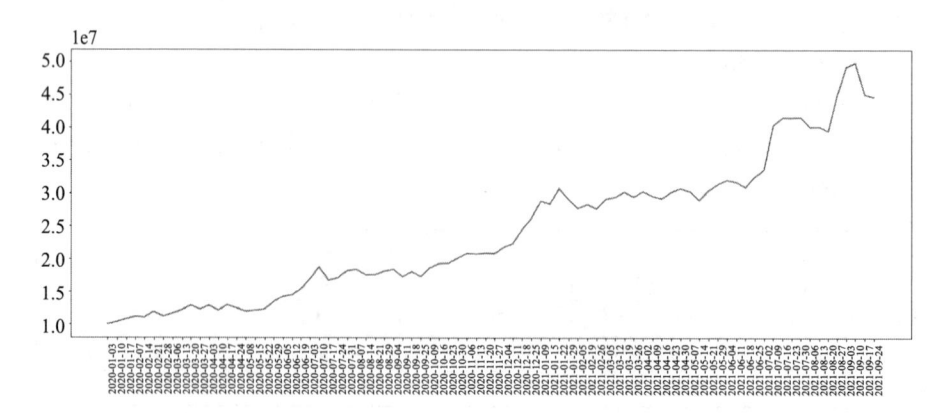

- 回测时间：2020 年 1 月 3 日至 2021 年 9 月 30 日。
- 回测收益：累计收益率高达 486.76%，提高了 150%。
- 最大回撤：8.28%，明显降低了近 1.5%，说明阈值这个条件是有效的。
- 最大回撤时间：2021 年 1 月 8 日至 2021 年 2 月 5 日。

根据折价率策略的净值走势情况如下图所示。

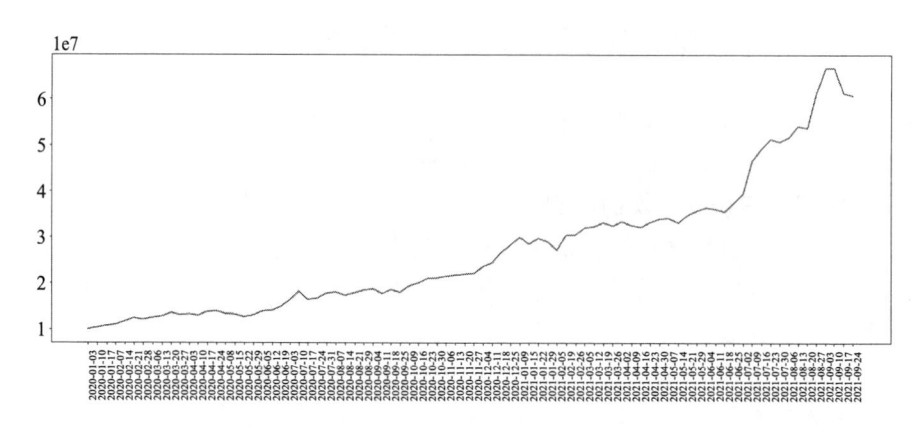

从上图中可以看到，通过增加一个价格限制条件即可达到提高交易收益率降低回测的效果。

3. 如果减少调仓周期，每周调 2 次仓

- 回测时间：2020 年 1 月 3 日至 9 月 30 日。
- 回测收益：666.64%。
- 最大回撤：7.881 7%。
- 最大回撤时间：2021 年 9 月 15 日至 17 日。

从上图中可以看出，通过增加调仓时间缩短调仓周期，也能达到提高

交易收益率降低回测的效果且非常明显。

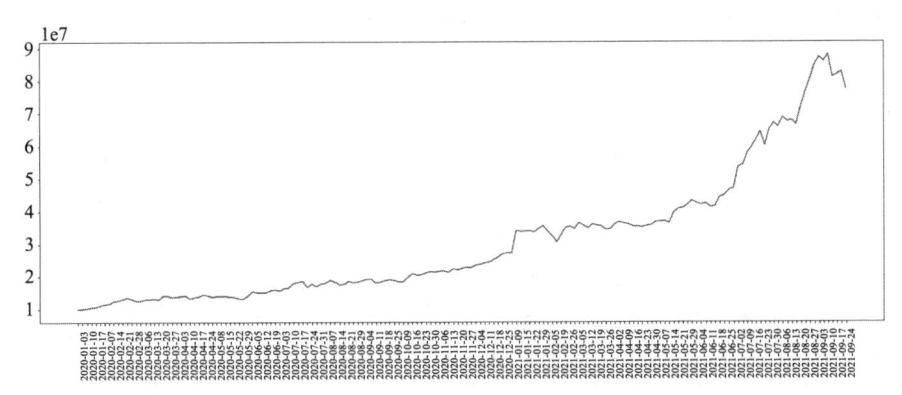

看到这里，有人会觉得这个策略还不错，可以实践一下。那么，我们可以贴上中证转债指数在该区间对应的表现进行对比，如下图所示。

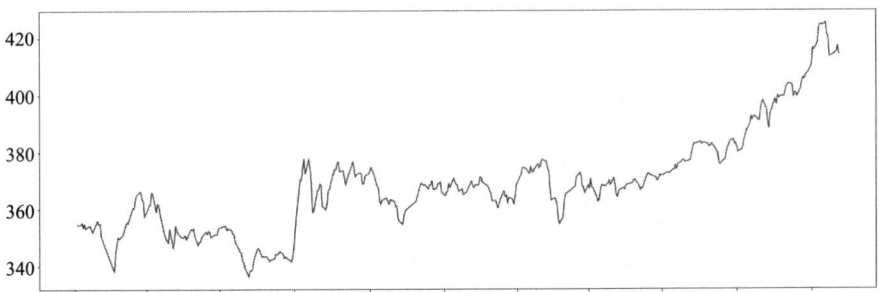

结论：可以看到中证转债在该区间整体也是上涨的，如果持有这个指数也是可以获得一个不错的收益。而我们使用折价率的筛选指标创造了比基准更多的超额收益。这个策略除了获得一部分相对于正股的折价收益外，更多获益于正股的整体上涨，同样，如果正股下跌，该策略可能会损失折价收益的同时，还受到正股下跌的影响，这就是我们常说的盈亏同源。

7.5 低溢价率策略的中长期回测结果

可转债的折价策略逻辑比较简单清晰，选择按照溢价率排序从低到高排序的前五名转债构建投资组合，按照溢价率进行排序的主要目的是想获得转债相对于正股的折价部分收益。通过观察发现单纯折价的转债占总转债的占比较少，有时甚至不到1/10。这和转债本身的属性有关，除了相对于正股的折溢价外，它还涵盖债券属性、期权属性。如果折价，套利投资者也可能会缩小这些折价。所以，我们的策略会选取按溢价率排序的前五名进行，并且整个转债回测策略均剔除了发布强制赎回公告的转债。

在进行溢价排序的同时进行了价格方面参数的限制比较，主观上认为高价转债的风险更大，回测区间为2018年1月1日至2022年6月6日。下面为各策略参数的月度收益表现。

低溢价率策略的月度统计见下表。

低溢价率策略 TOP 5	价格<130元	价格<150元	价格<170元	不控制价格
(2018，1)	0.34%	0.48%	0.48%	0.48%
(2018，2)	1.37%	2.18%	2.18%	2.18%
(2018，3)	7.22%	4.92%	4.92%	4.92%
(2018，4)	−1.23%	2.80%	1.67%	1.67%
(2018，5)	0.36%	1.68%	2.63%	7.77%
(2018，6)	0.59%	0.94%	1.31%	1.34%
(2018，7)	−0.95%	1.85%	−1.21%	−6.05%
(2018，8)	0.70%	−1.93%	−2.05%	−2.09%
(2018，9)	0.89%	−1.97%	−1.93%	−1.97%
(2018，10)	−1.45%	−2.57%	−2.53%	−2.53%
(2018，11)	5.17%	1.41%	1.49%	1.48%
(2018，12)	−1.88%	−2.09%	−1.96%	−2.01%
(2019，1)	10.12%	11.95%	11.86%	11.85%
(2019，2)	17.04%	20.23%	33.68%	32.29%
(2019，3)	8.26%	6.92%	7.11%	3.18%
(2019，4)	0.65%	−3.25%	−6.81%	2.84%
(2019，5)	−0.43%	−1.63%	−0.05%	−3.54%
(2019，6)	9.42%	8.59%	12.80%	14.09%
(2019，7)	1.99%	2.52%	1.02%	0.93%
(2019，8)	14.16%	11.81%	12.19%	12.25%
(2019，9)	0.75%	0.27%	0.30%	2.13%
(2019，10)	6.78%	3.70%	3.66%	3.66%
(2019，11)	9.93%	6.41%	3.88%	3.80%

第7章 进取型策略：低溢价率策略

续上表

低溢价率策略 TOP 5	价格<130元	价格<150元	价格<170元	不控制价格
（2019，12）	10.96%	15.55%	15.15%	15.98%
（2020，1）	11.04%	16.37%	23.29%	19.48%
（2020，2）	12.13%	29.61%	17.75%	20.08%
（2020，3）	8.88%	2.78%	11.61%	23.17%
（2020，4）	2.74%	1.02%	0.64%	−7.39%
（2020，5）	−2.65%	−2.78%	−5.19%	6.12%
（2020，6）	6.35%	8.49%	9.49%	13.59%
（2020，7）	11.70%	9.76%	11.15%	14.29%
（2020，8）	−0.90%	6.30%	1.50%	5.71%
（2020，9）	−3.53%	−9.39%	−6.36%	−0.72%
（2020，10）	8.95%	21.38%	23.90%	22.57%
（2020，11）	−2.59%	4.06%	5.95%	4.28%
（2020，12）	2.19%	7.73%	11.07%	36.63%
（2021，1）	−1.31%	−4.39%	−5.70%	14.04%
（2021，2）	−1.59%	0.50%	0.55%	3.44%
（2021，3）	3.40%	2.04%	6.77%	4.52%
（2021，4）	1.40%	−0.29%	−1.31%	1.55%
（2021，5）	7.40%	18.90%	20.18%	12.45%
（2021，6）	−2.46%	6.53%	7.57%	8.04%
（2021，7）	10.06%	21.96%	37.66%	25.67%
（2021，8）	21.41%	13.84%	18.18%	22.20%
（2021，9）	6.08%	−5.89%	1.22%	−7.38%
（2021，10）	2.35%	−6.14%	−0.43%	2.39%
（2021，11）	8.46%	15.01%	39.09%	20.15%
（2021，12）	7.71%	−2.84%	2.35%	−6.46%
（2022，1）	0.93%	−9.47%	−8.93%	−1.92%
（2022，2）	3.99%	5.51%	2.36%	−4.69%
（2022，3）	−5.19%	−11.43%	−6.61%	−0.89%
（2022，4）	−2.98%	−11.19%	9.43%	5.37%
（2022，5）	−0.16%	1.63%	11.13%	13.23%
（2022，6）	0.72%	−0.41%	2.92%	4.25%

153

低溢价率策略（TOP 5 价格<130 元）的累计净值走势如下图所示。

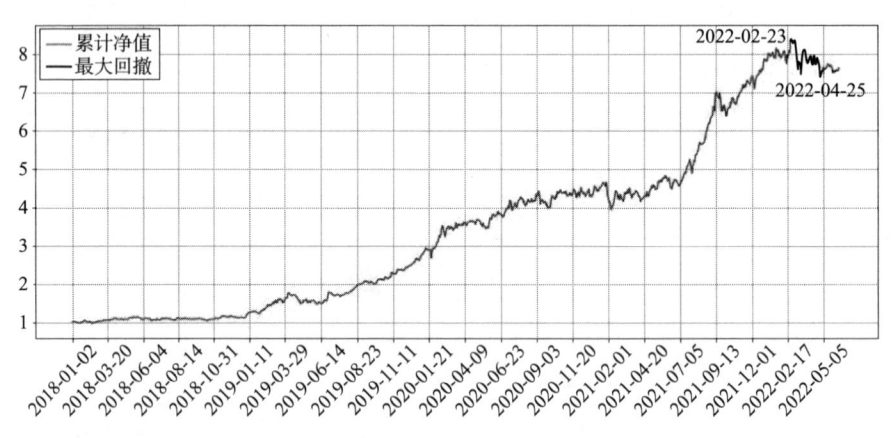

低溢价率策略（TOP 5 价格<130 元）的日收益率如下图所示。

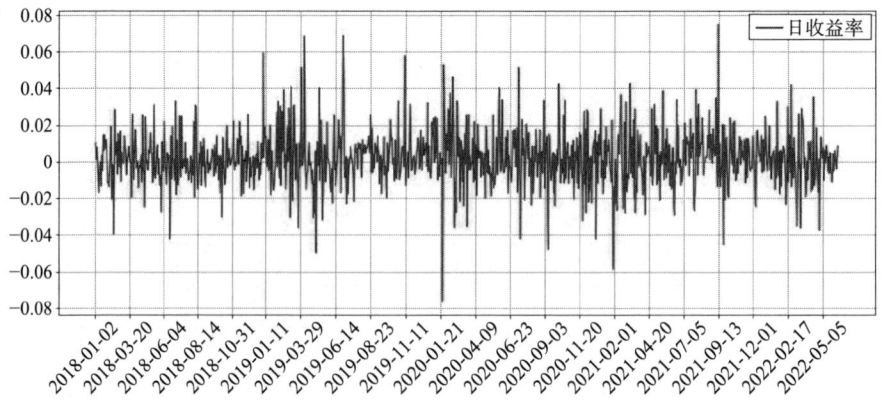

低溢价率策略（TOP 5 价格<130 元）的年度区间收益统计见下表。

年 份	2018—2022	2018	2019	2020	2021	2022-01-06
累积收益率（%）	662.68	11.29	131.46	67.02	80.77	-2.91
年化收益率（%）	58.05	11.70	135.77	69.21	83.42	-7.34
最大回撤比率（%）	11.55	9.50	16.26	9.83	15.20	11.55
最大回撤时间	2022-02-23 至 2022-04-25	2018-05-15 至 2018-10-18	2019-04-09 至 2019-06-06	2020-09-08 至 2020-09-28	2021-01-27 至 2021-02-05	2022-02-23 至 2022-04-25
收益率标准差（%）	24.05	18.41	25.26	26.90	25.11	22.68
夏普比率	2.414	0.64	5.37	2.57	3.32	-0.32

第 7 章 进取型策略：低溢价率策略

低溢价率策略（TOP 5 价格 <150 元）的累计净值如下图所示。

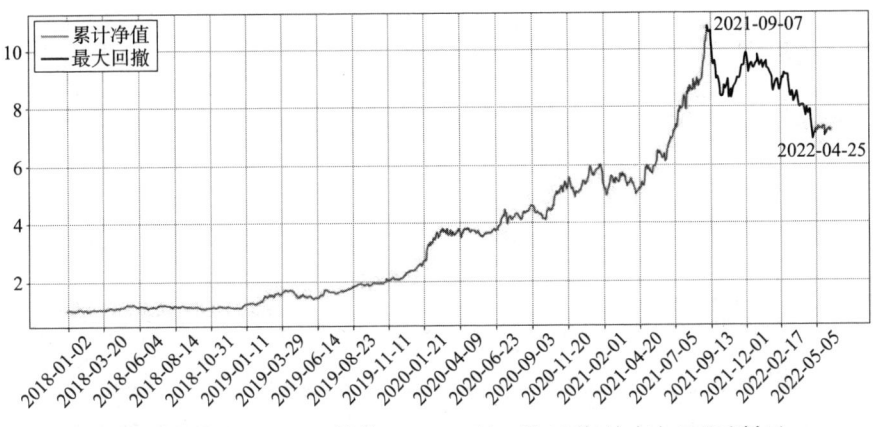

低溢价率策略（TOP 5 价格 <150 元）的日收益率如下图所示。

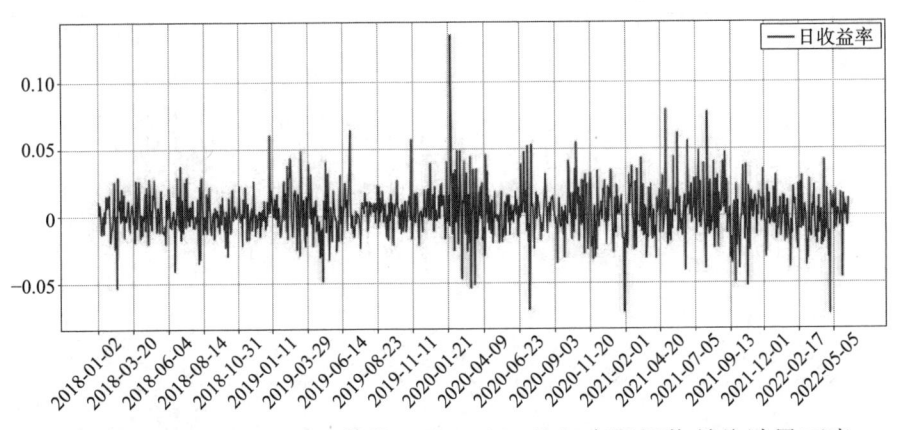

低溢价率策略（TOP 5 价格 <150 元）的年度区间收益统计见下表。

年　份	2018—2022	2018	2019	2020	2021	2022-01-06
累积收益率（%）	619.45	7.63	115.79	137.57	69.71	−23.95
年化收益率（%）	55.99	7.92	119.59	142.08	71.99	−60.35
最大回撤比率（%）	36.18	13.61	18.43	12.03	23.01	28.25
最大回撤时间	2021-09-07 至 2022-04-25	2018-05-22 至 2018-10-18	2019-04-17 至 2019-06-06	2020-11-24 至 2020-12-04	2021-09-07 至 2021-10-28	2022-01-04 至 2022-04-25
收益率标准差（%）	28.58	20.89	25.22	33.45	32.81	27.35
夏普比率	1.959	0.38	4.74	4.25	2.19	−2.21

低溢价率策略（TOP 5 价格 <170 元）的累计净值如下图所示。

低溢价率策略（TOP 5 价格 <170 元）的日收益率如下图所示。

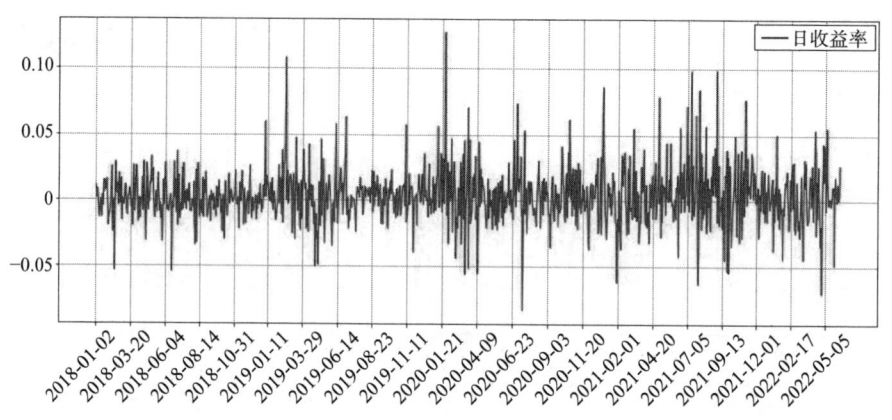

低溢价率策略（TOP 5 价格 <170 元）的年度区间收益统计见下表。

年　　份	2018—2022	2018	2019	2020	2021	2022-01-06
累积收益率（%）	2 029.33	4.81	134.71	160.76	201.50	8.96
年化收益率（%）	99.19	4.99	139.13	166.03	208.10	22.59
最大回撤比率（%）	20.55	16.15	18.69	11.65	14.62	20.55
最大回撤时间	2022-01-12 至 2022-03-15	2018-05-22 至 2018-10-18	2019-04-19 至 2019-06-06	2020-07-13 至 2020-07-17	2021-09-07 至 2021-10-14	2022-01-12 至 2022-03-15
收益率标准差（%）	32.63	21.80	28.88	36.39	39.27	35.02
夏普比率	3.04	0.23	4.82	4.56	5.30	0.65

第7章 进取型策略：低溢价率策略

低溢价率策略（TOP 5 价格不控制）的累计净值如下图所示。

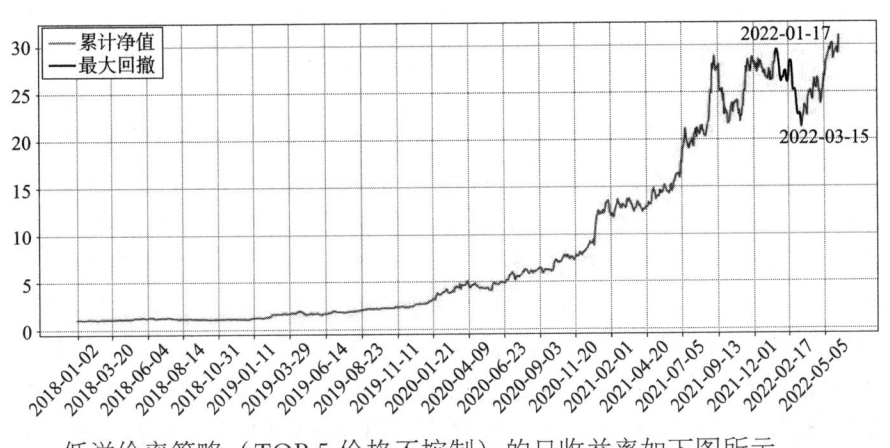

低溢价率策略（TOP 5 价格不控制）的日收益率如下图所示。

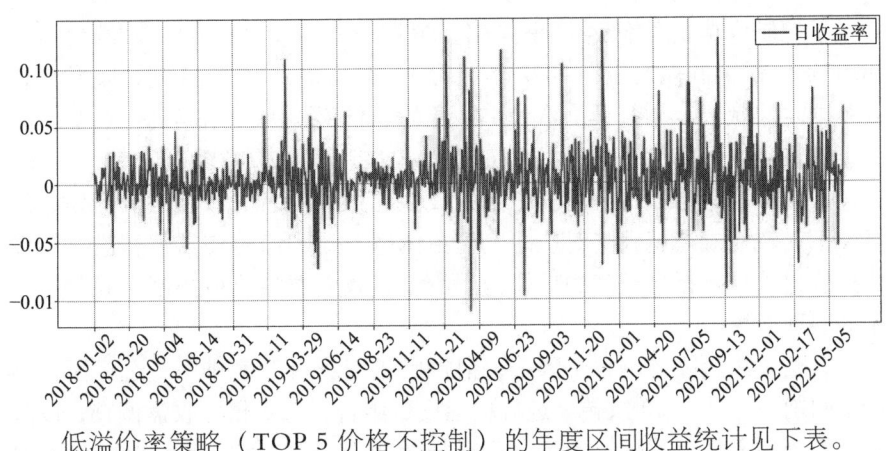

低溢价率策略（TOP 5 价格不控制）的年度区间收益统计见下表。

年　　份	2018—2022	2018	2019	2020	2021	2022-01-06
累积收益率（％）	2 992.09	4.53	146.89	313.29	148.99	15.23
年化收益率（％）	99.19	4.70	151.71	323.56	153.87	38.37
最大回撤比率（％）	28.09	19.10	22.71	19.33	24.88	28.09
最大回撤时间	2022-01-17 至 2022-03-15	2018-06-08 至 2018-10-18	2019-04-22 至 2019-06-06	2020-04-07 至 2020-05-28	2021-09-07 至 2021-10-14	2022-01-17 至 2022-03-15
收益率标准差（％）	39.02	23.41	31.82	48.26	45.31	42.81
夏普比率	2.99	0.20	4.77	6.70	3.40	0.90

通过上面不同价格参数限制下的溢价率策略对比表现可以看到，随着价格参数限制的放开，策略的总体净值表现不断地上涨，与我们之前认为的限制高价转债，限制了高风险的同时也降低了收益。所以，再一次证明了高风险高收益这一市场常态。

策略的具体表现如下：价格低于130元的纯低溢价率策略在回测区间的累积收益为662.68%，最大回撤为11.55%，最大回撤发生在2022年2月23日至4月25日区间，说明近期该策略出现了明显的回撤而且没有缓解。价格低于150元的纯低溢价率策略在回测区间的累积收益为619.45%，最大回撤为36.18%，最大回撤发生在2021年9月7日至2022年4月25日区间，回撤周期长达半年之多，波动情况也较大。价格低于170元的纯低溢价率策略在回测区间的累积收益为2 029.33%，最大回撤为20.55%，且发生在2022年1月12日至3月15日区间，收益率有了显著提升，回撤控制也较好。

不控制价格的纯低溢价率策略，累积收益为2 992.09%，最大回撤28.09%，最大回撤发生在2022年1月17日至3月15日区间，收益率较高，同时回撤幅度相对于价格为170元的纯低溢价率策略略高。在此基础上可以看到溢价率因子获得超额正收益，在不同的价格限制下表现不同。单纯的溢价率策略能否有更加稳定的收益回报呢？首先，在溢价率为负的情况下，转债规模越大其对应的发行主体越有动力以促使转债转股，转债的折价也才具有相当程度的吸引力。所以，我们摒除价格控制来看单纯因子的表现效果。

策略采用转股溢价率主因子，根据因子值进行升序排序，选择因子值最小的前10、20、30只转债进行构建投资组合，每日根据收盘调仓，以收盘价作为净值计算依据。回测区间同样为2018年1月1日至2022年6月6日。

转股溢价率策略不控制价格月度收益统计（2018年1月1日至2022年6月6日），见下表。

转股溢价率策略不控制价格	TOP 10	TOP 20	TOP 30
（2018，1）	0.75%	2.76%	2.58%
（2018，2）	－0.32%	－0.24%	－0.28%
（2018，3）	1.76%	0.60%	1.51%
（2018，4）	0.85%	0.30%	－0.60%

第 7 章　进取型策略：低溢价率策略

续上表

转股溢价率策略不控制价格	TOP 10	TOP 20	TOP 30
(2018，5)	2.85%	−0.29%	−0.31%
(2018，6)	−0.17%	−2.03%	−3.71%
(2018，7)	−2.30%	0.84%	0.46%
(2018，8)	−1.05%	−0.59%	−1.15%
(2018，9)	−0.05%	−0.37%	−0.50%
(2018，10)	−3.26%	−1.91%	−2.00%
(2018，11)	2.06%	2.00%	2.14%
(2018，12)	−1.71%	−1.74%	−1.48%
(2019，1)	7.15%	5.25%	4.62%
(2019，2)	24.34%	19.39%	17.06%
(2019，3)	9.53%	8.23%	5.63%
(2019，4)	−1.48%	0.40%	−1.37%
(2019，5)	−1.18%	−0.52%	−1.15%
(2019，6)	6.77%	6.03%	3.42%
(2019，7)	0.51%	−0.61%	−0.35%
(2019，8)	7.22%	5.42%	4.46%
(2019，9)	−0.96%	0.61%	0.05%
(2019，10)	5.81%	3.30%	1.13%
(2019，11)	1.50%	1.53%	0.17%
(2019，12)	15.02%	12.36%	9.99%
(2020，1)	18.33%	13.63%	10.50%
(2020，2)	18.35%	17.80%	9.07%
(2020，3)	13.43%	11.50%	6.24%
(2020，4)	2.00%	8.03%	4.30%
(2020，5)	3.66%	2.87%	−0.95%
(2020，6)	16.42%	14.96%	13.25%
(2020，7)	18.25%	19.71%	18.90%
(2020，8)	4.39%	4.25%	3.48%
(2020，9)	−6.12%	−9.66%	−6.83%
(2020，10)	20.79%	14.48%	12.71%
(2020，11)	3.63%	4.41%	3.30%

续上表

转股溢价率策略不控制价格	TOP 10	TOP 20	TOP 30
(2020, 12)	22.67%	16.75%	15.28%
(2021, 1)	9.46%	4.16%	6.55%
(2021, 2)	3.15%	3.31%	3.00%
(2021, 3)	1.07%	2.21%	2.49%
(2021, 4)	6.50%	6.77%	7.15%
(2021, 5)	10.53%	8.16%	7.73%
(2021, 6)	4.63%	5.95%	8.08%
(2021, 7)	30.23%	20.75%	21.63%
(2021, 8)	22.59%	19.75%	16.20%
(2021, 9)	−6.65%	−4.34%	−1.36%
(2021, 10)	3.45%	5.67%	4.27%
(2021, 11)	27.59%	23.75%	18.91%
(2021, 12)	−3.05%	−2.90%	−0.86%
(2022, 1)	−7.94%	−8.76%	−8.46%
(2022, 2)	1.00%	6.35%	7.27%
(2022, 3)	−2.03%	−4.93%	−4.51%
(2022, 4)	−2.08%	−7.96%	−8.05%
(2022, 5)	11.27%	11.01%	8.18%
(2022, 6)	6.78%	4.64%	4.10%

低溢价率策略（TOP 10 价格不控制）的累计净值（2018 年 1 月 1 日至 2022 年 6 月 6 日），如下图所示。

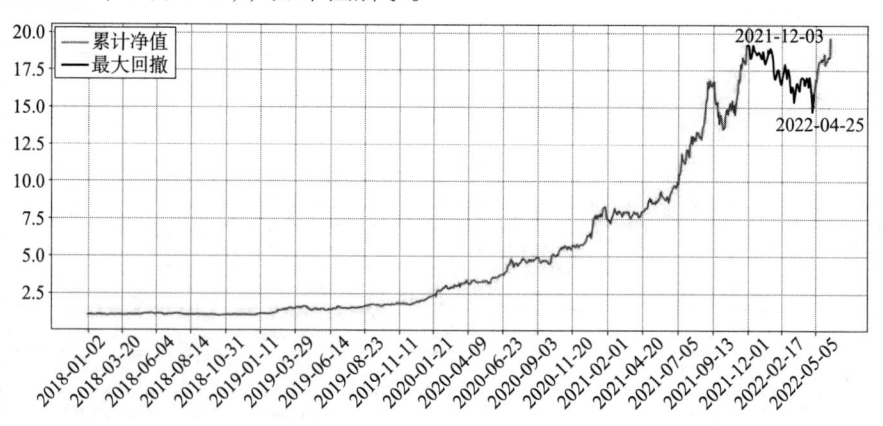

低溢价率策略（TOP 10 价格不控制）的日收益率（2018 年 1 月 1 日至 2022 年 6 月 6 日），如下图所示。

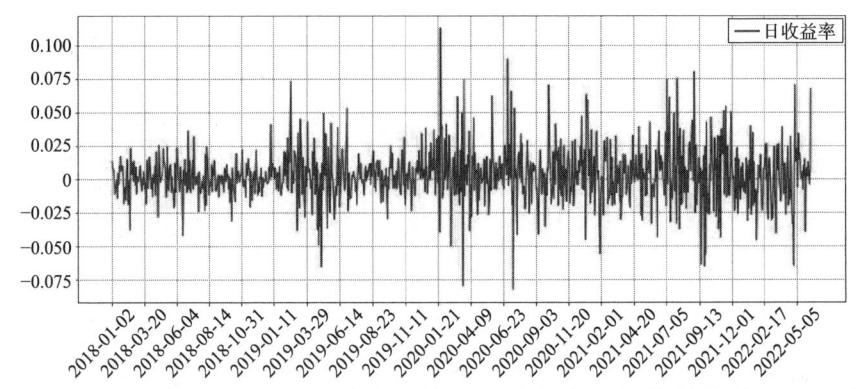

低溢价率策略（TOP 10 价格不控制）的年度区间收益统计（2018 年 1 月 1 日至 2022 年 6 月 6 日），见下表。

年　　份	2018—2022	2018	2019	2020	2021	2022-01-06
累积收益率（%）	1 862.29	−0.77	98.30	247.95	168.11	5.98
年化收益率（%）	95.56	−0.80	101.52	256.08	173.62	15.06
最大回撤比率（%）	23.31	15.23	17.59	11.28	19.78	22.48
最大回撤时间	2021-12-03 至 2022-04-25	2018-05-22 至 2018-10-18	2019-04-22 至 2019-06-06	2020-07-13 至 2020-07-17	2021-09-07 至 2021-10-13	2022-01-17 至 2022-04-25
收益率标准差（%）	31.21	17.80	26.63	37.13	36.92	34.97
夏普比率	3.06	−0.04	3.81	6.90	4.70	0.43

低溢价率策略（TOP 20 价格不控制）的累计净值走势（2018 年 1 月 1 日至 2022 年 6 月 6 日），如下图所示。

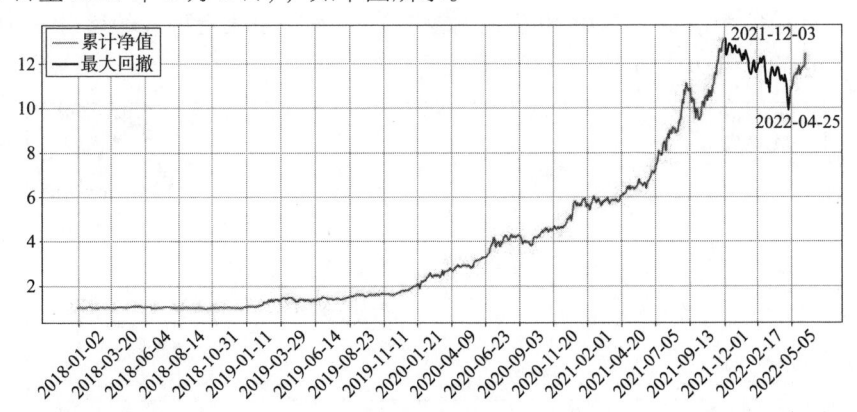

低溢价率策略（TOP 20 价格不控制）的日收益率（2018 年 1 月 1 日至 2022 年 6 月 6 日），如下图所示。

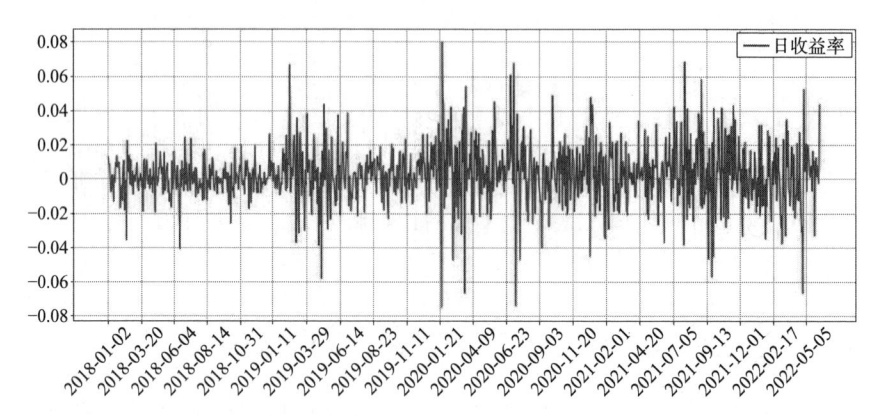

低溢价率策略（TOP 20 价格不控制）的年度区间收益统计（2018 年 1 月 1 日至 2022 年 6 月 6 日），见下表。

年 份	2018—2022	2018	2019	2020	2021	2022-01-06
累积收益率（％）	1 141.76	-0.78	78.86	199.98	136.39	-1.36
年化收益率（％）	76.40	-0.81	81.45	206.54	140.86	-3.43
最大回撤比率（％）	24.74	12.49	12.82	11.97	14.88	21.81
最大回撤时间	2021-12-03 至 2022-04-25	2018-05-22 至 2018-10-18	2019-04-22 至 2019-05-06	2020-08-18 至 2020-09-28	2021-09-07 至 2021-10-13	2022-01-04 至 2022-04-25
收益率标准差（％）	26.36	14.32	22.71	32.57	29.60	30.47
夏普比率	2.898	-0.06	3.59	6.34	4.76	-0.11

低溢价率策略（TOP 30 价格不控制）的累计净值走势（2018 年 1 月 1 日至 2022 年 6 月 6 日），如下图所示。

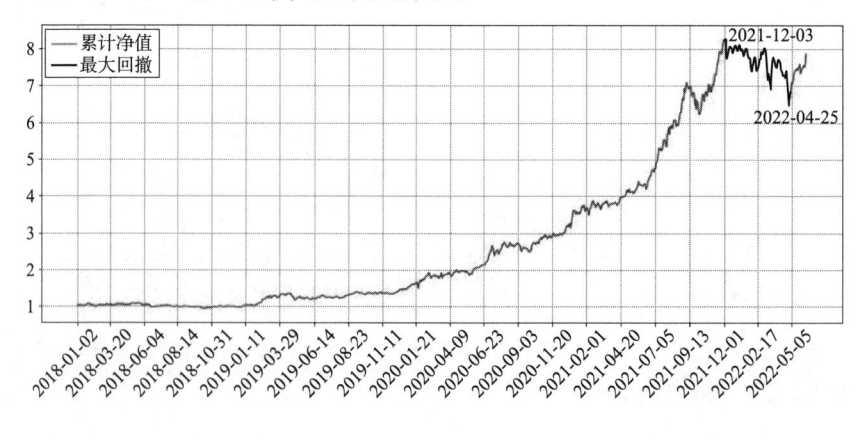

第 7 章 进取型策略：低溢价率策略

低溢价率策略（TOP 30 价格不控制）的日收益率（2018 年 1 月 1 日至 2022 年 6 月 6 日），如下图所示。

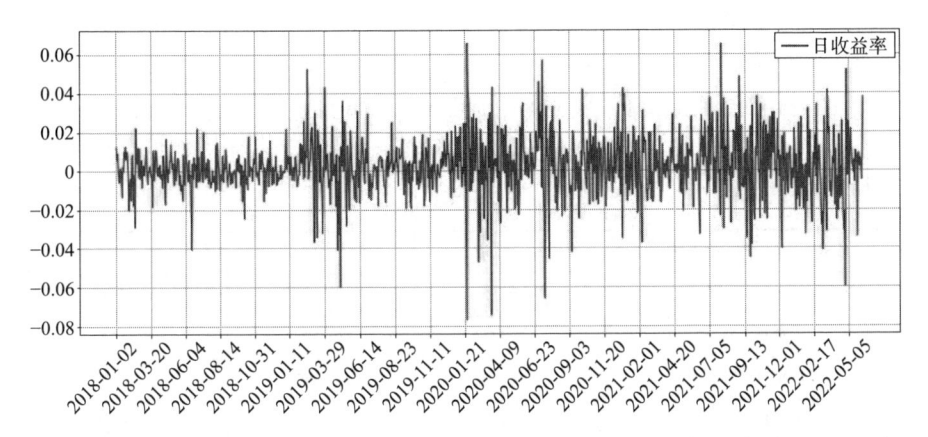

低溢价率策略（TOP 30 价格不控制）的年度区间收益统计（2018 年 1 月 1 日至 2022 年 6 月 6 日），见下表。

年 份	2018—2022	2018	2019	2020	2021	2022-01-06
累积收益率（%）	686.56	-3.46	51.52	130.45	140.49	-2.90
年化收益率（%）	59.16	-3.58	53.21	134.73	145.10	-7.30
最大回撤比率（%）	21.64	14.18	13.52	9.70	12.08	20.24
最大回撤时间	2021-12-03 至 2022-04-25	2018-05-22 至 2018-10-18	2019-04-22 至 2019-05-06	2020-08-06 至 2020-09-28	2021-09-07 至 2021-10-13	2022-01-04 至 2022-04-25
收益率标准差（%）	24.17	12.98	20.65	30.04	26.20	30.18
夏普比率	2.447	-0.276	2.577	4.485	5.538	-0.242

从整个回测时间段的收益率角度看（长期），转股溢价率不控制价格和不同数量的投资组合随着组合数量的增加，收益显示出递减的趋势。但评价策略的好坏及有效性是多维的，从上面的图表中可以分不同时间段来比较策略的有效性，如果单从最近半年的表现来看，溢价率×剩余规模价格不控制价格 TOP 5 的策略参数是近期的最优表现，获得了 15.23%。但是最大回撤比例高达 28%。虽然整体收益比较高但存在较高的不稳定性。

纵观整个溢价率策略，总体收益率表现平稳欠佳。一般情况下，虽然策略参数有过度优化的嫌疑，但在实际应用中我们还是会选择最优参数。在回测或是做参数寻优时，可以把测试的周期分段：一个测试集、一个验证集。以测试出最优参数在样本外的验证集的表现如何。

在上面的多策略参数测试中可以清晰地看出，每个时间段甚至每个月份的最优收益策略参数并不是一致的。因此，根据策略的表现和对市场的研判适时对策略参数进行调整。

我们再回测添加价格控制的不同策略组合表现。

转股溢价率策略 TOP 10 的分阶段控制价格（2018 年 1 月 1 日至 2022 年 6 月 6 日），见下表。

转股溢价率 TOP 10	价格 <130 元	价格 <150 元	价格 <170 元
(2018, 1)	0.83%	0.75%	0.75%
(2018, 2)	−1.14%	−0.32%	−0.32%
(2018, 3)	2.46%	1.76%	1.76%
(2018, 4)	−1.19%	1.44%	0.85%
(2018, 5)	−0.43%	−0.07%	0.47%
(2018, 6)	−1.17%	−0.92%	−0.25%
(2018, 7)	1.31%	1.94%	0.38%
(2018, 8)	0.74%	−0.77%	−1.07%
(2018, 9)	0.89%	−0.07%	−0.03%
(2018, 10)	−2.58%	−3.32%	−3.23%
(2018, 11)	4.15%	2.09%	2.02%
(2018, 12)	−1.21%	−1.64%	−1.68%
(2019, 1)	8.50%	7.18%	7.20%
(2019, 2)	13.16%	17.85%	25.01%
(2019, 3)	7.34%	9.87%	9.38%
(2019, 4)	−1.79%	−3.74%	−4.16%
(2019, 5)	−1.73%	0.66%	−0.77%
(2019, 6)	6.46%	5.05%	5.77%
(2019, 7)	3.39%	1.89%	0.25%
(2019, 8)	7.28%	6.80%	8.39%
(2019, 9)	0.50%	1.61%	1.34%
(2019, 10)	4.21%	5.80%	5.89%
(2019, 11)	5.10%	3.04%	1.00%
(2019, 12)	11.03%	17.24%	19.43%

第 7 章　进取型策略：低溢价率策略

续上表

转股溢价率 TOP 10	价格 <130 元	价格 <150 元	价格 <170 元
(2020, 1)	6.94%	13.50%	17.41%
(2020, 2)	9.05%	22.72%	20.82%
(2020, 3)	2.26%	−0.52%	2.73%
(2020, 4)	4.41%	4.42%	4.64%
(2020, 5)	−3.38%	−4.18%	−3.26%
(2020, 6)	6.68%	14.68%	12.07%
(2020, 7)	17.77%	12.66%	17.18%
(2020, 8)	−0.36%	2.94%	4.09%
(2020, 9)	−1.48%	−6.58%	−5.77%
(2020, 10)	12.47%	14.10%	14.55%
(2020, 11)	0.54%	5.28%	3.32%
(2020, 12)	−0.25%	3.75%	10.34%
(2021, 1)	−2.36%	−1.91%	−3.63%
(2021, 2)	1.91%	−0.69%	−0.22%
(2021, 3)	3.59%	0.35%	0.90%
(2021, 4)	3.86%	3.19%	2.17%
(2021, 5)	7.45%	13.98%	16.39%
(2021, 6)	0.05%	5.59%	1.23%
(2021, 7)	12.90%	19.54%	23.67%
(2021, 8)	16.77%	12.86%	13.62%
(2021, 9)	3.98%	0.26%	1.24%
(2021, 10)	0.12%	−1.00%	0.32%
(2021, 11)	8.24%	15.41%	25.61%
(2021, 12)	3.51%	−3.04%	0.72%
(2022, 1)	−0.53%	−5.12%	−8.77%
(2022, 2)	3.32%	4.92%	5.47%
(2022, 3)	−4.56%	−3.36%	−4.34%
(2022, 4)	−1.07%	−7.27%	−5.53%
(2022, 5)	1.28%	5.02%	8.06%
(2022, 6)	0.30%	0.60%	2.38%

转股溢价率 TOP10 价格低于 130 元的累计净值（2018 年 1 月 1 日至 2022 年 6 月 6 日），如下图所示。

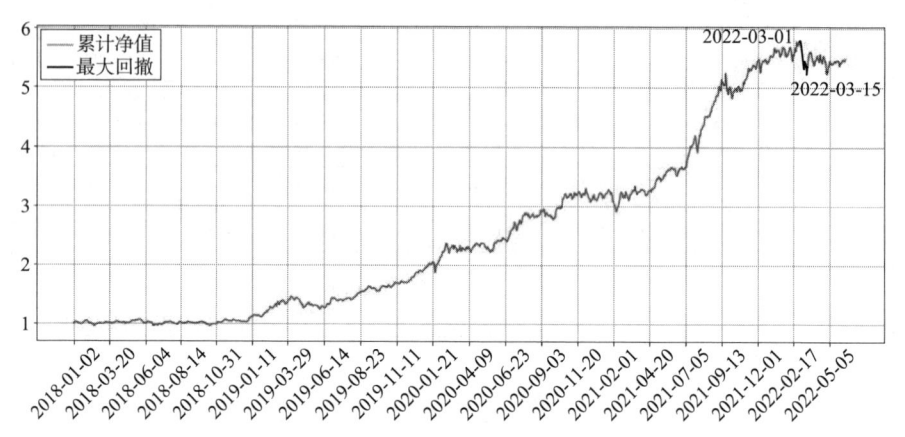

转股溢价率 TOP 10 价格低于 130 元的日收益率（2018 年 1 月 1 日至 2022 年 6 月 6 日），如下图所示。

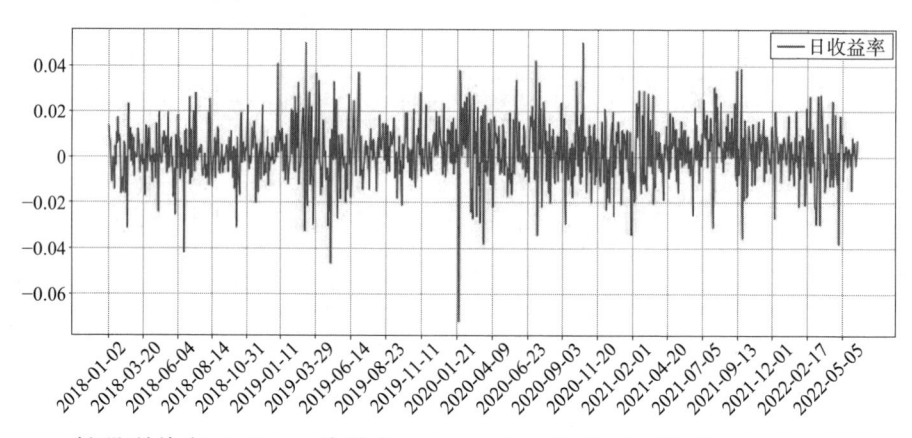

转股溢价率 TOP 10 价格低于 130 元的年度区间收益统计（2018 年 1 月 1 日至 2022 年 6 月 6 日），见下表。

年　份	2018—2022	2018	2019	2020	2021	2022-01-06
累积收益率（%）	449.24	2.50	81.99	67.34	76.99	-1.42
年化收益率（%）	46.78	2.59	84.68	69.55	79.51	-3.58
最大回撤比率（%）	9.73	10.67	14.75	6.93	8.06	9.73
最大回撤时间	2022-03-01 至 2022-03-15	2018-05-22 至 2018-10-18	2019-04-08 至 2019-06-06	2020-12-08 至 2020-12-16	2021-09-23 至 2021-10-13	2022-03-01 至 2022-03-15

续上表

年　　份	2018—2022	2018	2019	2020	2021	2022-01-06
收益率标准差（%）	19.71	15.55	20.44	22.88	19.21	19.43
夏普比率	2.374	0.17	4.14	3.04	4.14	−0.18

转股溢价率 TOP 10 价格低于 150 元的累计净值（2018 年 1 月 1 日至 2022 年 6 月 6 日），如下图所示。

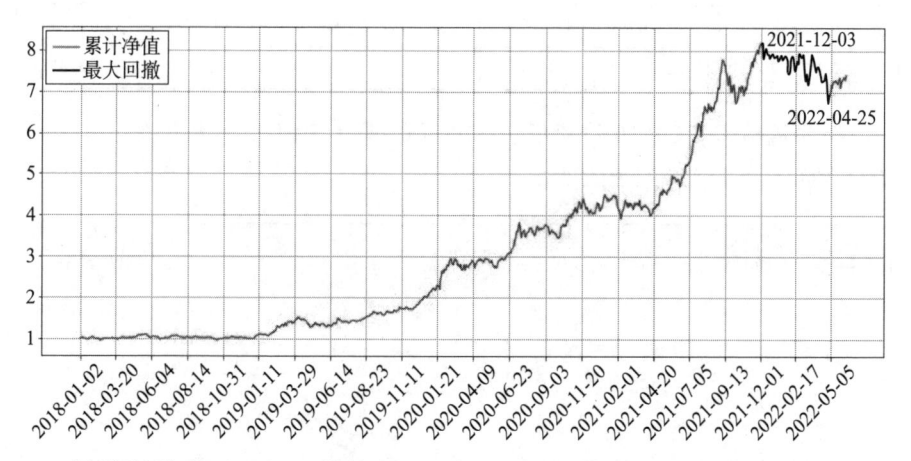

转股溢价率 TOP 10 价格低于 150 元的收益率（2018 年 1 月 1 日至 2022 年 6 月 6 日），如下图所示。

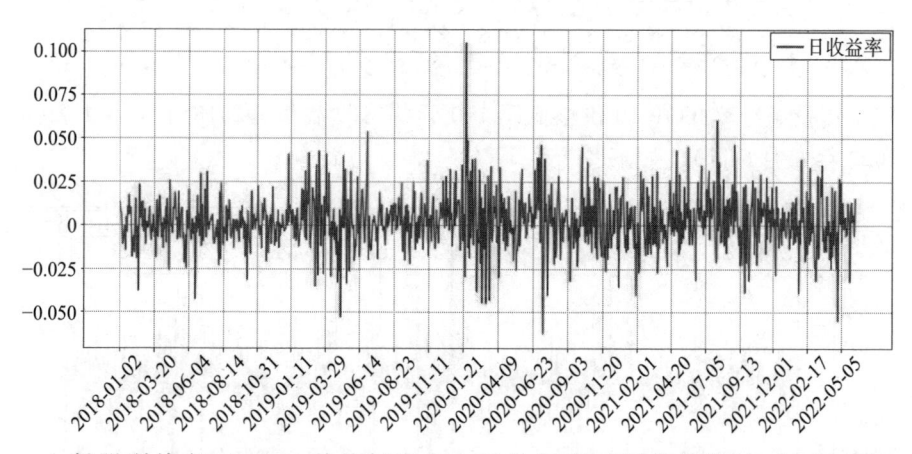

转股溢价率 TOP 10 价格低于 150 元的年度区间收益统计（2018 年 1 月 1 日至 2022 年 6 月 6 日），见下表。

年 份	2018—2022	2018	2019	2020	2021	2022-01-06
累积收益率（%）	640.26	0.73	98.01	114.65	81.93	-5.76
年化收益率（%）	57.00	0.76	101.22	118.41	84.62	-14.51
最大回撤比率（%）	17.89	13.82	16.50	9.81	13.45	15.02
最大回撤时间	2021-12-03 至 2022-04-25	2018-05-22 至 2018-10-18	2019-04-08 至 2019-05-06	2020-07-14 至 2020-09-28	2021-09-08 至 2021-10-13	2022-03-01 至 2022-04-25
收益率标准差（%）	24.30%	17.02%	23.56%	29.76%	24.41%	25.45%
夏普比率	2.345	0.04	4.30	3.98	3.47	-0.57

转股溢价率 TOP 10 价格低于 170 元的累计净值（2018 年 1 月 1 日至 2022 年 6 月 6 日），如下图所示。

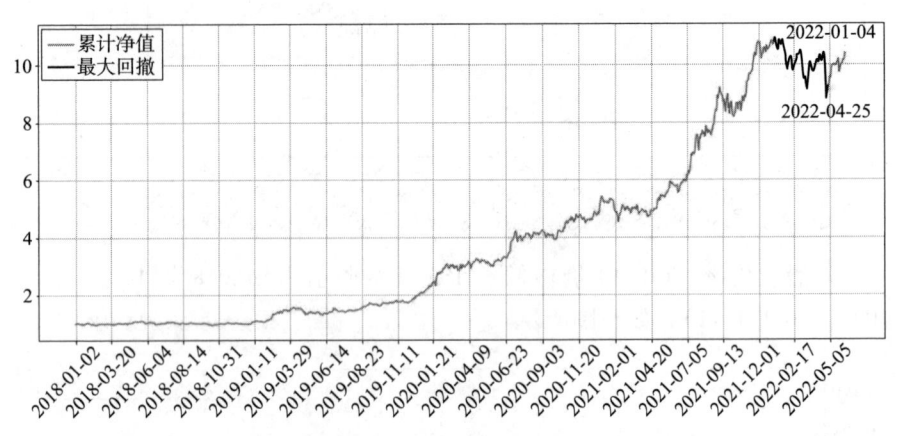

转股溢价率 TOP 10 价格低于 170 元的日收益率（2018 年 1 月 1 日至 2022 年 6 月 6 日），如下图所示。

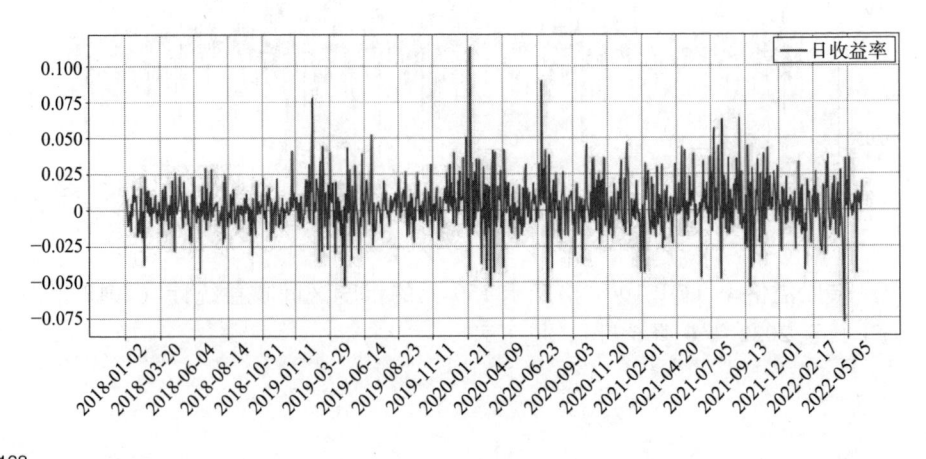

转股溢价率 TOP 10 价格低于 170 元的年度区间收益统计（2018 年 1 月 1 日至 2022 年 6 月 6 日），见下表。

年　　份	2018—2022	2018	2019	2020	2021	2022-01-06
累积收益率（%）	938.95	−0.49	105.68	148.11	110.87	−3.80
年化收益率（%）	69.46	−0.50	109.14	152.96	114.51	−9.58
最大回撤比率（%）	19.21	14.41	17.29	8.99	11.07	19.21
最大回撤时间	2022-01-04 至 2022-04-25	2018-05-22 至 2018-10-18	2019-04-08 至 2019-06-06	2020-07-14 至 2020-07-17	2021-09-07 至 2021-10-14	2022-01-04 至 2022-04-25
收益率标准差（%）	26.83	17.18	25.07	31.67	29.58	29.41
夏普比率	2.589	−0.03	4.35	4.83	3.87	−0.33

在低转股溢价率的基础上，TOP 10 投资组合回测的整体表现不如 TOP 5 投资组合，虽然组合成分的增加在一定程度上分散了持仓风险，但是总体表现也相应有一定程度的降低。同 TOP 5 组合一样表现最优的附带价格控制的参数为 170 元，长期来看 TOP 10 的价格控制最优参数也为 170 元。下面回测 TOP 20 组合的情况。

转股溢价率 TOP 20 组合月度收益统计（2018 年 1 月 1 日至 2022 年 6 月 6 日）见下表。

转股溢价率 TOP 20	价格 <130 元	价格 <150 元	价格 <170 元
(2018, 1)	2.75%	2.76%	2.76%
(2018, 2)	−0.27%	−0.24%	−0.24%
(2018, 3)	1.72%	0.60%	0.60%
(2018, 4)	−0.53%	0.35%	0.30%
(2018, 5)	−0.74%	−0.81%	−0.70%
(2018, 6)	−2.92%	−2.38%	−2.06%
(2018, 7)	2.16%	2.86%	2.32%
(2018, 8)	0.02%	−0.73%	−0.79%
(2018, 9)	0.38%	−0.40%	−0.42%
(2018, 10)	−1.76%	−1.99%	−1.92%
(2018, 11)	2.95%	1.97%	1.98%
(2018, 12)	−1.58%	−1.75%	−1.75%
(2019, 1)	5.92%	5.26%	5.27%

续上表

转股溢价率 TOP 20	价格 <130 元	价格 <150 元	价格 <170 元
(2019, 2)	15.21%	15.42%	19.53%
(2019, 3)	8.71%	9.47%	8.81%
(2019, 4)	0.14%	−0.95%	1.41%
(2019, 5)	−1.13%	0.86%	−1.00%
(2019, 6)	4.25%	4.25%	6.02%
(2019, 7)	1.18%	1.00%	0.49%
(2019, 8)	6.01%	5.48%	5.58%
(2019, 9)	0.88%	−0.31%	−0.34%
(2019, 10)	1.58%	2.60%	3.03%
(2019, 11)	2.45%	0.86%	0.52%
(2019, 12)	8.90%	10.93%	12.54%
(2020, 1)	6.73%	10.24%	13.57%
(2020, 2)	6.37%	15.61%	11.38%
(2020, 3)	11.30%	0.37%	0.37%
(2020, 4)	2.86%	4.89%	7.15%
(2020, 5)	−1.43%	−4.47%	−4.24%
(2020, 6)	5.01%	11.91%	12.46%
(2020, 7)	16.96%	12.92%	15.02%
(2020, 8)	2.91%	0.33%	1.80%
(2020, 9)	−0.81%	−6.23%	−8.29%
(2020, 10)	20.24%	13.10%	12.89%
(2020, 11)	1.29%	3.09%	4.55%
(2020, 12)	−2.49%	0.33%	7.06%
(2021, 1)	−3.34%	0.51%	2.08%
(2021, 2)	4.52%	2.57%	2.08%
(2021, 3)	2.14%	3.61%	5.56%
(2021, 4)	3.81%	3.87%	4.16%
(2021, 5)	5.48%	9.58%	11.22%
(2021, 6)	1.78%	7.32%	6.54%
(2021, 7)	9.53%	17.73%	21.18%
(2021, 8)	13.56%	12.85%	13.94%
(2021, 9)	0.82%	0.72%	4.01%
(2021, 10)	1.32%	−1.10%	0.47%
(2021, 11)	10.57%	14.60%	20.32%

第 7 章　进取型策略：低溢价率策略

续上表

转股溢价率 TOP 20	价格 <130 元	价格 <150 元	价格 <170 元
（2021，12）	3.94%	−1.89%	3.63%
（2022，1）	1.88%	−5.46%	−7.04%
（2022，2）	2.93%	3.12%	5.73%
（2022，3）	−2.76%	−5.39%	−2.65%
（2022，4）	−1.30%	−5.07%	−3.80%
（2022，5）	1.25%	4.84%	6.57%
（2022，6）	0.67%	0.74%	2.75%

转股溢价率 TOP 20 价格低于 130 元的累计净值（2018 年 1 月 1 日至 2022 年 6 月 6 日），如下图所示。

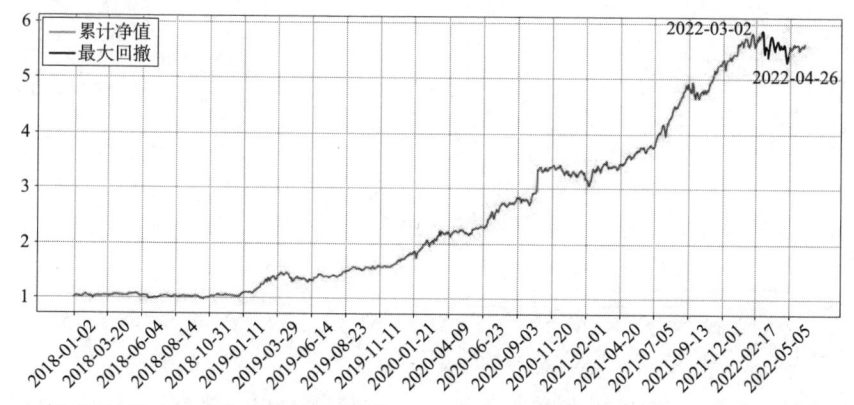

转股溢价率 TOP 20 价格低于 130 元的日收益率（2018 年 1 月 1 日至 2022 年 6 月 6 日），如下图所示。

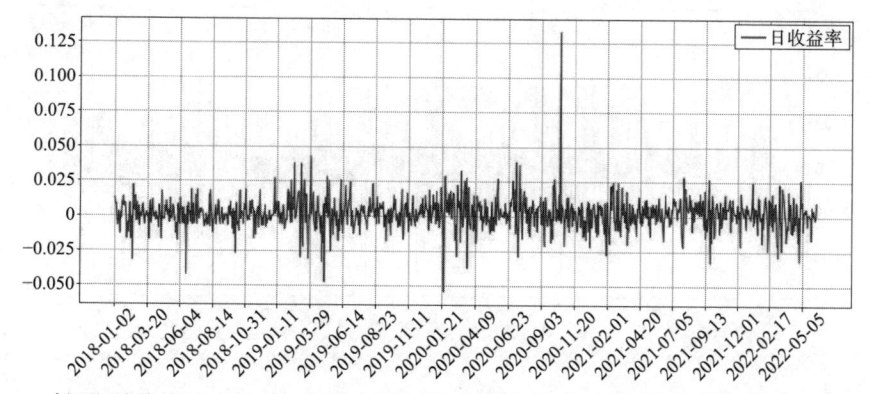

转股溢价率 TOP 20 价格低于 130 元的年度区间收益统计（2018 年 1 月 1 日至 2022 年 6 月 6 日），见下表。

年　份	2018—2022	2018	2019	2020	2021	2022-01-06
累积收益率（%）	462.73	1.99	67.84	90.74	67.95	2.59
年化收益率（%）	47.59	2.07	70.06	93.71	70.18	6.52
最大回撤比率（%）	9.88	10.15	11.75	5.98	6.08	9.88
最大回撤时间	2022-03-02 至 2022-04-26	2018-05-22 至 2018-10-18	2019-04-08 至 2019-06-06	2020-12-08 至 2020-12-29	2021-09-23 至 2021-10-13	2022-03-02 至 2022-04-26
收益率标准差（%）	18.01	13.23	18.03	23.30	15.61	18.32
夏普比率	2.642	0.16	3.89	4.02	4.50	0.36

转股溢价率 TOP 20 价格低于 150 元的累计净值（2018 年 1 月 1 日至 2022 年 6 月 6 日），如下图所示。

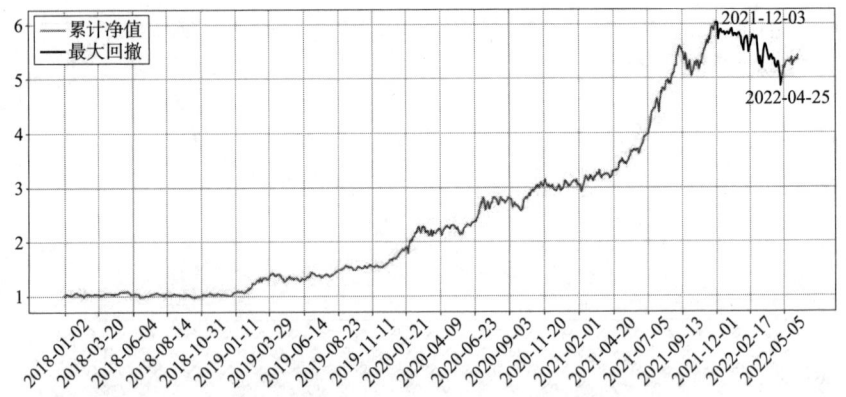

转股溢价率 TOP 20 价格低于 150 元的日收益率（2018 年 1 月 1 日至 2022 年 6 月 6 日），如下图所示。

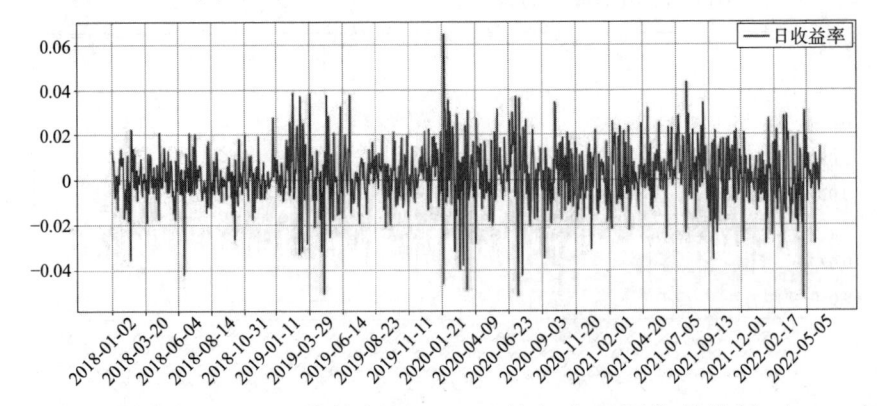

转股溢价率 TOP 20 价格低于 150 元的年度区间收益统计（2018 年 1 月 1 日至 2022 年 6 月 6 日），见下表。

第 7 章 进取型策略：低溢价率策略

年　份	2018—2022	2018	2019	2020	2021	2022-01-06
累积收益率（%）	440.81	0.07	68.84	78.23	94.15	-7.53
年化收益率（%）	46.27	0.07	71.09	80.80	97.24	-18.96
最大回撤比率（%）	19.30	11.54	11.93	9.11	9.77	17.76
最大回撤时间	2021-12-03 至 2022-04-25	2018-05-22 至 2018-10-18	2019-04-08 至 2019-05-06	2020-08-18 至 2020-09-28	2021-09-08 至 2021-10-13	2022-01-04 至 2022-04-25
收益率标准差（%）	20.53	13.98	20.03	25.34	19.76	23.11
夏普比率	2.254	0.00	3.55	3.19	4.92	-0.82

转股溢价率 TOP 20 价格低于 170 元的累计净值（2018 年 1 月 1 日至 2022 年 6 月 6 日），如下图所示。

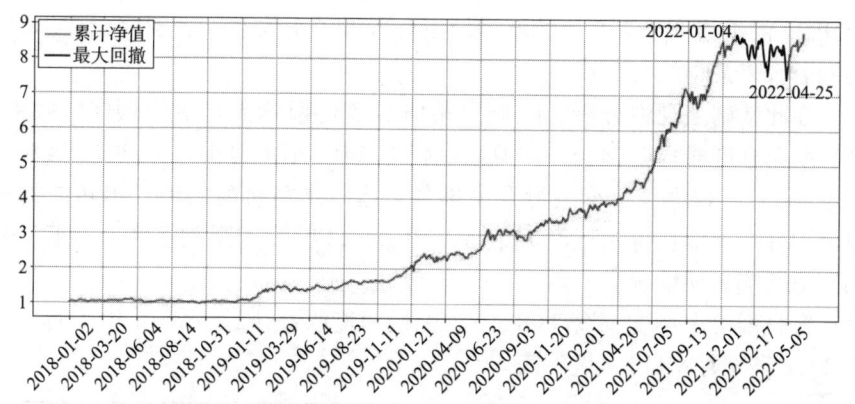

转股溢价率 TOP 20 价格低于 170 元的日收益率（2018 年 1 月 1 日至 2022 年 6 月 6 日），如下图所示。

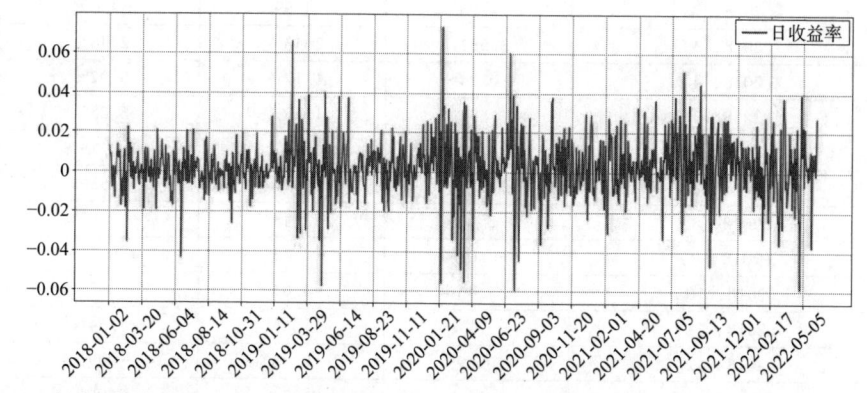

转股溢价率 TOP 20 价格低于 170 元的年度区间收益统计（2018 年 1 月 1 日至 2022 年 6 月 6 日），见下表。

年　份	2018—2022	2018	2019	2020	2021	2022-01-06
累积收益率（%）	778.04	-0.07	79.54	98.79	144.21	0.78
年化收益率（%）	63.15	-0.07	82.15	102.03	148.94	1.96
最大回撤比率（%）	14.57	11.73	10.89	10.14	7.73	14.57
最大回撤时间	2022-01-04 至 2022-04-25	2018-05-22 至 2018-10-18	2019-04-19 至 2019-05-06	2020-07-14 至 2020-09-28	2021-09-08 至 2021-10-13	2022-01-04 至 2022-04-25
收益率标准差（%）	22.79	14.09	21.50	28.02	23.04	27.04
夏普比率	2.771	-0.01	3.82	3.64	6.47	0.07

我们看到 TOP 20 的投资组合策略和 TOP 10 的差距较小，TOP 20 的低溢价率策略长期收益率表现不如 TOP 5 的组合。但近半年的表现来看，TOP 20 的价格低于 130 元的低溢价组合取得了正收益，表现优于 TOP 10 的低溢价率策略组合。

在此基础上观察分析：降低可转债的换仓频率会产生什么样的效果，把日度调仓变成周度调仓，回测区间仍为 2018 年 1 月 1 日至 2022 年 6 月 6 日。每周五根据溢价率进行升序排名，选择排名靠前的十只可转债构成组合，并加上附加价格低于 130 元、150 元、170 元的限制条件，看下策略的历史回测表现情况。

转股溢价率周度调仓 TOP 10 策略的月度收益统计（2018 年 1 月 1 日至 2022 年 6 月 6 日），见下表。

溢价率周度调仓策略 TOP 10	价格 <130 元	价格 <150 元	价格 <170 元
(2018, 1)	3.00%	3.04%	3.04%
(2018, 2)	-4.93%	-4.59%	-4.59%
(2018, 3)	3.55%	2.48%	2.48%
(2018, 4)	-0.24%	1.17%	0.92%
(2018, 5)	1.69%	1.65%	5.23%
(2018, 6)	-6.46%	-5.47%	-4.19%
(2018, 7)	1.71%	1.54%	1.55%
(2018, 8)	-2.19%	-2.48%	-2.57%
(2018, 9)	-0.01%	-0.43%	-0.34%
(2018, 10)	-3.46%	-4.03%	-3.83%
(2018, 11)	2.71%	1.66%	1.64%
(2018, 12)	-0.69%	-0.95%	-0.91%
(2019, 1)	9.56%	9.03%	9.06%
(2019, 2)	8.72%	11.64%	11.69%
(2019, 3)	13.82%	11.05%	10.79%

第7章 进取型策略：低溢价率策略

续上表

溢价率周度调仓策略 TOP 10	价格 <130 元	价格 <150 元	价格 <170 元
(2019, 4)	−2.39%	−0.03%	−1.45%
(2019, 5)	−2.64%	−1.70%	−2.11%
(2019, 6)	4.40%	2.05%	2.19%
(2019, 7)	−0.66%	−3.69%	−3.67%
(2019, 8)	6.94%	6.13%	7.97%
(2019, 9)	−0.14%	−0.48%	−0.74%
(2019, 10)	1.35%	2.48%	2.24%
(2019, 11)	−0.82%	2.77%	0.97%
(2019, 12)	14.53%	13.63%	14.04%
(2020, 1)	8.01%	7.75%	8.86%
(2020, 2)	6.83%	8.39%	10.76%
(2020, 3)	3.14%	2.19%	−1.37%
(2020, 4)	1.11%	6.14%	7.52%
(2020, 5)	−2.26%	−4.39%	−8.24%
(2020, 6)	5.39%	10.23%	8.99%
(2020, 7)	11.95%	17.52%	12.10%
(2020, 8)	−0.59%	2.57%	2.09%
(2020, 9)	−5.35%	−5.06%	−3.62%
(2020, 10)	10.75%	12.72%	17.11%
(2020, 11)	7.19%	10.35%	6.48%
(2020, 12)	−2.04%	2.17%	9.60%
(2021, 1)	0.70%	−0.96%	4.24%
(2021, 2)	2.70%	1.30%	2.81%
(2021, 3)	6.52%	6.21%	6.24%
(2021, 4)	4.29%	3.92%	4.92%
(2021, 5)	2.26%	6.96%	8.82%
(2021, 6)	2.99%	3.76%	3.23%
(2021, 7)	8.09%	19.39%	23.49%
(2021, 8)	8.80%	6.11%	9.12%
(2021, 9)	13.16%	3.04%	3.02%
(2021, 10)	−4.13%	−4.60%	−3.48%
(2021, 11)	6.68%	11.11%	22.75%
(2021, 12)	2.74%	0.28%	4.62%
(2022, 1)	−1.67%	−5.47%	−8.10%
(2022, 2)	1.26%	3.40%	0.26%
(2022, 3)	−5.33%	−6.91%	−6.16%
(2022, 4)	−2.97%	−5.66%	3.63%
(2022, 5)	0.45%	5.17%	10.24%

转股溢价率周度调仓 TOP 10 价格小于 130 的累计净值（2018 年 1 月 1 日至 2022 年 6 月 6 日），如下图所示。

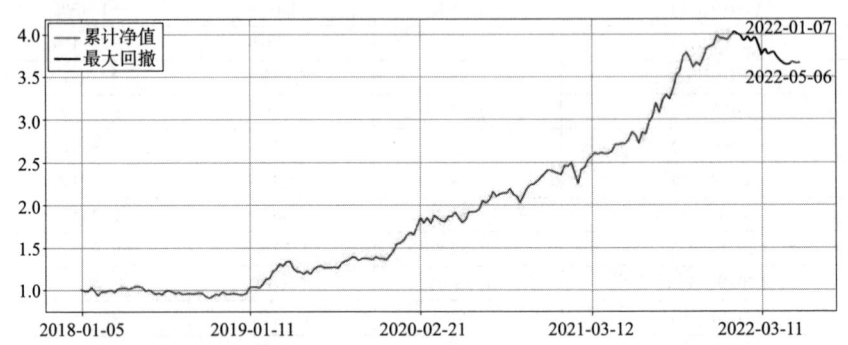

转股溢价率周度调仓 TOP 10 价格小于 130 元的日收益率（2018 年 1 月 1 日至 2022 年 6 月 6 日），如下图所示。

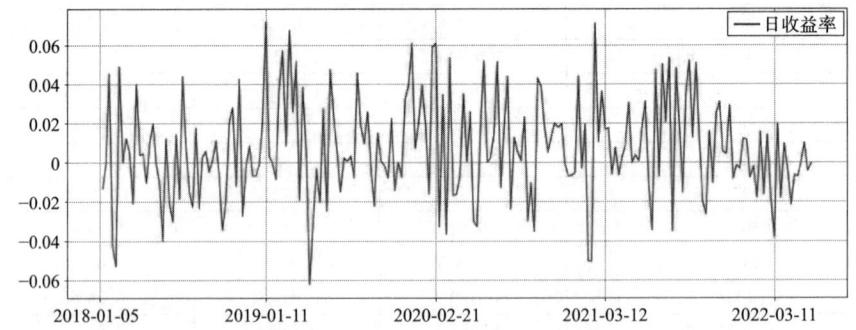

转股溢价率周度调仓 TOP 10 价格小于 130 元的年度区间收益统计（2018 年 1 月 1 日至 2022 年 6 月 6 日），见下表。

年 份	2018—2022	2018	2019	2020	2021	2022-01-06
累积收益率（％）	265.44	-5.77	61.11	48.92	62.10	-8.12
年化收益率（％）	33.91	-6.13	69.08	54.12	64.59	-20.11
最大回撤比率（％）	9.60	13.08	11.14	7.46	9.89	9.60
最大回撤时间	2022-01-07 至 2022-05-06	2018-05-11 至 2018-10-19	2019-04-19 至 2019-05-24	2020-09-04 至 2020-09-25	2021-01-22 至 2021-02-05	2022-01-07 至 2022-05-06
收益率标准差（％）	18.64	16.71	20.27	19.62	19.28	10.61
夏普比率	1.819	-0.37	3.41	2.76	3.35	-1.90

转股溢价率周度调仓 TOP 10 价格小于 150 元的累计净值（2018 年 1 月 1 日至 2022 年 6 月 6 日），如下图所示。

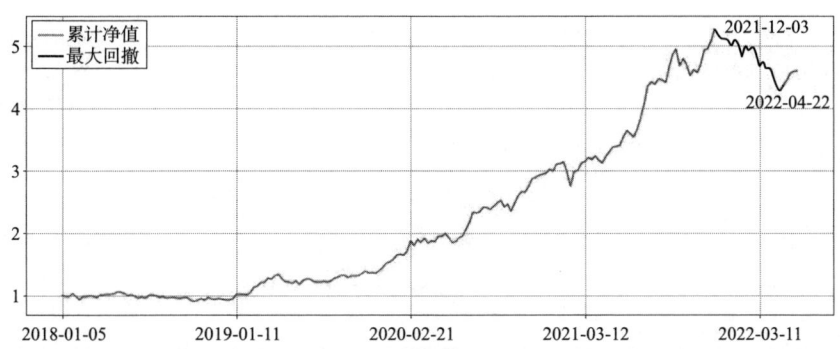

第 7 章 进取型策略：低溢价率策略

转股溢价率周度调仓 TOP 10 价格小于 150 元的日收益率（2018 年 1 月 1 日至 2022 年 6 月 6 日），如下图所示。

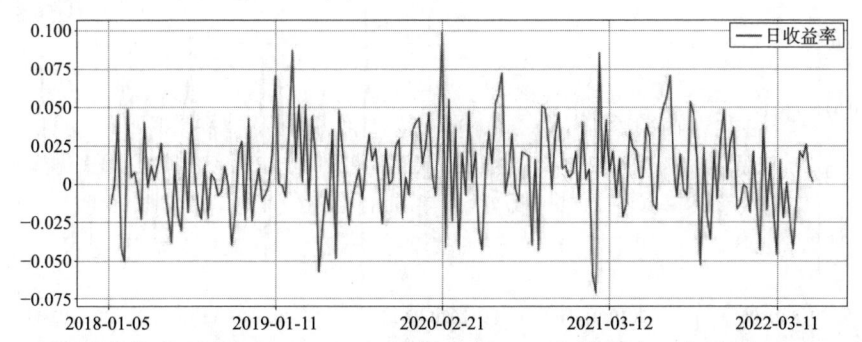

转股溢价率周度调仓 TOP 10 价格小于 150 元的年度区间统计（2018 年 1 月 1 日至 2022 年 6 月 6 日），见下表。

年　份	2018—2022	2018	2019	2020	2021	2022-01-06
累积收益率（%）	360.39	-6.68	61.81	89.56	63.96	-9.72
年化收益率（%）	41.06	-7.08	69.87	99.09	66.51	-24.08
最大回撤比率（%）	18.72	14.26	11.81	6.73	8.56	16.11
最大回撤时间	2021-12-03 至 2022-04-22	2018-05-11 至 2018-10-19	2019-04-19 至 2019-06-14	2020-09-04 至 2020-09-25	2021-09-10 至 2021-10-15	2022-01-14 至 2022-04-22
收益率标准差（%）	21.23	17.04	21.18	23.25	22.84	17.68
夏普比率	1.934	-0.42	3.30	4.26	2.91	-1.36

转股溢价率周度调仓 TOP 10 价格小于 170 元的累计净值（2018 年 1 月 1 日至 2022 年 6 月 6 日），如下图所示。

转股溢价率周度调仓 TOP 10 价格小于 170 元的日收益率（2018 年 1 月 1 日至 2022 年 6 月 6 日），如下图所示。

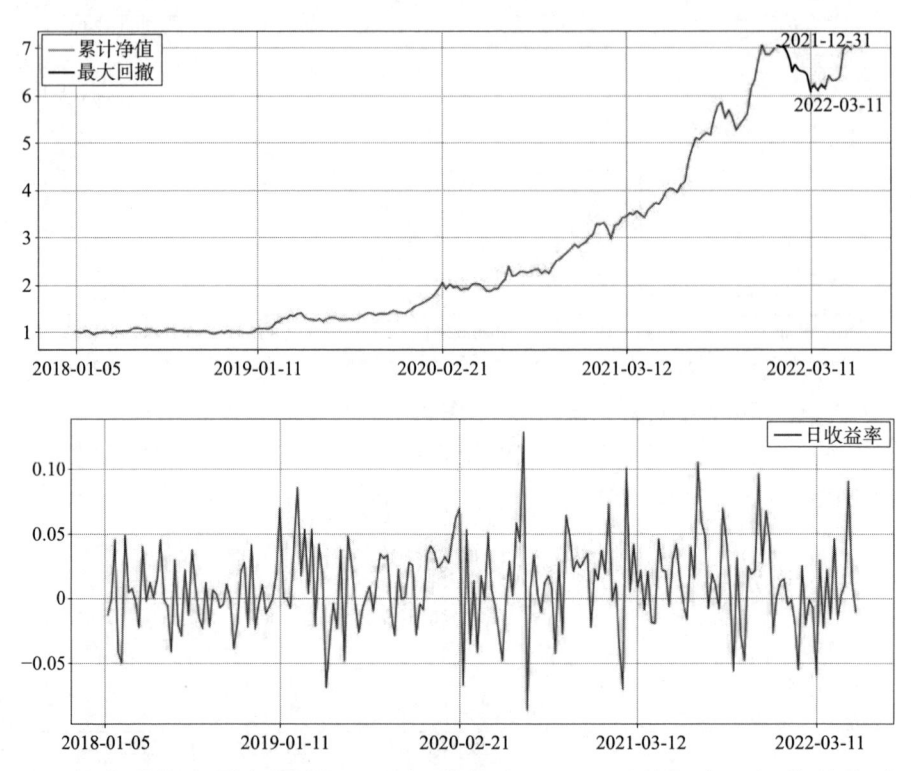

转股溢价率周度调仓 TOP 10 价格小于 170 元的年度区间收益统计（2018 年 1 月 1 日至 2022 年 6 月 6 日），见下表。

年　份	2018—2022	2018	2019	2020	2021	2022-01-06
累积收益率（％）	596.20	-2.08	58.52	87.73	115.23	-1.23
年化收益率（％）	54.84	-2.21	66.15	97.06	119.83	-3.04
最大回撤比率（％）	14.01	11.72	13.29	8.63	10.02	14.01
最大回撤时间	2021-12-31 至 2022-03-11	2018-05-11 至 2018-10-19	2019-04-19 至 2019-06-14	2020-07-10 至 2020-07-17	2021-09-10 至 2021-10-15	2021-12-31 至 2022-03-11
收益率标准差（％）	24.31	17.41	22.41	27.96	26.65	24.06
夏普比率	2.26	-0.13	2.95	3.47	4.50	-0.13

我们看到降低调仓频度的 TOP 10 的溢价率因子组合回测表现不如 TOP 5 组合的日度换仓表现。这说明溢价率因子的变化程度在短周期内的波动较大。我们较为高频率地换仓可以相对捕获标的的短期有利变动。

第 8 章

进取型策略：强赎博弈策略

8.1 如何巧用强赎博弈策略

相信大家对强赎回公告并不陌生，尤其是2021年以来触发强赎条件的转债特别多，下面我们就深挖其中蕴藏的投资逻辑与风险。

转债发行者最希望的是尽快促使投资者转债转股，这样他们就可以不动用现金流去还本付息了。其中，尽快促进转股的利器之一就是强制赎回条款，这里以核能转债为例进行说明。

我们以发行公告中的赎回条款来看，其中一条为到期赎回条款，即最后五个交易日按债券面值的105%（含最后一期利息）的价格赎回未转股的可转债。重点条款规定：

"（1）在转股期内，如果公司股票在任何连续三十个交易日中至少有十五个交易日的收盘价格不低于当期转股价格的130%（含130%）；

（2）当本次发行的可转债未转股余额低于3 000万元时。所以，最重要而且最好利用的条款是：有条件的赎回条款的第一条"。

2021年12月31日核能转债发布可能满足强赎条件的提示性公告，在此期间可以提前"埋伏"此类靠近强赎价格的正股标的，可根据连续三十个交易日中十五个交易日的收盘高于130%，核能转债在7.45元的价格进行观察，如下图所示。可以看出，2022年1月7日核能转债临门一脚跌破强赎触发价，尤其是临近满足这个条件时，发行公司有很大的动力维持股价在7.45元以上，当出现低于7.45元的价格时，则是我们比较不错的正股入场时间，待强赎完全满足条件的当天，以高于7.45元的价格卖出，同时，还可以做到较高的交易胜率。

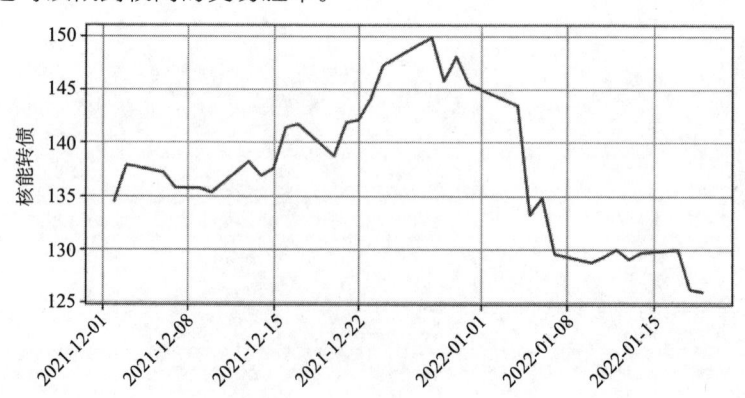

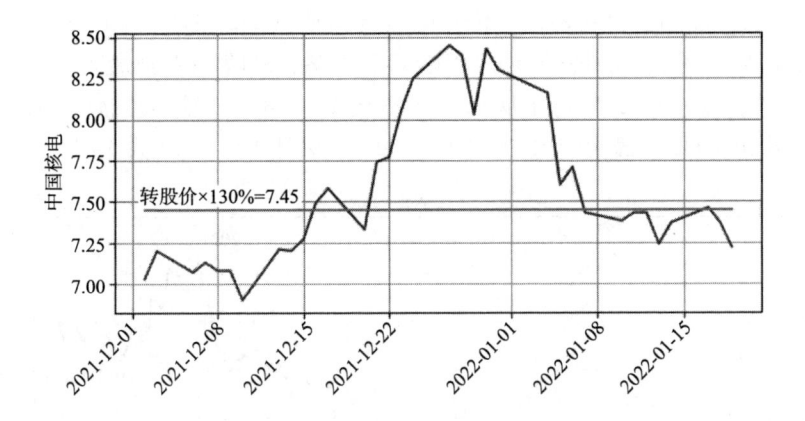

[图:中国核电股价走势,标注"转股价×130%=7.45",时间范围2021-12-01至2022-01-15]

8.2 强赎回是否规避的累积收益对比

对于转债本身而言，满足强赎回条件，或者公布要强制赎回时，一般处于正股与转债上涨（股性较大）阶段，转债转股或者转债本身的抛压会较重，临近强赎的转债风险较高但可以适当规避。

下面对比规避强制赎回公告的转债低折价率策略和未规避强制赎回公告的转债策略的累计收益。

不规避/不剔除强赎回公告的转债折价策略累计净值（2021年1月1日至11月30日）如下图所示。其中累计收益为91.625%，最大回撤比率为21.133%，最大回撤的发生区间在2021年9月7日至10月13日。

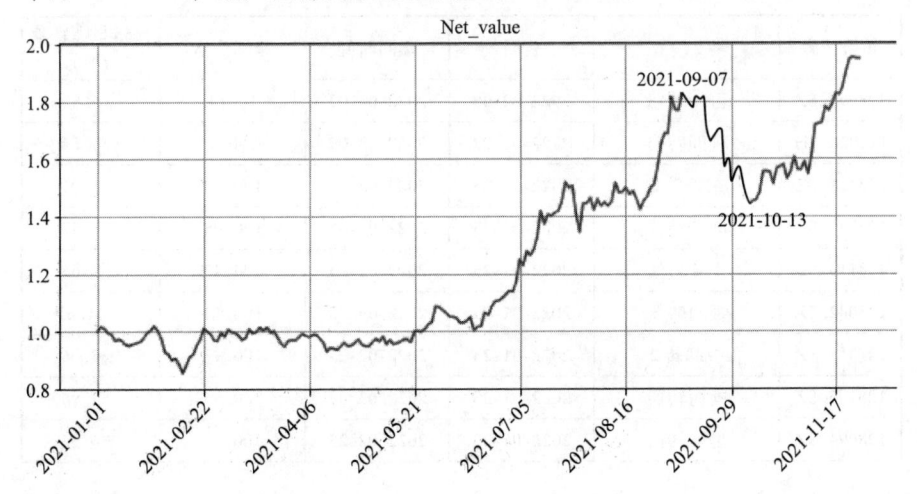

[图:Net_value净值曲线,标注2021-09-07最高点及2021-10-13回撤点]

规避强赎回公告的转债折价策略累计净值（2021年1月1日至11月30日）如下图所示。规避/剔除强赎回后策略，从收益率到最大回撤均有较好的提升。其中，收益率从92%上涨至113.08%，最大回撤由21.13%下降到20.64%，最大回撤的区间是2021年9月2日至10月14日。

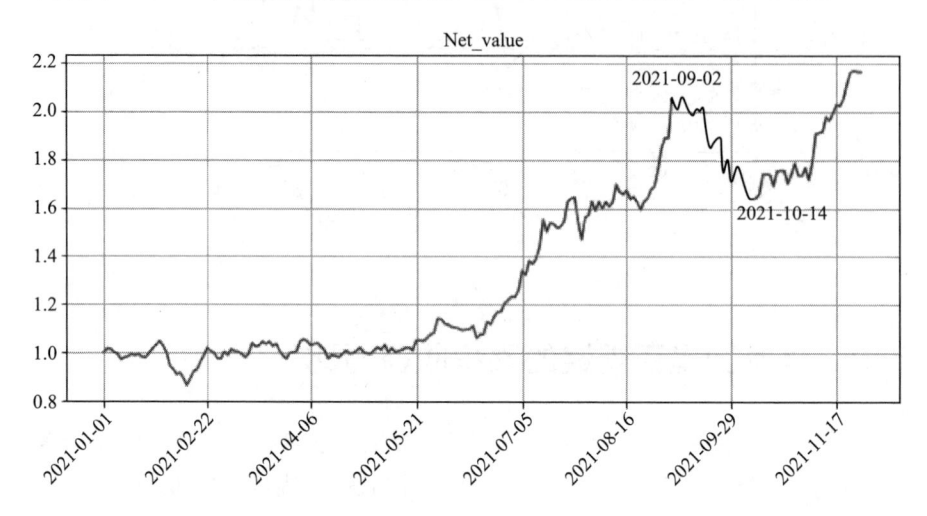

8.3 强赎转债的数据信息统计

以上通过实际回测也证实了相关回避强赎转债的有效性，2021年公告强赎转债的一些数据信息见下表。

转债代码	类　　型	公告时间	赎回时间	赎回价格	公告日涨跌幅（%）
128093.SZ	百川转债	2022-02-08	2022-03-02	100.4	－5.50
113026.SH	核能转债	2022-01-27	2022-03-09	100.9	－0.54
123111.SZ	东财转3	2022-01-25	2022-03-01	100.18	－3.01
128096.SZ	奥瑞转债	2022-01-25	2022-03-01	100.05	－8.57
128113.SZ	比音转债	2022-01-25	2022-02-23	100.42	－3.66
123042.SZ	银河转债	2022-01-25	2022-02-25	100.13	－11.67
127011.SZ	中鼎转2	2022-01-25	2022-02-24	100.97	－3.06
128103.SZ	同德转债	2022-01-25	2022-03-02	100.56	－9.96
128094.SZ	星帅转债	2022-01-25	2022-02-25	100.13	－6.92

续上表

转债代码	类　　型	公告时间	赎回时间	赎回价格	公告日涨跌幅（%）
123043.SZ	正元转债	2022-01-17	2022-02-18	100.67	-4.04
128050.SZ	钧达转债（退市）	2022-01-06	2022-01-28	100.21	-9.23
113034.SH	滨化转债（退市）	2021-12-30	2022-01-11	100.38	-2.28
113536.SH	三星转债（退市）	2021-12-22	2021-12-31	100.59	-2.69
113528.SH	长城转债（退市）	2021-12-17	2021-12-24	100.98	-4.30
113607.SH	伟20转债（退市）	2021-12-16	2021-12-29	100.08	4.51
123053.SZ	宝通转债（退市）	2021-12-14	2021-12-31	100.46	-8.41
110051.SH	中天转债（退市）	2021-12-01	2021-12-17	100.8	-3.29
113614.SH	健20转债（退市）	2021-11-30	2021-12-15	100.3	-0.64
123074.SZ	隆利转债（退市）	2021-11-24	2021-12-16	100.08	8.77
113603.SH	东缆转债（退市）	2021-11-18	2021-11-30	100.09	-3.39
123081.SZ	精研转债（退市）	2021-11-18	2021-12-20	100.03	-5.09
123028.SZ	清水转债（退市）	2021-11-10	2021-11-30	100.67	18.04
113580.SH	康隆转债（退市）	2021-11-09	2021-11-19	100.46	-13.34
128057.SZ	博彦转债（退市）	2021-11-03	2021-11-30	100.74	2.95
123102.SZ	华自转债（退市）	2021-10-20	2021-11-19	100.28	7.11
110041.SH	蒙电转债（退市）	2021-10-18	2021-11-05	101.31	-1.11
123069.SZ	金诺转债（退市）	2021-10-13	2021-11-08	100.04	-8.80
110033.SH	国贸转债（退市）	2021-10-12	2021-11-05	101.67	-3.28
128018.SZ	时达转债（退市）	2021-09-18	2021-10-28	101.46	0.00
123068.SZ	弘信转债（退市）	2021-09-17	2021-10-12	100.4	-8.48
123051.SZ	今天转债（退市）	2021-09-16	2021-10-15	100.29	-7.74
123047.SZ	久吾转债（退市）	2021-09-14	2021-10-21	100.47	-3.62
113014.SH	林洋转债（退市）	2021-09-10	2021-09-29	101.39	0.18
113572.SH	三祥转债（退市）	2021-09-07	2021-09-24	100.27	-1.57
123030.SZ	九洲转债（退市）	2021-08-26	2021-09-15	100.07	-6.89
113612.SH	永冠转债（退市）	2021-08-25	2021-09-10	100.38	5.31
113012.SH	骆驼转债（退市）	2021-08-18	2021-09-03	100.67	-0.76
123094.SZ	星源转2（退市）	2021-08-16	2021-09-07	100.25	-3.09
113509.SH	新泉转债（退市）	2021-08-09	2021-08-18	100.31	-3.69
128051.SZ	光华转债（退市）	2021-08-07	2021-09-08	100.73	0.00

续上表

转债代码	类　　型	公告时间	赎回时间	赎回价格	公告日涨跌幅（%）
113508.SH	新凤转债（退市）	2021-08-03	2021-09-01	100.53	-3.22
123033.SZ	金力转债（退市）	2021-07-30	2021-08-31	100.83	-1.95
123079.SZ	运达转债（退市）	2021-07-29	2021-09-09	100.23	5.28
128064.SZ	司尔转债（退市）	2021-07-29	2021-08-25	100.38	1.22
123066.SZ	赛意转债（退市）	2021-07-27	2021-08-16	100.37	-6.07
123007.SZ	道氏转债（退市）	2021-07-16	2021-08-13	100.94	-3.29
113611.SH	福20转债（退市）	2021-07-14	2021-07-29	100.16	-2.95
113040.SH	星宇转债（退市）	2021-07-09	2021-08-03	100.16	1.19
113543.SH	欧派转债（退市）	2021-07-01	2021-07-12	100.54	2.32
128032.SZ	双环转债（退市）	2021-07-01	2021-07-28	100.88	-4.99
113559.SH	永创转债（退市）	2021-06-16	2021-06-28	100.41	-5.07
127023.SZ	华菱转2（退市）	2021-06-16	2021-07-16	100.15	-7.70
123058.SZ	欣旺转债（退市）	2021-06-16	2021-07-06	100.39	-10.13
110065.SH	淮矿转债（退市）	2021-06-11	2021-07-02	100.26	0.52
113041.SH	紫金转债（退市）	2021-06-08	2021-06-28	100.13	-1.05
113564.SH	天目转债（退市）	2021-04-15	2021-05-19	100.15	0.32
113557.SH	森特转债（退市）	2021-04-13	2021-04-30	100.29	-7.98
128126.SZ	赣锋转2（退市）	2021-04-01	2021-05-12	100.23	-3.01
110069.SH	瀚蓝转债（退市）	2021-03-31	2021-04-28	100.02	3.37
128012.SZ	辉丰转债（退市）	2021-03-20	2021-04-20	103	0.00
113038.SH	隆20转债（退市）	2021-03-12	2021-03-31	100.2	1.66
113029.SH	明阳转债（退市）	2021-03-05	2021-03-19	100.15	-7.17
113592.SH	安20转债（退市）	2021-02-10	2021-03-08	100.2	-0.81
113583.SH	益丰转债（退市）	2021-02-09	2021-03-05	100.3	0.73
128052.SZ	凯龙转债（退市）	2021-02-03	2021-03-24	100.25	-18.78
113590.SH	海容转债（退市）	2021-02-02	2021-03-08	100.28	2.24
113587.SH	泛微转债（退市）	2021-02-01	2021-02-23	100.35	-0.99
128010.SZ	蔚蓝转债（退市）	2021-01-30	2021-03-01	100.17	0.00
127008.SZ	特发转债（退市）	2021-01-30	2021-03-05	100.3	0.00
128065.SZ	雅化转债（退市）	2021-01-25	2021-03-02	100.53	-1.89
128115.SZ	巨星转债（退市）	2021-01-23	2021-02-24	100.27	0.00

续上表

转债代码	类　　型	公告时间	赎回时间	赎回价格	公告日涨跌幅（%）
128028.SZ	赣锋转债（退市）	2021-01-23	2021-03-08	100.21	0.00
128112.SZ	歌尔转2（退市）	2021-01-16	2021-03-03	100.14	0.00
113556.SH	至纯转债（退市）	2021-01-15	2021-01-26	100.06	2.04
123055.SZ	晨光转债（退市）	2021-01-14	2021-02-25	100.35	-2.48
113586.SH	上机转债（退市）	2021-01-13	2021-01-20	100.31	-0.22
128110.SZ	永兴转债（退市）	2021-01-07	2021-02-23	100.21	2.08
123017.SZ	寒锐转债（退市）	2021-01-07	2021-02-24	100.26	13.82
113035.SH	福莱转债（退市）	2021-01-04	2021-02-01	100.27	5.13
113520.SH	百合转债（退市）	2020-12-25	2021-01-07	100.16	-1.65
113032.SH	桐20转债（退市）	2020-12-17	2021-01-14	100.26	3.50
128104.SZ	裕同转债（退市）	2020-11-28	2021-01-05	100.3	0.00
128019.SZ	久立转2（退市）	2020-11-25	2021-01-07	100.21	-7.18
涨跌比例	22:61			平均涨跌幅	-1.99

2021年统计的强赎回公告总共有83家，公告当日的平均涨幅为-1.99%，上涨有22家，下跌有61家，73%的公司公告当日是下跌的。所以，此类转债从概率上来说最好在强赎回公告日回避。有的转债会在正式公告前发布提示性公告，我们就可以提早避免未来的正式赎回再进行操作。

下面是相关的统计信息：公告提示强制赎回统计见下表。

证券代码	证券简称	公告类型	公告日期	公告日涨跌幅（%）
110066.SH	盛屯转债	公告提示强赎	2022-02-22	-8.67
113026.SH	核能转债	公告提示强赎	2022-01-18	-2.89
113034.SH	滨化转债（退市）	公告提示强赎	2021-12-22	-4.07
113536.SH	三星转债（退市）	公告提示强赎	2021-12-14	-3.85
113528.SH	长城转债（退市）	公告提示强赎	2021-12-11	-4.97
113607.SH	伟20转债（退市）	公告提示强赎	2021-12-07	-1.71
110051.SH	中天转债（退市）	公告提示强赎	2021-11-24	-3.91
113614.SH	健20转债（退市）	公告提示强赎	2021-11-23	-4.35
113580.SH	康隆转债（退市）	公告提示强赎	2021-10-30	-0.42
113603.SH	东缆转债（退市）	公告提示强赎	2021-10-29	8.28
110041.SH	蒙电转债（退市）	公告提示强赎	2021-09-30	1.74

续上表

证券代码	证券简称	公告类型	公告日期	公告日涨跌幅（%）
110033.SH	国贸转债（退市）	公告提示强赎	2021-09-25	-11.15
113014.SH	林洋转债（退市）	公告提示强赎	2021-09-03	-0.52
113572.SH	三祥转债（退市）	公告提示强赎	2021-08-30	3.05
113612.SH	永冠转债（退市）	公告提示强赎	2021-08-17	-5.79
113012.SH	骆驼转债（退市）	公告提示强赎	2021-08-11	4.68
113509.SH	新泉转债（退市）	公告提示强赎	2021-08-03	-7.32
113508.SH	新凤转债（退市）	公告提示强赎	2021-07-27	-3.53
113611.SH	福20转债（退市）	公告提示强赎	2021-07-02	-5.05
113040.SH	星宇转债（退市）	公告提示强赎	2021-06-30	-2.88
113543.SH	欧派转债（退市）	公告提示强赎	2021-06-23	2.94
110065.SH	淮矿转债（退市）	公告提示强赎	2021-06-05	-2.77
113559.SH	永创转债（退市）	公告提示强赎	2021-06-04	3.35
113041.SH	紫金转债（退市）	公告提示强赎	2021-05-29	-0.02
113564.SH	天目转债（退市）	公告提示强赎	2021-04-06	-6.63
113557.SH	森特转债（退市）	公告提示强赎	2021-03-31	13.11
110069.SH	瀚蓝转债（退市）	公告提示强赎	2021-03-23	-5.38
113038.SH	隆20转债（退市）	公告提示强赎	2021-03-06	-13.09
113029.SH	明阳转债（退市）	公告提示强赎	2021-02-26	-2.46
113592.SH	安20转债（退市）	公告提示强赎	2021-02-04	0.73
113583.SH	益丰转债（退市）	公告提示强赎	2021-01-30	-1.52
113590.SH	海容转债（退市）	公告提示强赎	2021-01-25	-3.38
113587.SH	泛微转债（退市）	公告提示强赎	2021-01-12	-1.06
113586.SH	上机转债（退市）	公告提示强赎	2021-01-06	5.24
113556.SH	至纯转债（退市）	公告提示强赎	2021-01-05	-9.71
涨跌比例	9:25		平均涨跌幅	-2.11

数据来源：Tushare，Wind。

我们看到发行公司发布提示性强制赎回公告时，仅2021年统计的公司有36家，发布日当天，超过半数公司（25家）的转债价格下跌，9家上涨，提示性公告日的平均涨跌幅为-2.11%。

第 9 章

冒险性策略：小规模低价债策略

9.1　小规模低价债策略的诞生

从 2022 年开始，小规模次新债开始接连被游资炒作，很多同行开始尝试把剩余规模因子加入策略中，我当时只是简单进行了模拟组合，试着"跑"几个月，结果发现效果不错，才开始正式回测（需要不少时间精力）。结果发现"小规模低价债"策略在 2022 年特别亮眼。这里的小规模低价债策略，是指挑选价格低于 130 元，剩余规模从小到大排序最小的 N 个转债。TOP 10 就是挑选剩余规模最小的十只转债。"剩余规模"是可转债进入转股期之后，逐步被转股后，剩余的可交易规模，剩余规模越小，可转债的弹性越大。

9.2　小规模低价债策略按月短期、长期回测演示

和前面几章的策略回测一样，下面对小规模低价债策略进行短长期按月表格回测和长期按日代码回测。

一是 2022 年 1—7 月，挑选 TOP 10 的小规模低价债，进行逐月回测和整体累计数据，见下表。

时间段内以下组合平均收益率	2022-01	2022-02	2022-03	2022-04	2021-05	2022-06	2022-07	2022 年 1—7 月
小规模低价债	0.19%	4.13%	-4.32%	-1.42%	7.13%	9.75%	1.50%	17.43%
所有可转债	-4.09%	1.60%	-9.78%	-3.60%	9.08%	5.97%	2.41%	0.81%

截至 2022 年 7 月 30 日，小规模低价债组合，按月回测，每月初调仓，收益率表现高达 17.43%。该策略在 2022 年上半年表现最为优异，回测收益率最高，而且比较稳健。同时，2022 年最大回撤也只有 5.68%（在我们测试的几种策略中，小规模低价债是 2022 年最佳策略，剩余规模是最佳因子）。如果投资者 2022 年采用这个策略，会跑赢所有可转债的平均收益 0.81%，将近 17%。同时也稳稳地跑赢大多数股票和基金。同期，可转债基金截至 2022 年 7 月底的平均收益为 -5.22%，股票型基金为 -12.62%。

二是 2018 年至 2022 年 7 月 4 年半的年度和累计回测结果，见下表。

时间段内以下组合累计收益率	2018年	2019年	2020年	2021年	2022年1—7月	累计	累计年化	最大回撤	最大回撤时间段
小规模低价债	−4.26%	37.91%	119.36%	20.56%	17.43%	304.45%	35.65%	−17.24%	2020-12—2021-01
所有可转债	−3.43%	28.16%	20.21%	32.70%	0.81%	99.03%	19.20%	−7.74%	2018-04—2018-12

注：每个月 1 日或前一交易日调仓，数据统计截至 2022 年 7 月 29 日。

小规模低价债策略组合整体收益率达到 304%，累计年化收益率合计 35.65%，最大回撤 17.24%。

9.3　小规模低价债策略长期回测演示

这里的规模是指可转债目前在二级市场交易的剩余规模，随着转债交易到期的临近和转股行为的扩大，转债的规模一般会变得越来越小。一般来讲，转债发行方有动力把债权变成股权，这样就可以避免到期还本付息而造成现金流的流失。因此，选取规模因子进行升序排序，然后每日根据收盘计算的指标高低进行排序调仓。回测区间是 2018 年 1 月 2 日至 2022 年 6 月 6 日，得出规模因子的收益情况。为了较好地控制风险，我们同样采用价格限制的条件。

转债余额策略价格限制 <130 元的月度收益统计（2018 年 1 月 1 日至 2022 年 6 月 6 日），见下表。

转债余额价格 <130 元	TOP 5	TOP 10	TOP 20
(2018, 1)	−0.49%	1.54%	1.43%
(2018, 2)	1.46%	0.54%	1.15%
(2018, 3)	3.05%	0.84%	2.49%
(2018, 4)	−0.28%	−1.26%	−1.56%
(2018, 5)	−1.35%	−1.17%	−2.19%
(2018, 6)	−2.77%	−2.80%	−3.87%
(2018, 7)	2.77%	2.57%	2.77%
(2018, 8)	−2.71%	−1.47%	−2.78%
(2018, 9)	−0.16%	−0.32%	−0.56%

续上表

转债余额价格 <130 元	TOP 5	TOP 10	TOP 20
(2018, 10)	-2.17%	-2.58%	-3.26%
(2018, 11)	2.17%	5.46%	4.39%
(2018, 12)	-1.01%	-1.37%	-1.91%
(2019, 1)	2.00%	0.88%	3.03%
(2019, 2)	8.26%	7.53%	8.45%
(2019, 3)	9.31%	10.85%	10.06%
(2019, 4)	-9.90%	-1.80%	1.15%
(2019, 5)	-1.60%	-1.92%	-2.14%
(2019, 6)	1.94%	0.51%	2.36%
(2019, 7)	-1.69%	-0.76%	0.90%
(2019, 8)	5.64%	2.84%	3.20%
(2019, 9)	2.99%	1.21%	3.06%
(2019, 10)	0.91%	1.27%	1.03%
(2019, 11)	-2.04%	-2.35%	0.12%
(2019, 12)	9.84%	7.00%	7.17%
(2020, 1)	9.03%	3.68%	1.18%
(2020, 2)	4.69%	7.26%	9.42%
(2020, 3)	55.00%	49.57%	30.69%
(2020, 4)	39.04%	19.09%	9.21%
(2020, 5)	-9.85%	-4.79%	-4.51%
(2020, 6)	-1.57%	-0.29%	0.29%
(2020, 7)	19.36%	11.62%	10.97%
(2020, 8)	29.44%	15.88%	9.77%
(2020, 9)	-2.10%	-3.36%	-1.74%
(2020, 10)	47.72%	49.21%	31.72%
(2020, 11)	9.03%	1.70%	2.22%
(2020, 12)	-1.47%	-5.92%	-5.29%

续上表

转债余额价格 <130 元	TOP 5	TOP 10	TOP 20
(2021, 1)	−9.73%	−8.76%	−9.01%
(2021, 2)	−1.67%	−0.28%	1.77%
(2021, 3)	17.04%	9.58%	12.36%
(2021, 4)	−0.48%	−1.11%	0.35%
(2021, 5)	15.43%	11.16%	11.06%
(2021, 6)	9.76%	3.02%	2.47%
(2021, 7)	9.41%	3.48%	5.70%
(2021, 8)	1.77%	2.74%	4.43%
(2021, 9)	−4.27%	−0.94%	−0.77%
(2021, 10)	9.51%	9.09%	5.80%
(2021, 11)	9.63%	10.54%	9.92%
(2021, 12)	−2.88%	−1.31%	0.24%
(2022, 1)	−0.80%	0.80%	1.72%
(2022, 2)	5.01%	3.83%	3.35%
(2022, 3)	−3.92%	−3.76%	−3.29%
(2022, 4)	5.49%	1.31%	2.48%
(2022, 5)	8.82%	7.71%	10.67%
(2022, 6)	1.98%	1.84%	1.41%

转债余额 TOP 5 价格低于 130 元的累计净值（2018 年 1 月 1 日至 2022 年 6 月 6 日），如下图所示。

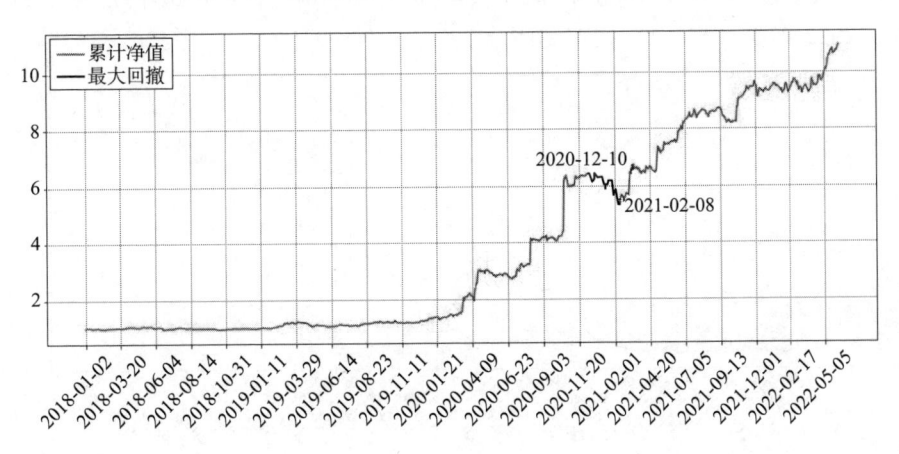

转债余额 TOP 5 价格低于 130 元的日收益率（2018 年 1 月 1 日至 2022 年 6 月 6 日），如下图所示。

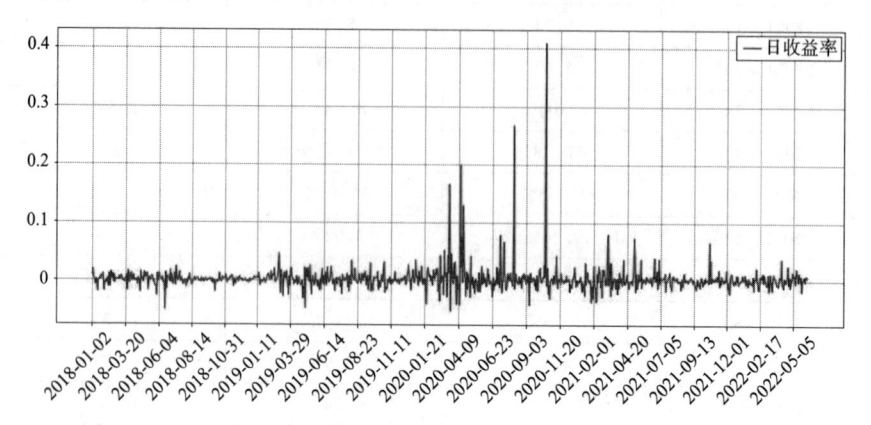

转债余额 TOP 5 价格低于 130 元的年度区间收益统计（2018 年 1 月 1 日至 2022 年 6 月 6 日），见下表。

年　　份	2018—2022	2018	2019	2020	2021	2022-01-06
累积收益率（％）	999.41	-1.70	27.32	399.09	49.78	17.17
年化收益率（％）	71.52	-1.76	28.21	412.17	51.41	43.26
最大回撤比率（％）	17.27	12.26	14.66	9.29	15.80	5.10
最大回撤时间	2020-12-10 至 2021-02-08	2018-05-10 至 2018-10-18	2019-04-04 至 2019-06-06	2020-10-27 至 2020-11-06	2021-01-05 至 2021-02-08	2022-02-28 至 2022-03-15
收益率标准差（％）	34.55	11.91	17.82	64.14	23.21	14.48
夏普比率	4.14	-0.15	1.58	9.43	2.22	2.99

转债余额 TOP 10 价格低于 130 元的累计净值（2018 年 1 月 1 日至 2022 年 6 月 6 日），如下图所示。

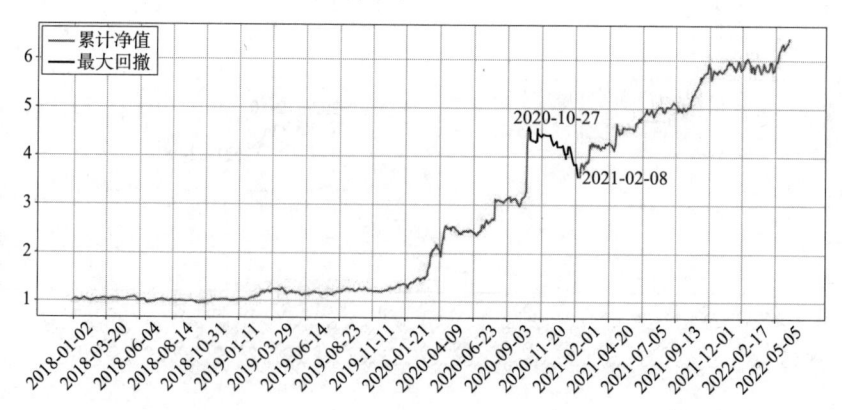

第9章 冒险性策略：小规模低价债策略

转债余额 TOP 10 价格低于 130 元的日收益率（2018 年 1 月 1 日至 2022 年 6 月 6 日），如下图所示。

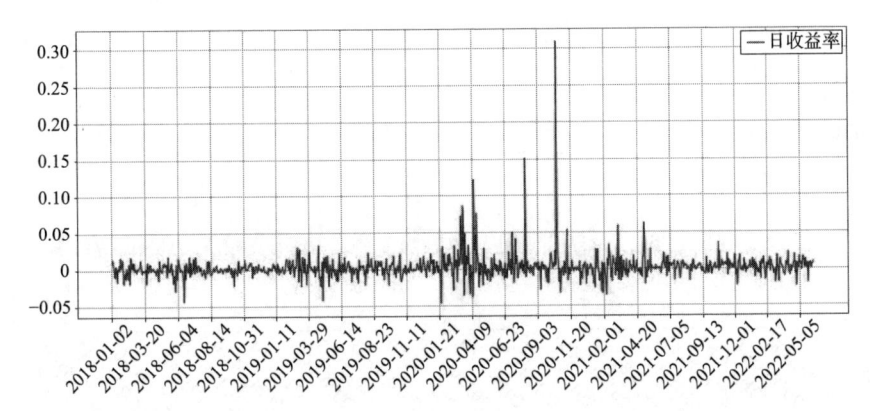

转债余额 TOP 10 价格低于 130 元的年度区间收益统计（2018 年 1 月 1 日至 2022 年 6 月 6 日），见下表。

年　份	2018—2022	2018	2019	2020	2021	2022-01-06
累积收益率（%）	542.45	-0.30	27.43	228.81	37.62	11.93
年化收益率（%）	52.06	-0.31	28.33	239.32	38.85	30.06
最大回撤比率（%）	22.53	12.73	12.11	9.17	15.48	5.10
最大回撤时间	2020-10-27 至 2021-02-08	2018-05-22 至 2018-10-18	2019-04-22 至 2019-06-06	2020-10-27 至 2020-12-31	2021-01-06 至 2021-02-08	2022-03-01 至 2022-03-29
收益率标准差（%）	25.75	11.98	15.34	45.67	18.63	13.97
夏普比率	2.02	-0.03	1.85	5.17	2.09	2.15

转债余额 TOP 20 价格低于 130 元的累计净值（2018 年 1 月 1 日至 2022 年 6 月 6 日），如下图所示。

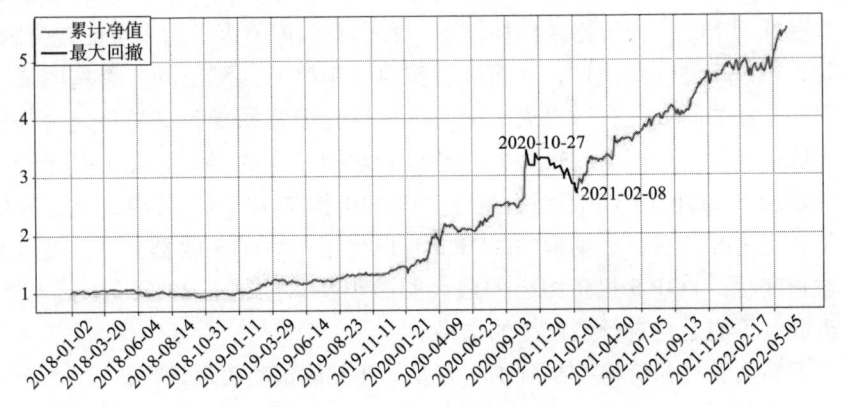

转债余额 TOP 20 价格低于 130 元的日收益率（2018 年 1 月 1 日至 2022 年 6 月 6 日），如下图所示。

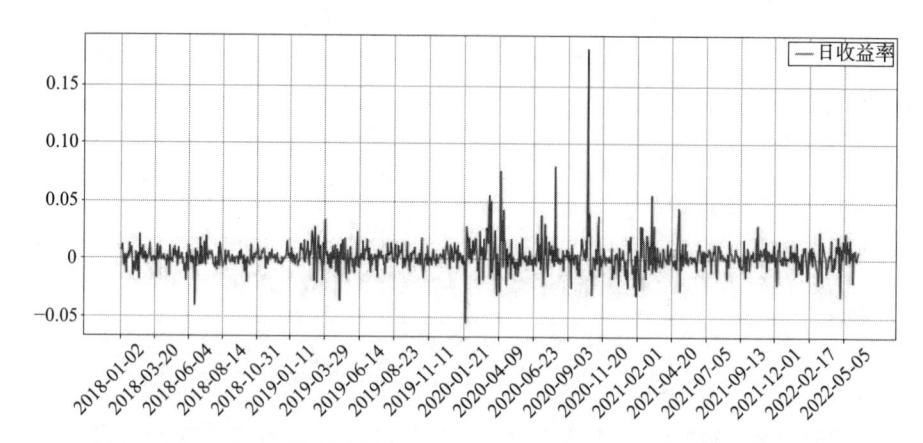

转债余额 TOP 20 价格低于 130 元的年度区间收益统计（2018 年 1 月 1 日至 2022 年 6 月 6 日），见下表。

年　　份	2018—2022	2018	2019	2020	2021	2022-01-06
累积收益率（％）	453.27	－4.20	44.70	124.61	51.70	19.93
年化收益率（％）	47.03	－4.36	49.17	128.70	53.39	42.67
最大回撤比率（％）	21.12	13.88	7.97	8.59	14.79	5.87
最大回撤时间	2020-10-27 至 2021-02-08	2018-05-22 至 2018-10-18	2019-04-04 至 2019-06-06	2020-10-27 至 2020-12-24	2021-01-05 至 2021-02-08	2022-03-01 至 2022-03-09
收益率标准差（％）	19.21	10.93	13.47	30.33	17.12	15.79
夏普比率	2.448	－0.399	3.428	4.243	3.119	2.701

在低于 130 元的价格条件控制下，我们看到规模因子的表现比较亮眼。同时，通过日度收益统计，还可以看到整个策略的回测区间内有些明显高于平均收益的时间段，这也表明之前小规模转债容易受到交易行为带来的较大价格变动，可能造成较高的收益或者承担较大的损失。在 130 元价格条件限制下 TOP 5 的策略组合优于 TOP 10 和 TOP 20，其中，就近期的半年表现情况来看，小规模的 TOP 5 也取得了 17% 的正收益。从年度区间收益角度看，TOP 5 投资组合的最大回撤也基本控制在 20% 以内，当然，这也极有可能是特定行情产生的结果。

下面回测放开价格控制到 150 元及 170 元的策略表现情况。

第9章 冒险性策略：小规模低价债策略

转债余额因子价格限制小于150元的月度收益统计（2018年1月1日至2022年6月6日），见下表。

转债余额排序 价格低于<150元	TOP 5	TOP 10	TOP 20
(2018，1)	-0.49%	1.54%	1.43%
(2018，2)	1.46%	0.54%	1.15%
(2018，3)	3.05%	0.84%	2.49%
(2018，4)	3.13%	-0.04%	-0.71%
(2018，5)	-1.44%	-1.78%	-2.28%
(2018，6)	-2.74%	-1.92%	-3.53%
(2018，7)	4.59%	4.59%	2.74%
(2018，8)	-2.73%	-2.27%	-3.26%
(2018，9)	-0.16%	-1.01%	-0.99%
(2018，10)	-2.16%	-3.12%	-3.52%
(2018，11)	2.19%	3.21%	3.22%
(2018，12)	-1.00%	-1.56%	-2.02%
(2019，1)	2.01%	0.87%	2.99%
(2019，2)	10.03%	7.94%	8.71%
(2019，3)	13.60%	10.84%	8.18%
(2019，4)	-7.26%	-5.97%	-0.26%
(2019，5)	1.95%	1.76%	0.12%
(2019，6)	-2.32%	-1.45%	0.50%
(2019，7)	-3.90%	-0.57%	0.53%
(2019，8)	1.51%	1.35%	3.59%
(2019，9)	5.70%	0.48%	2.60%
(2019，10)	-2.45%	-2.87%	-0.28%
(2019，11)	-0.85%	-1.75%	-0.08%
(2019，12)	5.84%	9.45%	8.02%
(2020，1)	9.07%	3.55%	2.63%
(2020，2)	9.24%	11.43%	7.51%
(2020，3)	84.98%	59.55%	35.36%
(2020，4)	32.79%	19.16%	12.41%
(2020，5)	-9.87%	-4.36%	-3.86%

续上表

转债余额排序 价格低于<150元	TOP 5	TOP 10	TOP 20
(2020, 6)	-9.02%	-1.94%	0.34%
(2020, 7)	9.91%	9.62%	10.20%
(2020, 8)	53.87%	30.94%	15.45%
(2020, 9)	-4.37%	-5.46%	-4.32%
(2020, 10)	48.74%	64.07%	43.93%
(2020, 11)	0.59%	1.51%	-1.48%
(2020, 12)	1.80%	-3.64%	-3.89%
(2021, 1)	-2.36%	-0.38%	-5.60%
(2021, 2)	-2.99%	-2.78%	0.15%
(2021, 3)	13.06%	14.78%	11.59%
(2021, 4)	-0.20%	-3.17%	-4.12%
(2021, 5)	5.21%	9.05%	10.34%
(2021, 6)	8.18%	4.16%	1.76%
(2021, 7)	9.74%	8.30%	9.79%
(2021, 8)	0.22%	1.21%	2.75%
(2021, 9)	-2.94%	-3.02%	-2.43%
(2021, 10)	3.87%	5.77%	5.03%
(2021, 11)	11.49%	10.26%	13.90%
(2021, 12)	-0.88%	-2.19%	-1.31%
(2022, 1)	-2.68%	-1.95%	-0.03%
(2022, 2)	4.03%	3.74%	4.16%
(2022, 3)	-0.99%	-1.89%	-3.50%
(2022, 4)	2.72%	-0.42%	-2.25%
(2022, 5)	11.23%	14.03%	11.33%
(2022, 6)	1.59%	2.34%	3.16%

转债余额TOP 5价格低于150元的累计净值（2018年1月1日至2022年6月6日），如下图所示。

转债余额TOP 5价格低于150元的日收益率（2018年1月1日至2022年6月6日），如下图所示。

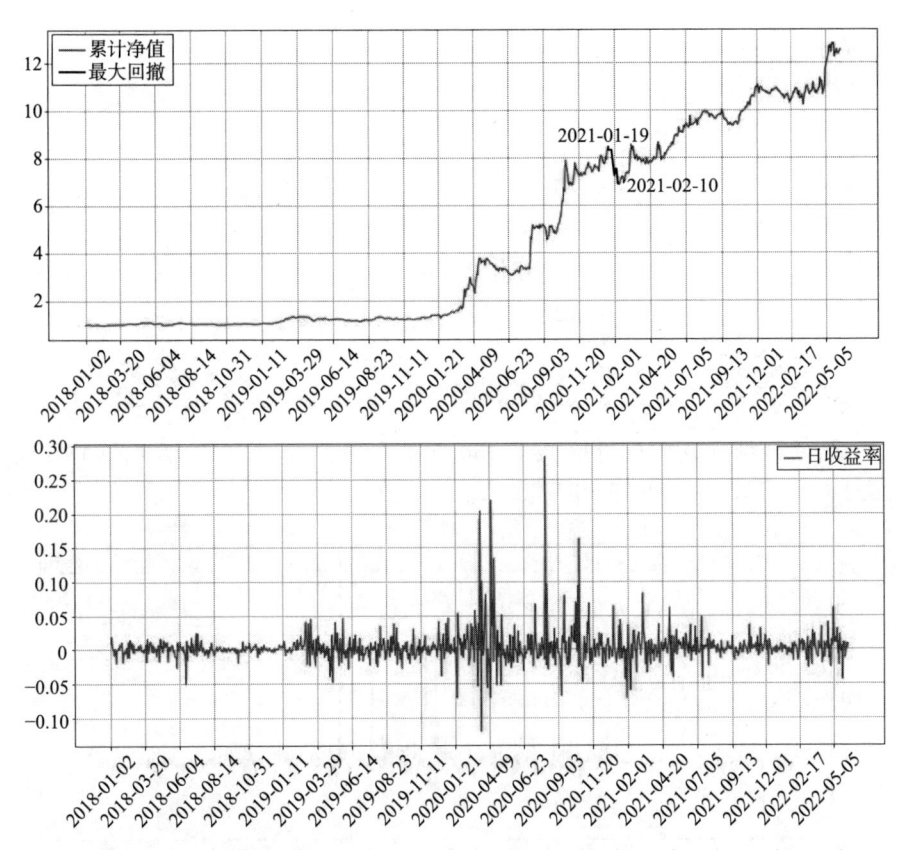

第 9 章 冒险性策略：小规模低价债策略

转债余额 TOP 5 价格低于 150 元的年度区间收益统计（2018 年 1 月 1 日至 2022 年 6 月 6 日），见下表。

年 份	2018—2022	2018	2019	2020	2021	2022-01-06
累积收益率（%）	1 152.37	3.40	24.27	477.70	44.97	19.35
年化收益率（%）	76.74	3.52	25.07	493.36	49.45	41.20
最大回撤比率（%）	19.19	11.13	19.68	13.10	19.19	9.30
最大回撤时间	2021-01-19 至 2021-02-10	2018-05-10 至 2018-06-21	2019-04-03 至 2019-08-06	2020-10-27 至 2020-11-03	2021-01-19 至 2021-02-10	2022-01-13 至 2022-03-15
收益率标准差（%）	37.11	12.24	21.56	69.81	29.34	23.16
夏普比率	2.068	0.29	1.16	7.38	1.76	1.78

转债余额 TOP 10 价格低于 150 元的累计净值（2018 年 1 月 1 日至 2022 年 6 月 6 日），如下图所示。

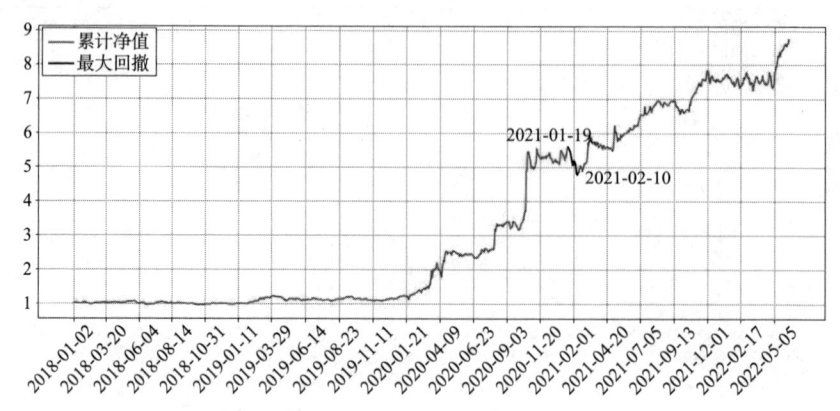

转债余额 TOP 10 价格低于 150 元的日收益率（2018 年 1 月 1 日至 2022 年 6 月 6 日），如下图所示。

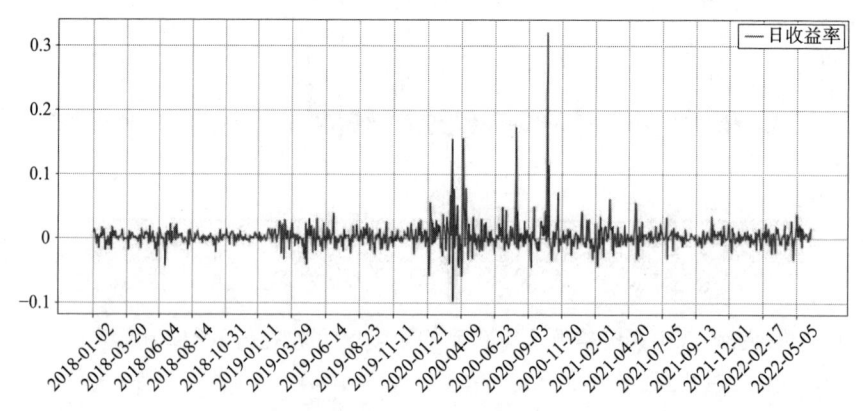

转债余额 TOP 10 价格低于 150 元的年度区间收益统计（2018 年 1 月 1 日至 2022 年 6 月 6 日），见下表。

年 份	2018—2022	2018	2019	2020	2021	2022-01-06
累积收益率（%）	773.63	−1.25	17.24	339.62	48.26	15.96
年化收益率（%）	62.97	−1.30	17.81	350.76	49.84	40.21
最大回撤比率（%）	15.38	12.15	12.30	9.19	15.38	9.91
最大回撤时间	2021-01-19 至 2021-02-10	2018-05-22 至 2018-10-18	2019-04-03 至 2019-05-06	2020-10-27 至 2020-11-06	2021-01-19 至 2021-02-10	2022-03-01 至 2022-03-15
收益率标准差（%）	31.26	12.70	18.17	59.24	21.58	18.02
夏普比率	2.014	−0.10	0.98	9.24	2.31	2.23

转债余额 TOP 20 价格低于 150 元的累计净值（2018 年 1 月 1 日至 2022 年 6 月 6 日），如下图所示。

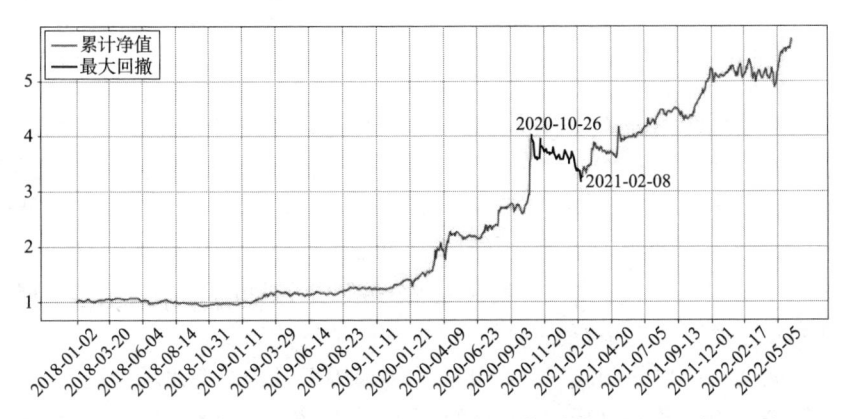

转债余额 TOP 20 价格低于 150 元的日收益率（2018 年 1 月 1 日至 2022 年 6 月 6 日），如下图所示。

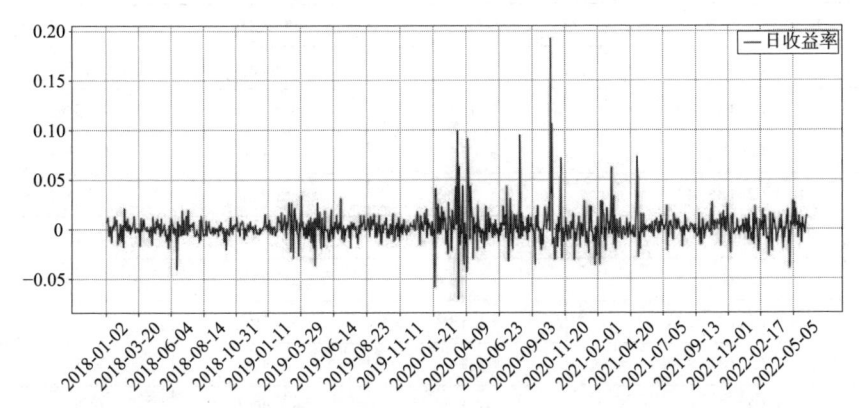

转债余额 TOP 20 价格低于 150 元的年度区间收益统计（2018 年 1 月 1 日至 2022 年 6 月 6 日），见下表。

年 份	2018—2022	2018	2019	2020	2021	2022-01-06
累积收益率（%）	474.88	−5.48	39.53	168.70	43.55	12.81
年化收益率（%）	48.30	−5.68	40.83	174.23	44.98	32.27
最大回撤比率（%）	21.00	14.74	7.89	11.38	15.01	9.33
最大回撤时间	2020-10-26 至 2021-02-08	2018-05-22 至 2018-10-18	2019-04-03 至 2019-05-06	2020-10-26 至 2020-12-31	2021-01-05 至 2021-02-08	2022-03-01 至 2022-04-26

续上表

年 份	2018—2022	2018	2019	2020	2021	2022-01-06
收益率标准差（%）	23.50	11.20	15.20	38.96	20.03	18.55
夏普比率	1.545	-0.51	2.69	4.47	2.25	1.74

我们看到规模因子放松价格限制到 150 元后 TOP 5 与 TOP 10 组合是优于价格 130 元的长期业绩表现，但是，我们从日收益序列中可以看到，有些日收益率明显大幅超过平均收益的情况。规模因子在价格限制低于 150 元的 TOP 5 投资组合中 2018 年至 2022 年 6 月的长期累积收益达到 1 152%，夏普比率高达 7.2。最大回撤比例控制在 20% 以内。虽然取得了较好的正收益，但还是要面对同样极端损失情况的出现。

下面回测价格限制放松到 170 元的规模因子投资组合表现情况。

转债余额+价格小于 170 元的月度收益统计（2018 年 1 月 1 日至 2022 年 6 月 6 日），见下表。

转债余额+价格小于 170 元	TOP 5	TOP 10	TOP 20
(2018, 1)	-0.49%	1.54%	1.43%
(2018, 2)	1.46%	0.54%	1.15%
(2018, 3)	3.05%	0.84%	2.49%
(2018, 4)	3.13%	-0.04%	-0.71%
(2018, 5)	-1.11%	-0.95%	-1.79%
(2018, 6)	-2.83%	-1.92%	-3.54%
(2018, 7)	-0.18%	3.07%	2.10%
(2018, 8)	-2.74%	-2.49%	-3.37%
(2018, 9)	-0.17%	-1.00%	-0.99%
(2018, 10)	-2.16%	-3.09%	-3.53%
(2018, 11)	2.20%	3.25%	3.23%
(2018, 12)	-1.01%	-1.57%	-2.03%
(2019, 1)	2.00%	0.88%	3.00%
(2019, 2)	9.99%	7.99%	8.73%
(2019, 3)	12.52%	9.57%	9.22%
(2019, 4)	-0.66%	-3.12%	1.97%
(2019, 5)	0.71%	0.57%	-1.97%
(2019, 6)	4.99%	2.21%	2.38%

第9章 冒险性策略：小规模低价债策略

续上表

转债余额+价格小于170元	TOP 5	TOP 10	TOP 20
(2019, 7)	-3.78%	-0.45%	0.63%
(2019, 8)	0.67%	1.87%	3.27%
(2019, 9)	1.61%	-0.59%	2.02%
(2019, 10)	-2.45%	-2.48%	-0.78%
(2019, 11)	-1.94%	-2.05%	-0.49%
(2019, 12)	9.55%	7.47%	8.37%
(2020, 1)	3.97%	3.02%	2.86%
(2020, 2)	15.83%	13.80%	8.97%
(2020, 3)	119.71%	70.56%	45.72%
(2020, 4)	39.75%	25.69%	13.08%
(2020, 5)	-9.94%	-9.09%	-3.87%
(2020, 6)	-5.47%	-2.90%	1.53%
(2020, 7)	-3.72%	7.59%	8.22%
(2020, 8)	74.89%	48.24%	29.79%
(2020, 9)	-5.23%	-4.18%	-5.34%
(2020, 10)	34.14%	32.06%	38.68%
(2020, 11)	-7.68%	2.15%	-1.17%
(2020, 12)	7.96%	5.53%	-2.14%
(2021, 1)	10.74%	2.23%	-3.83%
(2021, 2)	-5.76%	-3.07%	-1.37%
(2021, 3)	19.33%	8.98%	7.60%
(2021, 4)	11.83%	5.50%	0.29%
(2021, 5)	14.27%	13.77%	12.18%
(2021, 6)	7.71%	5.95%	2.89%
(2021, 7)	15.50%	12.78%	10.11%
(2021, 8)	2.38%	2.15%	5.13%
(2021, 9)	-2.92%	-2.23%	-2.64%
(2021, 10)	4.99%	9.55%	3.77%

续上表

转债余额+价格小于170元	TOP 5	TOP 10	TOP 20
(2021, 11)	19.24%	15.72%	17.76%
(2021, 12)	2.31%	−1.50%	−0.20%
(2022, 1)	−0.65%	−0.86%	−1.59%
(2022, 2)	9.50%	9.66%	4.26%
(2022, 3)	−2.00%	−2.75%	−2.99%
(2022, 4)	−5.43%	−5.94%	−4.17%
(2022, 5)	15.50%	14.07%	11.84%
(2022, 6)	3.08%	2.62%	2.81%

转债余额TOP 5价格低于170元的累计净值（2018年1月1日至2022年6月6日），如下图所示。

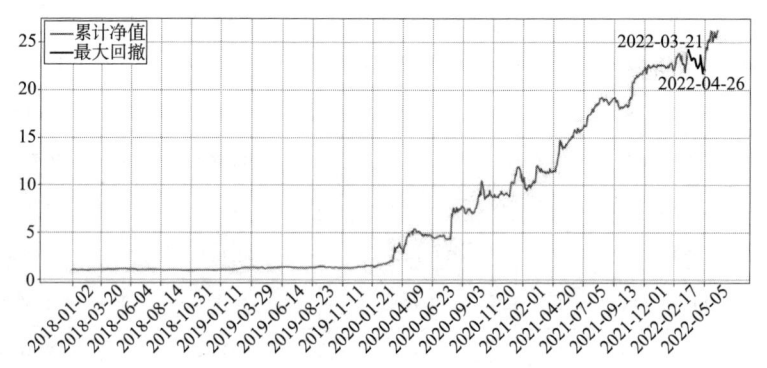

转债余额TOP 5价格低于170元的日收益率（2018年1月1日至2022年6月6日），如下图所示。

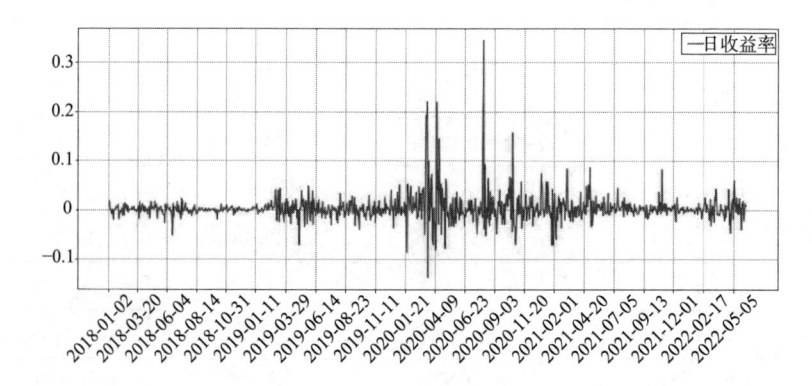

转债余额 TOP 5 价格低于 170 元的年度区间收益统计（转债余额 TOP 5 价格低于 170 的日收益率（2018 年 1 月 1 日至 2022 年 6 月 6 日），见下表。

年　份	2018—2022	2018	2019	2020	2021	2022-01-06
累积收益率（%）	2 525.72	-1.10	39.75	594.00	139.53	19.76
年化收益率（%）	108.82	-1.14	37.96	613.48	144.10	42.22
最大回撤比率（%）	10.43	14.94	12.37	19.06	21.11	10.43
最大回撤时间	2022-03-21 至 2022-04-26	2018-05-10 至 2018-10-18	2019-09-16 至 2019-11-28	2020-10-27 至 2020-11-03	2021-01-21 至 2021-02-10	2022-03-21 至 2022-04-26
收益率标准差（%）	43.01	12.28	23.77	78.21	31.02	25.31
夏普比率	2.530	-0.09	1.60	7.84	4.65	1.67

转债余额 TOP 10 价格低于 170 元的累计净值（2018 年 1 月 1 日至 2022 年 6 月 6 日），如下图所示。

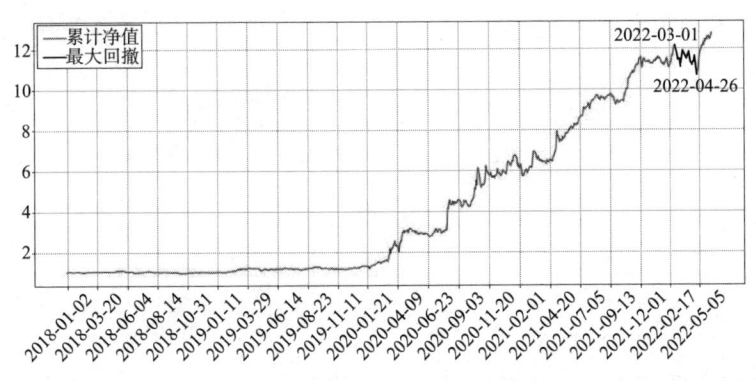

转债余额 TOP 10 价格低于 170 元的日收益率（2018 年 1 月 1 日至 2022 年 6 月 6 日），如下图所示。

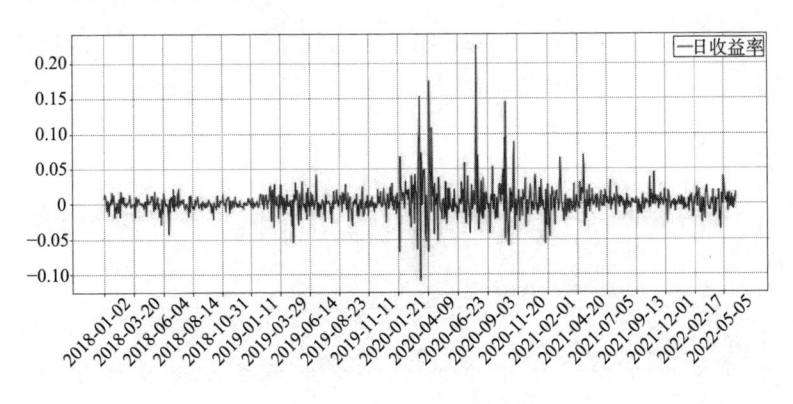

转债余额 TOP 10 价格低于 170 元的年度区间收益统计（2018 年 1 月 1 日至 2022 年 6 月 6 日），见下表。

年　份	2018—2022	2018	2019	2020	2021	2022-01-06
累积收益率（%）	1 178.22	-2.02	23.20	398.57	87.86	13.23
年化收益率（%）	77.56	-2.09	23.96	411.64	90.74	33.34
最大回撤比率（%）	12.43	13.60	11.65	19.44	15.28	12.43
最大回撤时间	2022-03-01 至 2022-04-26	2018-05-22 至 2018-10-18	2019-09-16 至 2019-12-02	2020-10-27 至 2020-11-03	2021-01-21 至 2021-02-08	2022-03-01 至 2022-04-26
收益率标准差（%）	32.58	12.71	19.28	58.04	23.47	19.91
夏普比率	2.38	-0.16	1.24	7.09	3.87	1.67

转债余额 TOP 20 价格低于 170 元的累计净值（2018 年 1 月 1 日至 2022 年 6 月 6 日），如下图所示。

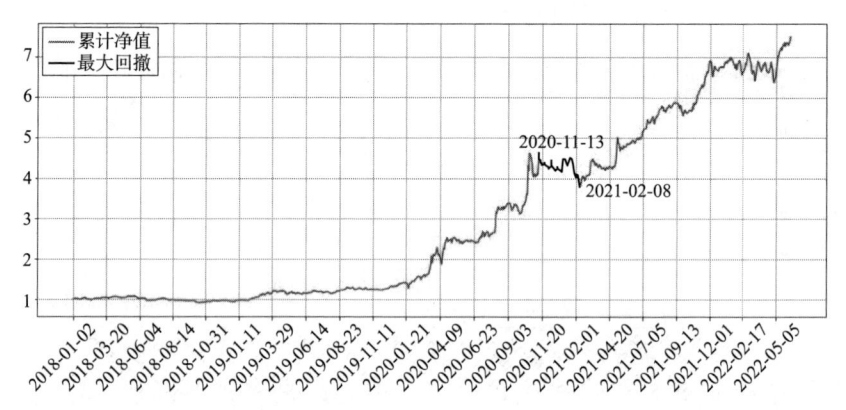

转债余额 TOP 20 价格低于 170 元的日收益率（2018 年 1 月 1 日至 2022 年 6 月 6 日），如下图所示。

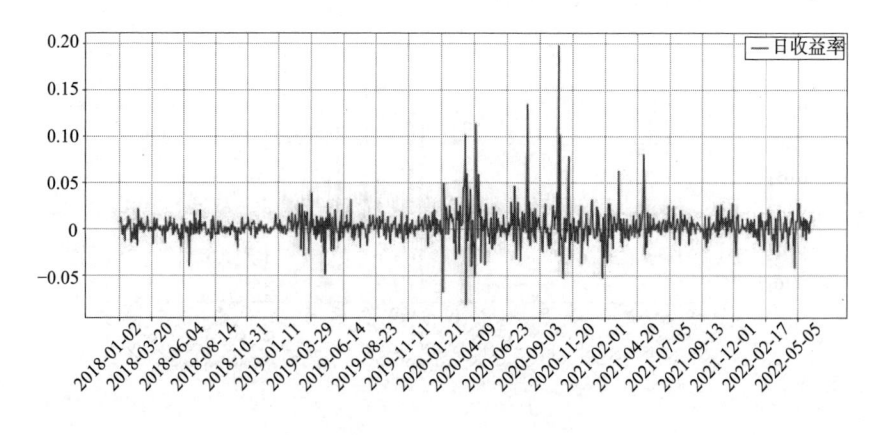

第9章 冒险性策略：小规模低价债策略

转债余额 TOP 20 价格低于 170 元的年度区间收益统计（2018 年 1 月 1 日至 2022 年 6 月 6 日），见下表。

年　　份	2018—2022	2018	2019	2020	2021	2022-01-06
累积收益率（％）	648.79	−5.72	41.75	214.05	62.39	9.67
年化收益率（％）	57.40	−5.93	43.12	221.06	64.44	24.36
最大回撤比率（％）	18.18	15.39	8.06	12.35	19.18	10.21
最大回撤时间	2020-11-13 至 2021-02-08	2018-05-22 至 2018-10-18	2019-04-22 至 2019-05-06	2020-10-26 至 2020-11-03	2021-01-19 至 2021-02-08	2022-03-01 至 2022-04-26
收益率标准差（％）	25.98	11.16	19.38	44.33	20.89	19.39
夏普比率	2.209	−0.53	2.63	4.99	3.08	1.26

我们看到放宽价格限制后，规模因子的整体长期收益有了较大幅度的提高，其中，表现最好的仍为 TOP 5 的小剩余规模转债组合。我们发现除 2018 年外，其余年份都取得了不错的正收益，随着价格限制的放宽，整体收益率的波动情况也有所增加，但是我们可以看到净值曲线的波动及回撤也有了一定程度的扩大，较为宽松的价格限制为规模因子作用的发挥腾出了空间，但同样承担了一定程度的不确定性。所谓盈亏同源也正是出自于此。

最后，回测不设置价格限制的纯规模因子的表现情况。

转债余额策略的月度收益统计（2018 年 1 月 1 日至 2022 年 6 月 6 日），见下表。

转债余额	TOP 5	TOP 10	TOP 20
(2018，1)	−0.49％	1.54％	1.43％
(2018，2)	1.46％	0.54％	1.15％
(2018，3)	3.05％	0.84％	2.49％
(2018，4)	3.13％	−0.04％	−0.71％
(2018，5)	−1.11％	0.67％	−1.26％
(2018，6)	−2.83％	−1.36％	−3.45％
(2018，7)	−0.18％	−0.28％	0.56％
(2018，8)	−2.74％	−2.44％	−3.41％
(2018，9)	−0.17％	−1.03％	−1.00％
(2018，10)	−2.16％	−3.12％	−3.48％

续上表

转债余额	TOP 5	TOP 10	TOP 20
(2018, 11)	2.20%	3.24%	3.26%
(2018, 12)	-1.01%	-1.57%	-2.03%
(2019, 1)	2.00%	0.86%	2.95%
(2019, 2)	9.99%	7.99%	8.81%
(2019, 3)	9.72%	5.87%	7.55%
(2019, 4)	-10.48%	-7.24%	1.69%
(2019, 5)	-1.54%	-0.49%	-3.37%
(2019, 6)	0.79%	1.76%	1.20%
(2019, 7)	-9.77%	-7.46%	-3.33%
(2019, 8)	0.68%	3.01%	3.55%
(2019, 9)	-0.44%	2.49%	1.88%
(2019, 10)	-5.64%	-4.21%	-1.05%
(2019, 11)	-2.65%	-1.98%	-0.18%
(2019, 12)	9.63%	5.57%	8.00%
(2020, 1)	4.32%	2.10%	1.76%
(2020, 2)	0.34%	9.64%	9.18%
(2020, 3)	82.90%	62.56%	48.17%
(2020, 4)	35.87%	30.10%	19.43%
(2020, 5)	-22.00%	-12.81%	-8.98%
(2020, 6)	-9.71%	-9.34%	-0.77%
(2020, 7)	-19.27%	-11.48%	-0.89%
(2020, 8)	49.97%	41.81%	33.59%
(2020, 9)	-11.59%	-12.12%	-11.62%
(2020, 10)	30.61%	25.15%	33.42%
(2020, 11)	-17.09%	-13.34%	-13.01%
(2020, 12)	28.22%	15.32%	10.47%
(2021, 1)	-12.80%	-12.78%	-2.95%
(2021, 2)	0.60%	-2.83%	-3.96%
(2021, 3)	9.22%	5.26%	4.46%
(2021, 4)	-3.01%	-1.49%	-0.35%
(2021, 5)	5.17%	8.20%	11.33%

第 9 章　冒险性策略：小规模低价债策略

续上表

转债余额	TOP 5	TOP 10	TOP 20
(2021, 6)	-11.26%	-2.44%	-1.92%
(2021, 7)	18.55%	18.92%	19.93%
(2021, 8)	-7.85%	1.80%	2.37%
(2021, 9)	-3.66%	-9.08%	-5.45%
(2021, 10)	-1.70%	0.07%	4.41%
(2021, 11)	5.54%	12.11%	19.61%
(2021, 12)	-9.82%	-4.80%	-1.35%
(2022, 1)	-3.86%	-9.68%	-9.72%
(2022, 2)	14.80%	9.97%	10.66%
(2022, 3)	-4.90%	-3.31%	-9.71%
(2022, 4)	-8.89%	-9.44%	-9.06%
(2022, 5)	19.30%	25.56%	17.26%
(2022, 6)	3.36%	2.53%	4.59%

转债余额 TOP 5（价格不限制）的累计净值（2018 年 1 月 1 日至 2022 年 6 月 6 日），如下图所示。

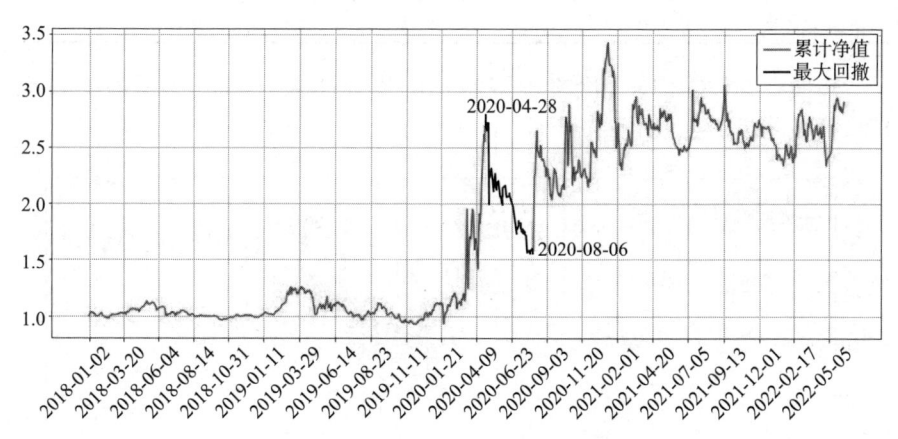

转债余额 TOP 5（价格不限制）的日收益率（2018 年 1 月 1 日至 2022 年 6 月 6 日），如下图所示。

转债余额 TOP 5（价格不限制）的年度区间收益统计（2018 年 1 月 1 日至 2022 年 6 月 6 日），见下表。

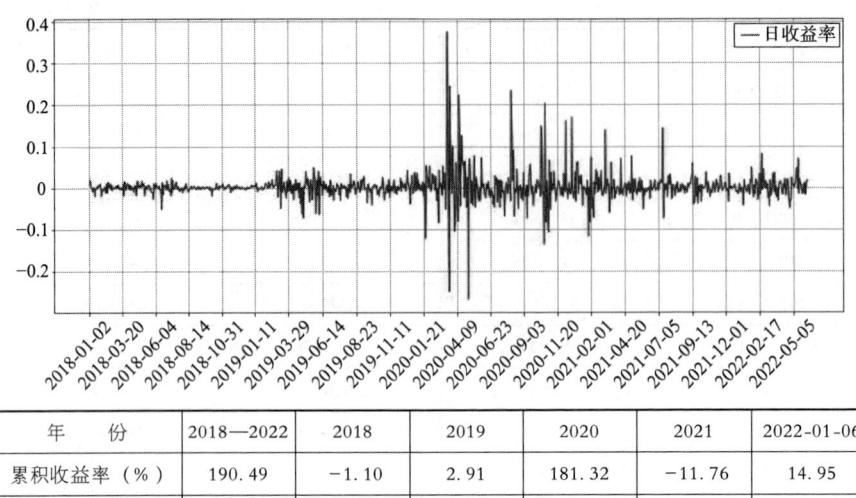

[图：日收益率时间序列，2018-01-02 至 2022-05-05]

年　　份	2018—2022	2018	2019	2020	2021	2022-01-06
累积收益率（%）	190.49	−1.10	2.91	181.32	−11.76	14.95
年化收益率（%）	27.16	−1.14	3.00	187.26	−12.15	37.68
最大回撤比率（%）	44.37	14.94	29.19	44.37	32.93	17.73
最大回撤时间	2020-04-28 至 2020-08-06	2018-05-10 至 2018-10-18	2019-04-03 至 2019-11-28	2020-04-28 至 2020-08-06	2021-01-13 至 2021-02-10	2022-03-04 至 2022-04-26
收益率标准差（%）	54.75	12.28	27.19	100.62	40.84	35.17
夏普比率	0.496	−0.09	0.11	1.86	−0.30	1.07

转债余额 TOP 10（价格不限制）的累计净值（2018 年 1 月 1 日至 2022 年 6 月 6 日），如下图所示。

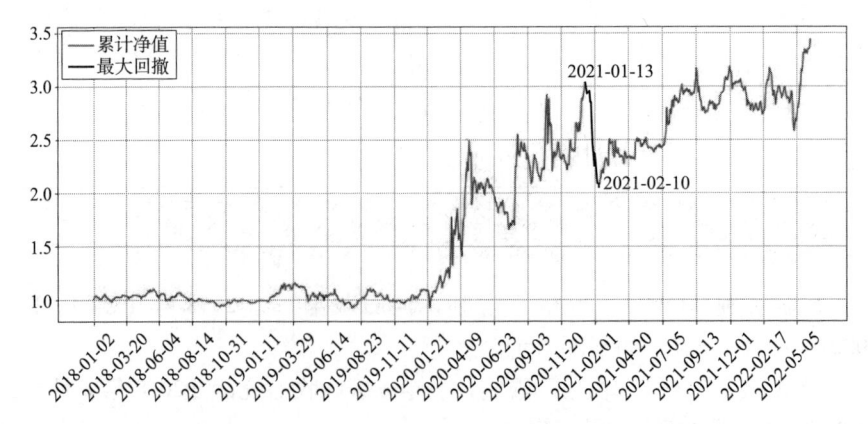

[图：累计净值与最大回撤曲线，标注 2021-01-13 和 2021-02-10]

转债余额 TOP 10（价格不限制）的日收益率（2018 年 1 月 1 日至 2022 年 6 月 6 日），如下图所示。

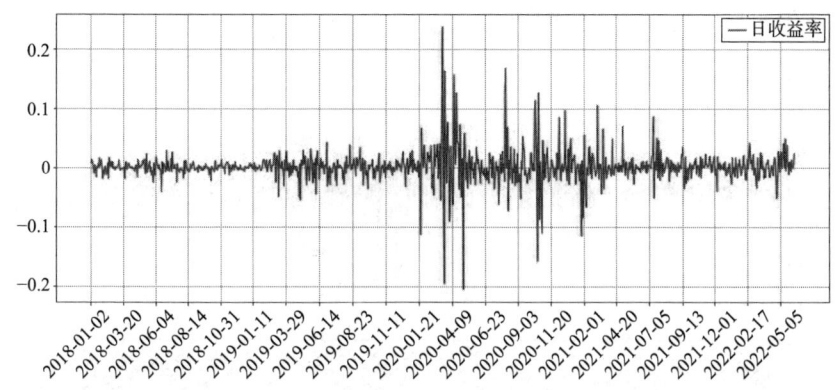

第9章 冒险性策略：小规模低价债策略

转债余额 TOP 10（价格不限制）的年度区间收益统计（2018年1月1日至2022年6月6日），见下表。

年 份	2018—2022	2018	2019	2020	2021	2022-01-06
累积收益率（%）	243.53	-3.13	5.07	159.46	12.64	15.67
年化收益率（%）	32.06	-3.25	5.24	164.69	13.06	39.48
最大回撤比率（%）	32.63	15.10	20.11	33.53	32.63	18.68
最大回撤时间	2021-01-13 至 2021-02-10	2018-05-22 至 2018-10-18	2019-04-03 至 2019-08-06	2020-04-28 至 2020-07-27	2021-01-13 至 2021-02-10	2022-03-02 至 2022-04-26
收益率标准差（%）	42.23	13.30	22.45	75.71	33.42	27.86
夏普比率	0.759	-0.24	0.23	2.18	0.39	1.42

转债余额 TOP 20（价格不限制）的累计净值（2018年1月1日至2022年6月6日），如下图所示。

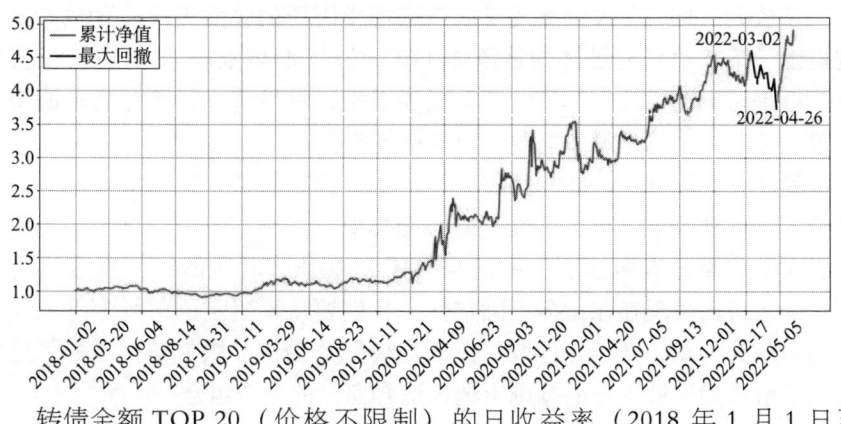

转债余额 TOP 20（价格不限制）的日收益率（2018年1月1日至

2022年6月6日），如下图所示。

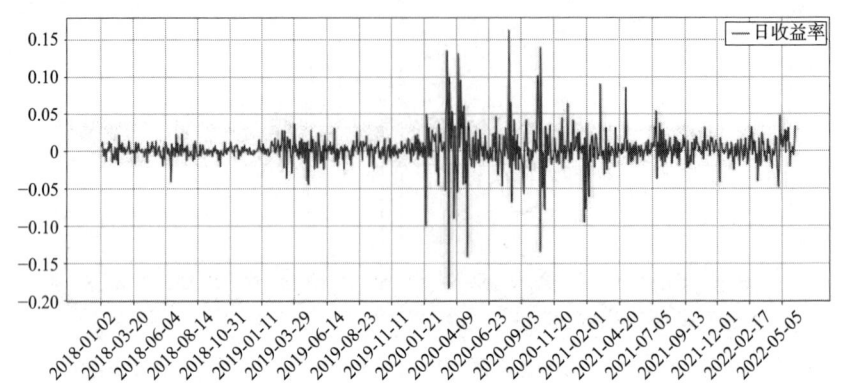

转债余额 TOP 20（价格不限制）的年度区间收益统计（2018 年 1 月 1 日至 2022 年 6 月 6 日）。

年　　份	2018—2022	2018	2019	2020	2021	2022-01-06
累积收益率（%）	391.47	-9.53	30.08	152.57	44.01	10.92
年化收益率（%）	43.15	-9.78	31.07	157.57	45.45	27.53
最大回撤比率（%）	19.31	19.40	13.21	20.87	22.26	19.31
最大回撤时间	2022-03-02 至 2022-04-26	2018-05-22 至 2018-10-18	2019-04-22 至 2019-08-06	2020-10-27 至 2020-12-03	2021-01-25 至 2021-02-10	2022-03-02 至 2022-04-26
收益率标准差（%）	34.49	11.49	17.95	60.90	28.25	25.78
夏普比率	1.251	-0.59	1.73	2.59	1.61	1.07

我们可以看到剔除价格限制后，转债余额的规模因子的单独表现差强人意。主因中涵盖了许多高价及高风险转债标的。收益率的标准差变动也进一步放大，相较于溢价率及双低策略规模因子的收益表现波动较大。在规模因子策略中表现最好的是添加 170 元以下价格限制的 TOP 5 投资组合，但是历史的模拟回测不能完全代表未来，做投资需要参考自己的资金规模以及对市场的理解和客观情况进行判断。

到此，我们就可转债的回收收益、持有到期收益、转股溢价率、剩余规模、价格等因子进行了多维度的回测模拟。其中，每个因子的着重点和底层收益逻辑也有所区别，做组合时需要充分参考转债的各维度风险特征，未来市场表现存在诸多不确定性，我们要从不确定的市场中寻求风险较为可控的收益，并不是选取几个历史模拟的最优参数就能做到的，还需要在了解转债属性本身的基础上选择适合自己的投资组合。

第 10 章

其他补充策略

10.1 到期收益率策略

到期收益率策略有效的前提是转债未出现违约现象，一旦出现了违约现象，到期收益率策略容易选出这些高到期收益率、低价格的违约风险高的转债，风险极大。所以，到期收益率策略在未出现违约的市场是有效的，2023年之后需要和其他因子组合成多因子组合来保持有效性。

10.1.1 什么是到期收益率

到期收益率是指投资者持有该转债到期，能获得的收益率。如果到期收益率≥0，则说明按照约定利息，只要发行公司不违约，到期后投资者就会有收益；如果到期收益率<0，则到期按照约定利息，投资者也不能保本。

由于最后一年，发行公司到期赎回的价格会高于当年利息，说明最后一年的到期赎回价包含了最后一年的利息。所以，在计算到期收益率时，最后一年会用到期赎回价而不是用第六年利率。

因此，到期收益率=（到期赎回价格+未付利息－最后一次利息－买入价格）÷买入价格×100%

一般而言，可转债前面5年的利息之和在3%～5%的范围，到期能收到的本息之和为3%～5%，再加上到期赎回价。

站在投资者的角度：可转债的持有到期收获本息也是投资者的一项选择权，表示可转债的持有人可以持有债券，直到期满时收取本金和利息，也可以选择随时逢高出售、逢折价转股。

10.1.2 什么是到期收益率策略

假设按月调仓，每月19日为调仓日。在2021年2月19日，将市场上所有可转债的到期收益率从高到低排序，挑选前 N 名（这里举例用 $N=10$）的可转债组成组合，以等资金比例买入。等到2021年3月19日，重新将市场上所有可转债的到期收益率从高到低排序，挑选前十名的可转债。这时，在这一个月期间涨得多的可转债一般不会出现在前十，所以我们会调出。由于价格不同了，按照等金额（等权）比例分配原则，组合内每个可转债的持有数量可能会随之调整。这就是可转债"轮动"。

可转债到期收益率轮动策略的唯一因子是"到期收益率"。到期收益率也分税前到期收益率和税后到期收益率，下面分别演示这两种因子的回测结果。

10.1.3 到期收益率策略简单回测演示

1. 计算业绩基准

先在宁稳网下载3个月度调仓日的可转债收盘数据，如2021年2月19日、2021年3月19日、2021年4月19日的数据（如果遇到节假日，系统显示的则是前一个交易日的数据）。

首先，计算每个可转债在2021年2月19日至3月19日涨跌幅，然后取平均值，得到2.54%。

其次，计算每个可转债在2021年3月19日至4月19日涨跌幅，然后取平均值，得到1.41%。

最后，计算累计收益率，得出结果3.99%，见下表。

所有可转债	2021-02-19 至 2021-03-19	2021-03-19 至 2021-04-19
分段平均收益率（%）	2.54	1.41
累计收益率（%）	—	3.99

2. 计算税前到期策略收益率

对2021年2月19日的可转债数据，选择"税前到期收益率"列，进行降序排列。选出2021年2月19日税前到期收益最高的十名转债，如下图所示。

转债代码	转债名称	股票代码	股票名称	行业	子行业	转债价格	2.19-3.19 涨跌幅	税前收益率	税后收益率
128062	亚药转债	2370	亚太药业	医药	化学制药	69.4	3.99%	14.60%	13.50%
113527	维格转债	603518	维格娜丝	服装纺织	服装行业	80.22	4.40%	10.90%	9.90%
127018	本钢转债	761	本钢板材	钢铁	炼钢	77.153	7.88%	10.40%	9.35%
128044	岭南转债	2717	岭南股份	城市公用	生态环境	84.918	4.82%	8.27%	7.58%
128100	搜特转债	2503	搜于特	服装纺织	服装行业	80.91	3.15%	7.81%	7.12%
127003	海印转债	861	海印股份	商业零售	商场	101.6	2.71%	7.75%	5.95%
113569	科达转债	603660	苏州科达	通信互联	物联网	83.98	8.14%	7.64%	6.85%
110072	广汇转债	600297	广汇汽车	汽车	分销、售	77.57	7.46%	7.47%	6.94%
123028	清水转债	300437	清水源	城市公用	三废处理	90.027	7.08%	7.46%	6.50%
128085	鸿达转债	2002	鸿达兴业	化工	化工	89	10.45%	7.36%	6.42%

这些转债在这一个月的平均涨幅为6.01%，跑赢了所有可转债在这一个月的平均涨跌幅2.54%。

在2021年3月19日至4月19日这一个月中，选出2021年3月19日税前到期收益最高的十名转债，如下图所示。

转债代码	转债名称	股票代码	股票名称	行业	子行业	转债价格	3.19-4.19 涨跌幅	税前收益率	税后收益率
128062	亚药转债	2370	亚太药业	医药	化学制药	72.166	6.63%	13.70%	12.70%
113527	维格转债	603518	维格娜丝	服装纺织	服装行业	83.75	6.57%	9.86%	8.87%
127018	本钢转债	761	本钢板材	钢铁	炼钢	83.231	15.62%	8.90%	7.89%
128100	搜特转债	2503	搜于特	服装纺织	服装行业	83.455	1.82%	7.14%	6.48%
128044	岭南转债	2717	岭南股份	城市公用	生态环境	89.009	4.69%	6.94%	6.26%
110072	广汇转债	600297	广汇汽车	汽车	分销、售	83.36	13.22%	6.14%	5.61%
113589	天创转债	603608	天创时尚	服装纺织	鞋服行业	85.38	4.05%	6.01%	5.43%
113519	长久转债	603569	长久物流	交通运输	物流业	96.86	2.44%	6.01%	5.02%
128063	未来转债	2631	德尔未来	其他	家居用品	102.278	-0.08%	5.95%	4.71%
113569	科达转债	603660	苏州科达	通信互联	物联网	90.82	3.17%	5.94%	5.18%

这些转债在这一个月的平均涨幅为 5.81%，跑赢了所有可转债在这一个月的平均涨跌幅 1.41%。

计算累计收益率，得出结果 12.17%，见下表。

税前到期收益率前十	2021-02-19 至 2021-03-19	2021-03-19 至 2021-04-19
分段平均收益率（%）	6.01	5.81
累计收益率（%）		12.17

结论是，2021 年 2 月 19 日至 4 月 19 日，我们每次选择排名前十的税前到期收益率的可转债，按月调仓轮动，获得了 12.17% 的累计收益。

3. 计算税后到期策略收益率

对 2021 年 2 月 19 日的可转债数据进行观察，选择"税后到期收益率"列，进行降序排列。选出的 2021 年 2 月 19 日税后到期收益最高的十名转债，如下图所示。

转债代码	转债名称	股票代码	股票名称	行业	子行业	转债价格	2.19-3.19 涨跌幅	税前收益率	税后收益率
128062	亚药转债	2370	亚太药业	医药	化学制药	69.4	3.99%	14.60%	13.50%
113527	维格转债	603518	维格娜丝	服装纺织	服装行业	80.22	4.40%	10.90%	9.90%
127018	本钢转债	761	本钢板材	钢铁	炼钢	77.153	7.88%	10.40%	9.35%
128044	岭南转债	2717	岭南股份	城市公用	生态环境	84.918	4.82%	8.27%	7.58%
128100	搜特转债	2503	搜于特	服装纺织	服装行业	80.91	3.15%	7.81%	7.12%
110072	广汇转债	600297	广汇汽车	汽车	分销、售	77.57	7.46%	7.47%	6.94%
113569	科达转债	603660	苏州科达	通信互联	物联网	83.98	8.14%	7.64%	6.85%
123028	清水转债	300437	清水源	城市公用	三度处理	90.027	7.08%	7.46%	6.50%
128085	鸿达转债	2002	鸿达兴业	化工	化工	89	10.45%	7.36%	6.42%
127019	国城转债	688	国城矿业	有色金属	锌铅镍锡	80.9	6.51%	6.89%	6.33%

这些转债在这个月的平均涨幅为 6.39%，跑赢了所有可转债在这个月的平均涨跌幅为 2.54%。

在 2021 年 3 月 19 日至 4 月 19 日，选出 2021 年 3 月 19 日税前到期收益最高的十名转债，如下图所示。

第10章 其他补充策略

转债代码	转债名称	股票代码	股票名称	行业	子行业	转债价格	3.19-4.19 涨跌幅	税前收益率	税后收益率
128062	亚药转债	2370	亚太药业	医药	化学制药	72.166	6.63%	13.70%	12.70%
113527	维格转债	603518	维格娜丝	服装纺织	服装行业	83.75	6.57%	9.86%	8.87%
127018	本钢转债	761	本钢板材	钢铁	炼钢	83.231	15.62%	8.90%	7.89%
128100	搜特转债	2503	搜于特	服装纺织	服装行业	83.455	1.82%	7.14%	6.48%
128044	岭南转债	2717	岭南股份	城市公用	生态环境	89.009	4.69%	6.94%	6.26%
110072	广汇转债	600297	广汇汽车	汽车	分销、售	83.36	13.22%	6.14%	5.61%
113589	天创转债	603608	天创时尚	服装纺织	鞋服行业	85.38	4.05%	6.01%	5.43%
113569	科达转债	603660	苏州科达	通信互联	物联网	90.82	3.17%	5.94%	5.18%
127019	国城转债	688	国城矿业	有色金属	锌铅镍锡	86.168	3.08%	5.71%	5.15%
113595	花王转债	603007	花王股份	城市公用	生态环境	92.85	-1.78%	5.91%	5.06%

这些转债在这一个月的平均涨幅为5.81%，跑赢了所有可转债在这一个月的平均涨跌幅1.41%。

计算累计收益率，得出结果12.46%，见下表。

税后到期收益率前十	2021-02-19 至 2021-03-19	2021-03-19 至 2021-04-19
分段平均收益率（%）	6.39	5.71
累计收益率（%）	—	12.46

4. 小　　结

从短期来看，可转债到期收益率策略是有意义的。税后到期收益率优于税前到期收益率策略，符合我们的预期，毕竟税后到期收益率对投资者而言更有意义，见下表。

所有可转债	2021-02-19 至 2021-03-19	2021-03-19 至 2021-04-19
分段平均收益率（%）	2.54	1.41
累计收益率（%）	—	3.99
税前到期收益率前十	2021-02-19 至 2021-03-19	2021-03-19 至 2021-04-19
分段平均收益率（%）	6.01	5.81
累计收益率（%）	—	12.17
税后到期收益率前十	2021-02-19 至 2021-03-19	2021-03-19 至 2021-04-19
分段平均收益率（%）	6.39	5.71
累计收益率至（%）	—	12.46

当然，短期不能代表长期回测结论，各位读者可以用已学到的回测方法，对该策略进行更长期的回测。但是，长期回测耗时，需要更加耐心和细致。

10.1.4　到期收益率策略长期回测演示

可转债的到期收益率策略即根据可转债的债券属性，投资相对有较高的持有至到期的债券收益的一个策略方法。站在债券的角度以当前的价格买入持有至到期获得的本金收入计算的收益率越高越具有投资价值。当然，这里把所有转债的信用风险都做一般性的考虑，实际上每个发债主体的信用评级是有不少区别的。我们仅以到期收益率进行降序排序，选择到期收益率最高的 5 只、10 只、20 只进行组合投资。

同时，到期收益方面我们也做了税前到期收益率及税后到期收益率的划分。策略回测区间为 2018 年 1 月 1 日至 2022 年 6 月 6 日。下面为所有策略参数的月度收益汇总情况。

到期收益率策略月度收益统计见下表。

到期收益率策略	税后 TOP 5	税后 TOP 10	税后 TOP 20	税前 TOP 5	税前 TOP 10	税前 TOP 20
(2018, 1)	1.99%	1.91%	1.20%	1.57%	1.89%	1.19%
(2018, 2)	1.03%	0.58%	0.32%	0.44%	0.83%	0.39%
(2018, 3)	−0.17%	0.07%	0.67%	−0.13%	0.24%	0.66%
(2018, 4)	−1.36%	−1.88%	−2.03%	−1.47%	−1.68%	−1.77%
(2018, 5)	−4.83%	−3.84%	−2.33%	−4.86%	−3.86%	−2.46%
(2018, 6)	−2.85%	−2.03%	−1.34%	−2.84%	−2.08%	−1.57%
(2018, 7)	0.70%	2.39%	2.69%	0.70%	1.80%	2.65%
(2018, 8)	−1.24%	−1.97%	−1.69%	−0.91%	−1.61%	−1.68%
(2018, 9)	0.72%	0.47%	0.10%	0.16%	0.08%	−0.17%
(2018, 10)	0.87%	−0.20%	−1.20%	0.89%	−0.09%	−1.05%
(2018, 11)	4.11%	3.66%	4.99%	3.66%	3.58%	4.71%
(2018, 12)	−0.71%	−1.09%	−0.61%	−0.92%	−1.02%	−0.56%
(2019, 1)	3.94%	3.01%	2.46%	3.90%	3.22%	2.60%
(2019, 2)	5.28%	5.80%	7.34%	5.41%	5.77%	6.93%
(2019, 3)	6.73%	8.29%	8.44%	7.13%	7.66%	7.90%
(2019, 4)	−1.07%	−2.24%	−2.66%	−0.45%	−3.66%	−3.27%
(2019, 5)	−0.09%	0.19%	−0.18%	0.19%	−0.12%	−0.21%
(2019, 6)	−0.72%	−0.07%	0.08%	−0.24%	0.47%	0.07%
(2019, 7)	0.39%	1.08%	1.49%	0.52%	1.21%	1.28%
(2019, 8)	0.60%	0.83%	1.00%	0.77%	1.13%	1.01%

第 10 章 其他补充策略

续上表

到期收益率策略	税后 TOP 5	税后 TOP 10	税后 TOP 20	税前 TOP 5	税前 TOP 10	税前 TOP 20
(2019, 9)	2.39%	1.67%	1.84%	2.21%	2.03%	2.04%
(2019, 10)	0.18%	0.20%	−0.34%	−0.07%	−0.06%	−0.35%
(2019, 11)	−2.13%	−1.73%	−1.35%	−2.23%	−1.89%	−1.24%
(2019, 12)	0.92%	1.24%	2.54%	0.82%	1.28%	2.23%
(2020, 1)	2.11%	3.37%	2.14%	3.24%	3.48%	2.63%
(2020, 2)	6.63%	5.25%	4.98%	6.46%	4.50%	5.07%
(2020, 3)	9.49%	8.53%	6.63%	7.76%	7.87%	8.15%
(2020, 4)	0.89%	1.41%	0.89%	0.17%	2.06%	0.38%
(2020, 5)	−5.46%	−4.03%	−2.74%	−5.31%	−3.89%	−2.91%
(2020, 6)	−2.41%	−1.87%	−1.11%	−1.91%	−1.72%	−0.87%
(2020, 7)	4.27%	4.25%	4.39%	4.35%	4.09%	4.63%
(2020, 8)	0.02%	1.24%	1.83%	0.02%	1.44%	2.03%
(2020, 9)	−2.40%	−2.59%	−2.00%	−2.08%	−2.00%	−1.93%
(2020, 10)	−0.02%	0.65%	0.89%	−0.38%	0.26%	1.00%
(2020, 11)	−2.07%	−0.33%	0.27%	−1.10%	−0.21%	0.58%
(2020, 12)	−2.11%	−2.81%	−2.73%	−2.94%	−2.17%	−3.00%
(2021, 1)	−6.14%	−5.31%	−5.53%	−6.75%	−6.25%	−6.00%
(2021, 2)	6.24%	5.74%	5.62%	5.49%	5.61%	5.23%
(2021, 3)	5.48%	6.78%	5.57%	6.02%	6.70%	5.52%
(2021, 4)	16.07%	11.60%	7.60%	14.13%	11.37%	7.64%
(2021, 5)	4.05%	4.51%	6.28%	3.38%	3.83%	6.58%
(2021, 6)	0.58%	0.93%	0.85%	0.31%	0.08%	0.65%
(2021, 7)	−1.52%	0.30%	1.25%	−1.46%	1.11%	1.22%
(2021, 8)	11.71%	7.59%	6.18%	10.18%	6.81%	6.05%
(2021, 9)	1.97%	1.40%	1.15%	1.43%	1.49%	1.02%
(2021, 10)	10.95%	4.94%	2.57%	10.50%	5.30%	3.05%
(2021, 11)	3.03%	3.66%	5.61%	2.96%	3.43%	5.68%
(2021, 12)	4.97%	4.41%	4.37%	4.60%	4.03%	3.56%
(2022, 1)	3.48%	2.50%	2.64%	2.92%	2.80%	2.02%
(2022, 2)	1.67%	0.55%	0.73%	0.22%	0.78%	0.74%
(2022, 3)	2.43%	0.28%	−0.70%	2.00%	0.16%	−0.69%
(2022, 4)	2.34%	0.97%	1.19%	4.23%	0.91%	0.98%

续上表

到期收益率 策略	税后 TOP 5	税后 TOP 10	税后 TOP 20	税前 TOP 5	税前 TOP 10	税前 TOP 20
（2022，5）	3.60%	3.90%	3.63%	4.82%	3.66%	3.88%
（2022，6）	0.51%	0.44%	0.04%	0.15%	0.49%	0.10%

从上表中可以看到，在策略测试中并未对价格进行一些特别的限制，这是因为一般到期收益率高的可转债，其交易价格一般较低，到期还本付息的金额大部分在 100～120 元/张。如果到期收益率为正，目前的交易价格一般相对较低，均在 110 元以下。所以，做这个策略时没有对交易价格本身进行限制，因为所选组合的价格范围差别不大。

到期收益率的计算做了税前和税后的区分，下面是不同组合数量的策略表现情况。税后收益率 TOP 5 的累计净值走势如下图所示。

税后收益率 TOP 5 的日收益率如下图所示。

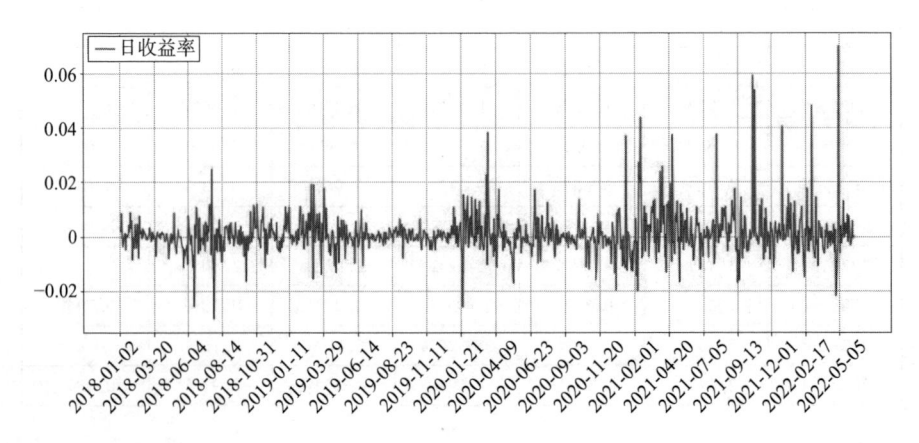

第 10 章　其他补充策略

税后收益率 TOP 5 的年度区间收益统计见下表。

年　份	2018—2022	2018	2019	2020	2021	2022-01-06
累积收益率（%）	145.73	-2.01	16.94	8.27	72.00	14.84
年化收益率（%）	22.46	-2.09	17.49	8.54	74.36	37.40
最大回撤比率（%）	18.41	12.02	6.07	13.21	9.34	6.82
最大回撤时间	2020-04-23 至 2021-02-08	2018-03-13 至 2018-10-18	2019-04-10 至 2019-06-06	2020-04-23 至 2020-12-24	2021-01-04 至 2021-02-08	2022-03-03 至 2022-04-28
收益率标准差（%）	11.86	8.47	7.08	10.28	16.42	16.96
夏普比率	1.89	-0.25	2.47	0.83	4.53	2.21

税后到期收益率 TOP 10 的累计净值走势如下图所示。

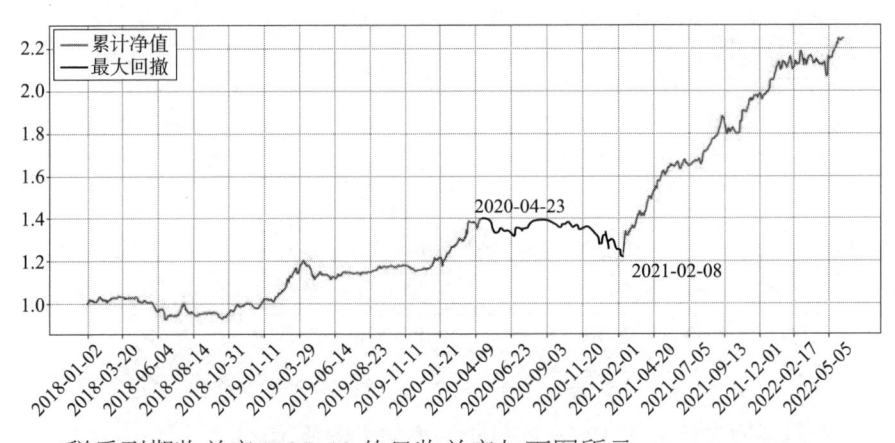

税后到期收益率 TOP 10 的日收益率如下图所示。

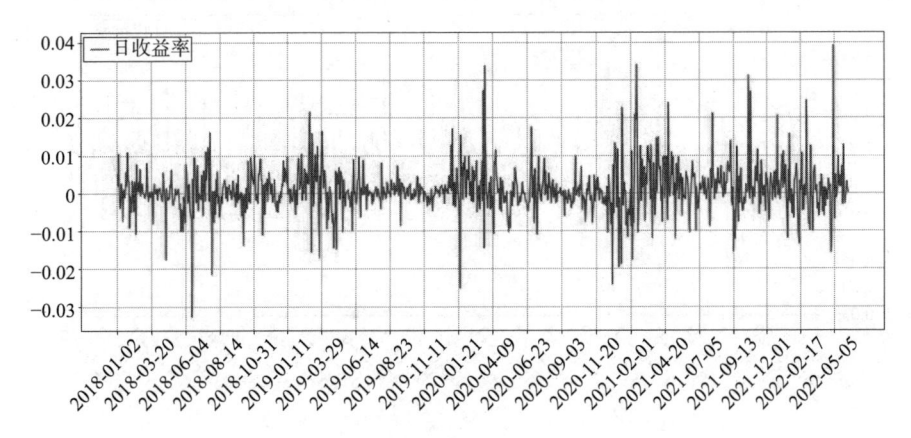

税后到期收益率 TOP 10 的年度区间收益统计见下表。

年　　份	2018—2022	2018	2019	2020	2021	2022-01-06
累积收益率（%）	124.76	-2.17	19.11	13.04	56.40	8.89
年化收益率（%）	20.02	-2.25	19.74	13.47	58.25	22.41
最大回撤比率（%）	13.07	10.73	7.41	8.89	8.80	5.48
最大回撤时间	2020-04-23 至 2021-02-08	2018-03-12 至 2018-06-21	2019-04-09 至 2019-05-06	2020-04-23 至 2020-12-24	2021-01-06 至 2021-02-08	2022-03-03 至 2022-04-27
收益率标准差（%）	9.67	8.08	7.54	9.43	11.93	11.67
夏普比率	2.07	-0.28	2.62	1.43	4.88	1.92

税后到期收益率 TOP 20 的累计净值如下图所示。

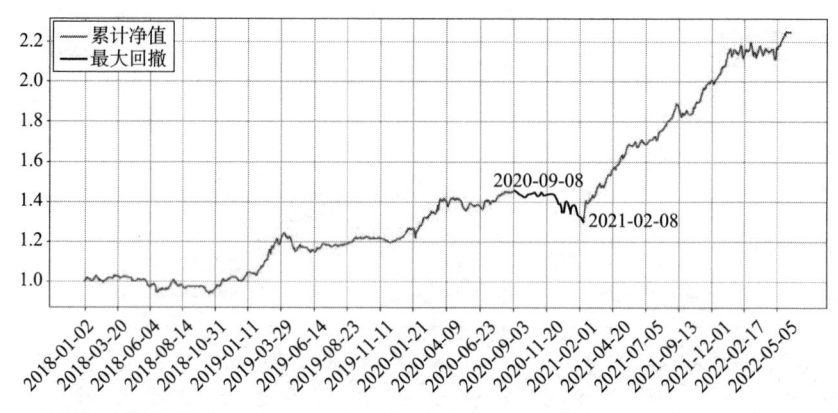

税后到期收益率 TOP 20 的日收益率如下图所示。

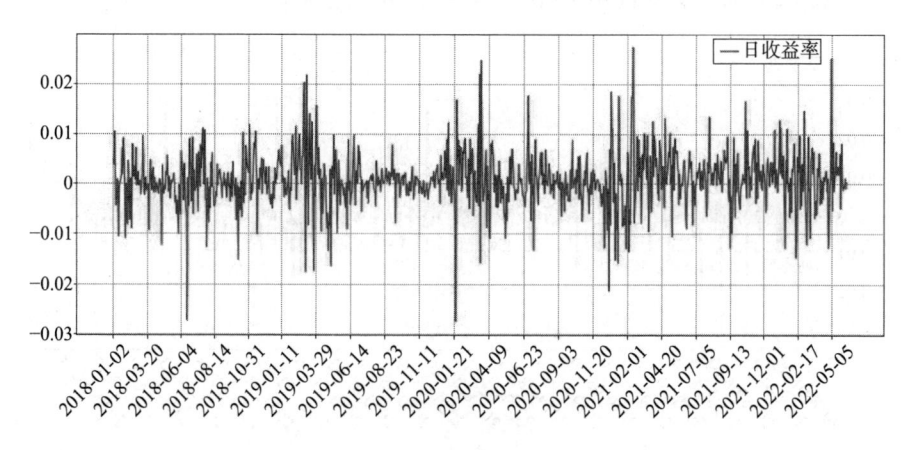

第 10 章 其他补充策略

税后到期收益率 TOP 20 的年度区间收益统计见下表。

年　份	2018—2022	2018	2019	2020	2021	2022-01-06
累积收益率（%）	124.50	0.52	21.92	13.75	49.38	7.71
年化收益率（%）	19.99	0.54	22.64	14.20	51.00	19.42
最大回撤比率（%）	10.83	8.90	7.82	7.72	7.45	3.81
最大回撤时间	2020-09-08 至 2021-02-08	2018-03-13 至 2018-10-18	2019-04-09 至 2019-06-06	2020-09-08 至 2020-12-28	2021-01-06 至 2021-02-08	2022-03-03 至 2022-04-27
收益率标准差（%）	8.65	7.48	7.94	9.26	9.15	9.85
夏普比率	2.311	0.07	2.85	1.53	5.57	1.97

我们可以看出税后收益率策略中不同的组合持仓其对应的累积收益变化较为稳定，2018—2022 年的累积收益率在 120%～150%。最大回撤比例均在 30% 以下，其中 TOP 5 和 TOP 10 的回撤区间持续时间较长（长达半年之久）。TOP 20 的回撤控制得最好，为 10.83%，这一定程度上说明对于税后到期收益率因子而言，持仓越分散策略的风险控制越好。下面观察税前到期收益率策略的表现情况。

税前到期收益率 TOP 5 的累计净值如下图所示。

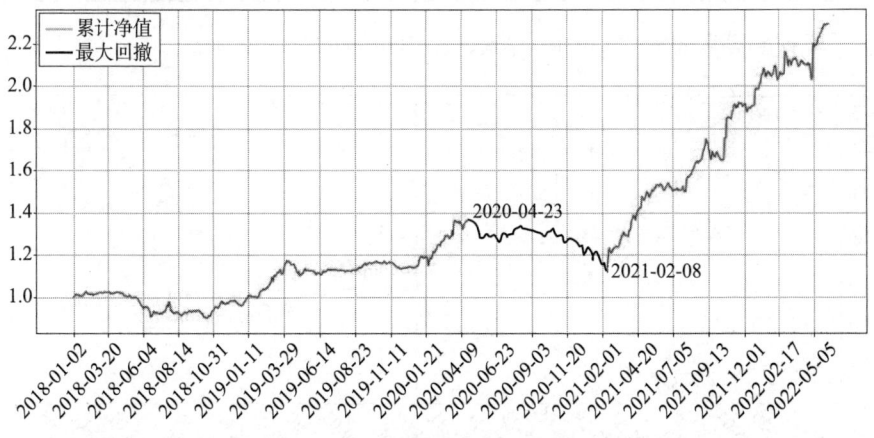

税前到期收益率 TOP 5 的日收益率如下图所示。

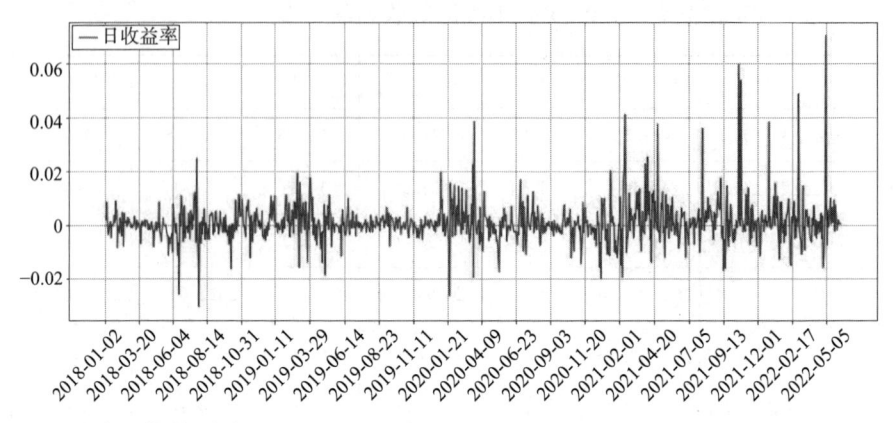

税前到期收益率 TOP 5 的年度区间收益统计见下表。

年 份	2018—2022	2018	2019	2020	2021	2022-01-06
累积收益率（%）	129.49	-3.90	18.72	7.70	61.78	15.13
年化收益率（%）	20.58	-4.05	19.33	7.95	63.80	38.14
最大回撤比率（%）	17.90	12.49	6.06	12.57	9.17	6.10
最大回撤时间	2020-04-23 至 2021-02-08	2018-01-26 至 2018-10-18	2019-04-04 至 2019-05-06	2020-04-23 至 2020-12-24	2021-01-04 至 2021-02-08	2022-03-02 至 2022-04-27
收益率标准差（%）	11.57	8.38	7.40	10.49	15.41	16.65
夏普比率	1.779	-0.48	2.61	0.76	4.14	2.29

税前到期收益率 TOP 10 的累计净值走势如下图所示。

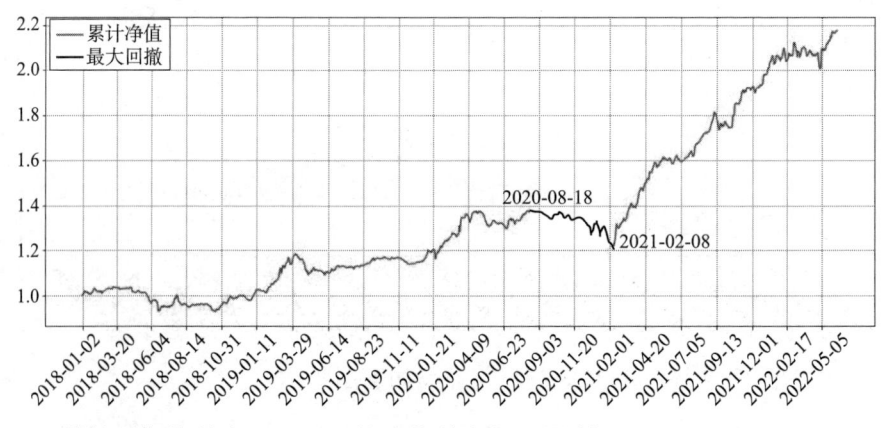

税前到期收益率 TOP 10 的日收益率如下图所示。

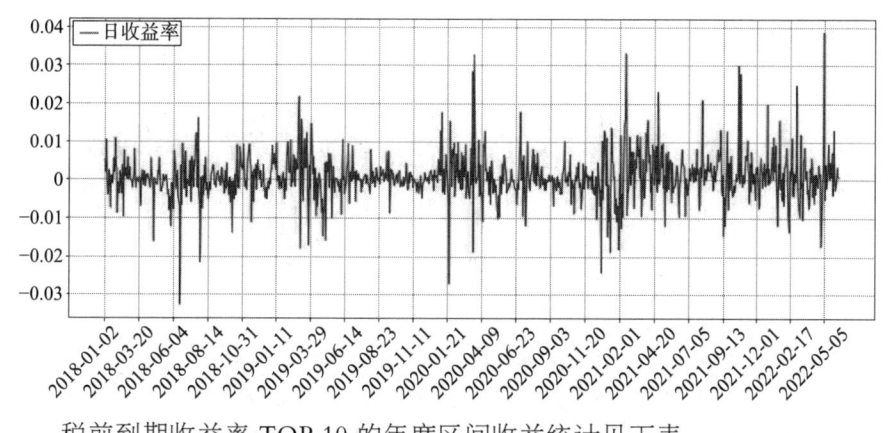

税前到期收益率 TOP 10 的年度区间收益统计见下表。

年　份	2018—2022	2018	2019	2020	2021	2022-01-06
累积收益率（%）	117.55	−2.13	17.52	13.90	51.81	9.08
年化收益率（%）	19.14	−2.21	18.09	14.36	53.51	22.89
最大回撤比率（%）	12.45	10.66	7.94	8.14	9.17	5.46
最大回撤时间	2020-08-18 至 2021-02-08	2018-03-13 至 2018-10-18	2019-04-04 至 2019-06-06	2020-08-18 至 2020-12-24	2021-01-06 至 2021-02-08	2022-03-03 至 2022-04-27
收益率标准差（%）	9.56	7.91	7.69	9.84	11.23	11.71
夏普比率	2.00	−0.28	2.35	1.46	4.77	1.95

税前到期收益率 TOP 20 的累计净值走势如下图所示。

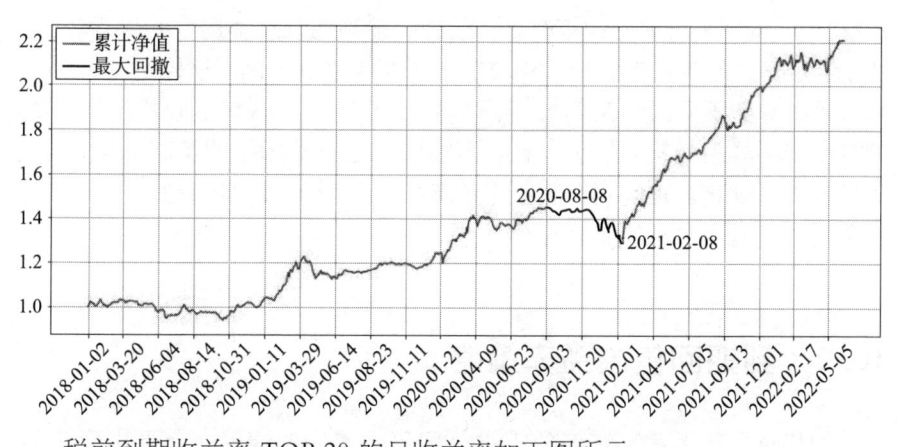

税前到期收益率 TOP 20 的日收益率如下图所示。

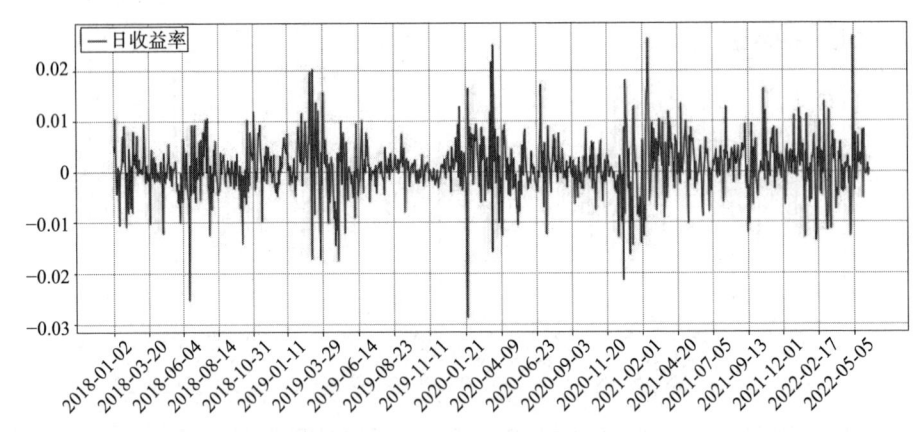

税前到期收益率 TOP 20 的年度区间收益统计见下表。

年份	2018—2022	2018	2019	2020	2021	2022-01-06
累积收益率（%）	120.73	0.10	19.98	16.24	47.40	7.17
年化收益率（%）	19.53	0.11	20.63	16.77	48.95	18.08
最大回撤比率（%）	11.45	9.21	8.39	7.45	8.30	4.00
最大回撤时间	2020-09-08 至 2021-02-08	2018-03-13 至 2018-10-18	2019-04-09 至 2019-06-06	2020-09-08 至 2020-12-24	2021-01-06 至 2021-02-08	2022-03-03 至 2022-04-27
收益率标准差（%）	8.62	7.31	7.98	9.41	8.95	9.92
夏普比率	2.26	0.01	2.58	1.78	5.47	1.82

通过比较发现使用税前到期收益率排序的因子策略，从收益和波动性的整体表现都要略逊色于税后到期收益率因子。但是，从近半年的情况来看，2022 年 1—6 月表现最好的策略是，使用税前到期收益率选取的前五名的投资组合策略。此期间获得 15.13% 的绝对收益且在此期间回撤控制在 6.1%。

可以看到不同区间策略的不同数量和税前税后均有不同的最优参数，但各个策略的表现差异较小，且对于投资到期收益因子的策略而言，应当尽量选择可以获得正向到期收益率的策略。同时，根据转债的流动性和资金量去选择适合自己的实盘参数。

10.2 到期回售收益率策略

回售也是基于发行转债的上市公司不会违约的情况，一旦出现违约，回售收益率策略就不再有效，这一点和到期收益率策略相似。

10.2.1 什么是回售

可转债回售，是一项保护投资者利益的条款。如下图所示的可转债回售条款为：在本次可转债最后两个计息年度内，如果公司股票收盘价在任何连续三十个交易日低于当期转股价格的 70% 时，触发回售。同时，回售条款在发行公告时已经事先约定。

节能转债 - 113051 (正股: 节能风电R - 601016 行业: 公用事业-电力-新能源发电)						一自选
价格: 166.750		转股价值: 175.80		税前收益: -6.48%	成交(万): 46164.79	
涨幅: 3.26%		溢价率: -5.22%		税后收益: -6.89%	当日换手: 9.43%	
转股起始日	2021-12-27	回售起始日	2025-06-20	到期日	2027-06-21	发行规模(亿)	30.000
转股价	4.05	回售价	100.00 *	剩余年限	5.674	剩余规模(亿)	30.000
股东配售率	63.21%	转股代码	未到转股期	到期赎回价	110.00	转债占比1	9.40%
网上中签率	0.0133%	已转股比例	0.00%	正股波动率	61.54%	转债占比2	8.41%
折算率	0.000	质押代码	113051	主体评级	AA+	债券评级	AA+
担保	无担保					
募资用途	阳江南鹏岛海上风电项目(300MW) 马鬃山第二风电场 B 区 200MW 风电项目 补充流动资金					
转股价下修	当公司股票在任意连续三十个交易日中至少有十五个交易日的收盘价低于当期转股价格的 85%时 注：转股价不得低于每股净资产（以招募说明书为准）					
强制赎回	如果公司股票在任何连续三十个交易日中至少十五个交易日的收盘价格不低于当期转股价格的130%（含 130%）					
回售	在本次可转债最后两个计息年度内，如果公司股票收盘价在任何连续三十个交易日低于当期转股价格的70%时					
利率	第一年 0.2%、第二年 0.4%、第三年 0.6%、第四年 1.5%、第五年 1.8%、第六年 2.0%					
税前YTM 计算公式	$1.80/(1+x)^{4.674} + 1.50/(1+x)^{3.674} + 0.60/(1+x)^{2.674} + 0.40/(1+x)^{1.674} + 0.20/(1+x)^{0.674} + 110.000/(1+x)^{5.674} - 166.6300 = 0$					

站在投资者的角度，可转债的回售条约是指投资者拥有将手中可转债卖回给发行上市公司的一项选择权，即投资者拥有的一项权利，在可转债对应正股满足回售条款时，投资者拥有将可转债卖回去的权利。

这里我们一起巩固可转债持有人的三项权利，具体如下：

- 持有到期收获本息的权利：可转债持有人既可持有债券直到期满时收取本金和利息，也可随时出售。
- 转股的权利：如果持有人看好发债公司的股票，在发债 6 个月达到转股期后可以行使转股权，按照预定转股价将可转债转换成股票，发债公司不得拒绝。
- 回售的权利：可转债持有人还享有在一定条件下将债券回售给发

行公司的权利，相对应的，发行上市公司在一定条件下拥有强制赎回债券的权利。

10.2.2 什么是回售收益率策略

假设按月调仓，每月19日为调仓日。在2021年2月19日，将市场上所有可转债的回售收益率从高到低排序，挑选前N名（这里举例用N=10）的可转债组成组合，等资金比例买入。等到2021年3月19日，重新将市场上所有可转债的回售收益率从高到低排序，挑选前十名的可转债，这时，在这个月期间涨得多的可转债一般不会显示在前十，所以会调出。由于价格不同了，按照等金额比例分配原则，组合内每个可转债的数量可能会随之调整。

可转债回售收益率轮动策略的唯一因子是"回售收益率"。回售收益率也分税前回售收益率和税后回售收益率，下面分别演示两种因子的回测结果。

10.2.3 回售收益率策略简单回测演示

1. 计算业绩基准

为了回测这个策略，先在宁稳网下载3个月度调仓日的可转债收盘数据，下载了2021年2月19日、2021年3月19日、2021年4月19日的数据。

首先，计算每只可转债在2021年2月19日至3月19日涨跌幅，然后取平均值，得到2.54%；

然后，计算每只可转债在2021年3月19日至4月19日的涨跌幅，然后取平均值，得到1.41%；

最后，计算累计收益率，得出结果3.99%，见下表。

所有可转债	2021-02-19 至 2021-03-19	2021-03-19 至 2021-04-19
分段平均收益率（%）	2.54	1.41
累计收益率（%）	—	3.99

2. 计算税前回售策略收益率

对2021年2月19日的可转债数据，选择"税前回售收益"列，进行降序排列。注意，要除去"回售内"和"无权"选项。以选出的2021年2月19日税前回售收益最高的十名转债，如下图所示。

第 10 章 其他补充策略

转债代码	转债名称	股票代码	股票名称	行业	子行业	转债价格	2.19-3.19 涨跌幅	税前回售收益	税后回售收益
128062	亚药转债	2370	亚太药业	医药	化学制药	69.4	3.99%	19.30%	18.90%
113527	维格转债	603518	维格娜丝	服装纺织	服装行业	80.22	4.40%	12.70%	12.40%
128044	岭南转债	2717	岭南股份	城市公用	生态环境	84.918	4.82%	12.40%	12.00%
128015	久其转债	2279	久其软件	计算机及	软件开发	96.346	2.62%	12.00%	11.30%
113017	吉视转债	601929	吉视传媒	传媒娱乐	影视娱乐	92	3.33%	10.20%	9.87%
127018	本钢转债	761	本钢板材	钢铁	炼钢	77.153	7.88%	9.73%	9.32%
128023	亚太转债	2284	亚太股份	汽车	零部件制	93.4	3.10%	9.46%	9.04%
128037	岩土转债	2542	中化岩土	建筑	建筑工程	92.405	2.81%	9.15%	8.64%
128100	搜特转债	2503	搜于特	服装纺织	服装行业	80.91	3.15%	8.14%	7.87%
110072	广汇转债	600297	广汇汽车	汽车	分销、售	77.57	7.46%	8.11%	7.92%

这些转债在这一个月平均涨幅为 4.35%，跑赢了所有可转债在这一个月的平均涨跌幅 2.54%。

再来看 2021 年 3 月 19 日至 2021 年 4 月 19 日，选出的 2021 年 3 月 19 日税前回售收益最高的十名转债，如下图所示。

转债代码	转债名称	股票代码	股票名称	行业	子行业	转债价格	3.19-4.19 涨跌幅	税前回售收益	税后回售收益
128062	亚药转债	2370	亚太药业	医药	化学制药	72.166	6.63%	17.90%	17.50%
113527	维格转债	603518	维格娜丝	服装纺织	服装行业	83.75	6.57%	10.80%	10.50%
128044	岭南转债	2717	岭南股份	城市公用	生态环境	89.009	4.69%	9.69%	9.29%
127018	本钢转债	761	本钢板材	钢铁	炼钢	83.231	15.62%	7.53%	7.12%
113017	吉视转债	601929	吉视传媒	传媒娱乐	影视娱乐	95.06	1.17%	7.28%	6.93%
128015	久其转债	2279	久其软件	计算机及	软件开发	98.867	2.33%	7.17%	6.32%
128100	搜特转债	2503	搜于特	服装纺织	服装行业	83.455	1.82%	7.11%	6.87%
128023	亚太转债	2284	亚太股份	汽车	零部件制	96.291	6.45%	6.55%	6.12%
128037	岩土转债	2542	中化岩土	建筑	建筑工程	94.999	2.51%	6.18%	5.85%
110072	广汇转债	600297	广汇汽车	汽车	分销、售	83.36	13.22%	6.12%	5.94%

这些转债在这一个月平均涨幅为 6.1%，跑赢了所有可转债在这一个月的平均涨跌幅 1.41%。

计算累计收益率，得出结果 10.72%，见下表。

税前回售收益率前十	2021-02-19 至 2021-03-19	2021-03-19 至 2021-04-19
分段平均收益率（%）	4.35	6.10
累计收益率（%）	—	10.72

结论：2021 年 2 月 19 日至 4 月 19 日，我们每次选择排名前十的税前回售收益率的可转债，按月调仓轮动，获得 10.72% 的累计收益。

3. 计算税后回售策略收益率

对 2021 年 2 月 19 日的可转债数据，选择"税后回售收益"列，进行降序排列。注意，要除去"回售内"和"无权"选项。选出 2021 年 2 月 19 日税前回售收益最高的十名转债，如下图所示，与税前选出的一样，只是排序略有不同。

转债代码	转债名称	股票代码	股票名称	行业	子行业	转债价格	2.19-3.19 涨跌幅	税前回售收益	税后回售收益
128062	亚药转债	2370	亚太药业	医药	化学制药	69.4	3.99%	19.30%	18.90%
113527	维格转债	603518	维格娜丝	服装纺织	服装行业	80.22	4.40%	12.70%	12.40%
128044	岭南转债	2717	岭南股份	城市公用	生态环境	84.918	4.82%	12.40%	12.00%
128015	久其转债	2279	久其软件	计算机及	软件开发	96.346	2.62%	12.00%	11.30%
113017	吉视转债	601929	吉视传媒	传媒娱乐	影视娱乐	92	3.33%	10.20%	9.87%
127018	本钢转债	761	本钢板材	钢铁	炼钢	77.153	7.88%	9.73%	9.32%
128023	亚太转债	2284	亚太股份	汽车	零部件制	93.4	3.10%	9.46%	9.04%
128037	岩土转债	2542	中化岩土	建筑	建筑工程	92.405	2.81%	9.15%	8.64%
110072	广汇转债	600297	广汇汽车	汽车	分销、售	77.57	7.46%	8.11%	7.92%
128100	搜特转债	2503	搜于特	服装纺织	服装行业	80.91	3.15%	8.14%	7.87%

同样，这些转债在这一个月平均涨幅为 4.35%，跑赢了所有可转债在这一个月的平均涨跌幅 2.54%。

再来看 2021 年 3 月 19 日至 4 月 19 日，选出的 2021 年 3 月 19 日税后回售收益最高的十名转债，如下图所示，又与税前选出的一样，只是排序略有不同。

转债代码	转债名称	股票代码	股票名称	行业	子行业	转债价格	3.19-4.19 涨跌幅	税前回售收益	税后回售收益
128062	亚药转债	2370	亚太药业	医药	化学制药	72.166	6.63%	17.90%	17.50%
113527	维格转债	603518	维格娜丝	服装纺织	服装行业	83.75	6.57%	10.80%	10.50%
128044	岭南转债	2717	岭南股份	城市公用	生态环境	89.009	4.69%	9.69%	9.29%
127018	本钢转债	761	本钢板材	钢铁	炼钢	83.231	15.62%	7.53%	7.12%
113017	吉视转债	601929	吉视传媒	传媒娱乐	影视娱乐	95.06	1.17%	7.28%	6.93%
128100	搜特转债	2503	搜于特	服装纺织	服装行业	83.455	1.82%	7.11%	6.87%
128015	久其转债	2279	久其软件	计算机及	软件开发	98.867	2.33%	7.17%	6.32%
128023	亚太转债	2284	亚太股份	汽车	零部件制	96.291	6.45%	6.55%	6.12%
110072	广汇转债	600297	广汇汽车	汽车	分销、售	83.36	13.22%	6.12%	5.94%
128037	岩土转债	2542	中化岩土	建筑	建筑工程	94.999	2.51%	6.18%	5.85%

这些转债在这一个月平均涨幅为 6.1%，跑赢了所有可转债在这一个月的平均涨跌幅 1.41%。

同样，计算累计收益率，得出结果 10.72%，见下表。

税后回售收益率前十	2021-02-19 至 2021-03-19	2021-03-19 至 2021-04-19
分段平均收益率（%）	4.35	6.10
累计收益率（%）	—	10.72

结论：2021 年 2 月 19 日至 4 月 19 日，每次选择排名前十的税后回售收益率的可转债，按月调仓轮动，获得 10.72% 的累计收益。

4. 小　结

从短期来看，可转债回售策略是有意义的，见下表。

第10章 其他补充策略

所有可转债	2021-02-19 至 2021-03-19	2021-03-19 至 2021-04-19
分段平均收益率（%）	2.54	1.41
累计收益率（%）	—	3.99
税前回售收益率前十	2021-02-19 至 2021-03-19	2021-03-19 至 2021-04-19
分段平均收益率（%）	4.35	6.10
累计收益率（%）	—	10.72
税后回售收益率前十	2021-02-19 至 2021-03-19	2021-03-19 至 2021-04-19
分段平均收益率（%）	4.35	6.10
累计收益率（%）	—	10.72

如果要做按周调仓，那么就要下载每周 N 的数据进行回测，同样回测 2~4 个月，数据量会翻四倍，所以，回测是一份需要耐心的长期工作。

10.2.4　回售收益率策略长期回测演示

可转债的回售收益率策略与到期收益率策略的回测逻辑大致相同，选择回售收益率高的前 5 名、10 名、20 名证券进行投资，每日调仓，回测区间为 2018 年 1 月 1 日至 2022 年 6 月 6 日。回收收益率也有税前和税后之分，我们分别进行投资组合的策略回测，下面是相应的表现情况。

到期回售收益率策略月度收益统计见下表。

回售收益率策略	税前 TOP 5	税前 TOP 10	税前 TOP 20	税后 TOP 5	税后 TOP 10	税后 TOP 20
(2018，1)	3.22%	2.17%	1.22%	3.72%	2.30%	1.40%
(2018，2)	-0.37%	0.12%	0.23%	-0.37%	0.22%	0.27%
(2018，3)	-0.71%	0.66%	0.98%	-0.74%	0.58%	1.05%
(2018，4)	-2.72%	-2.40%	-2.57%	-2.73%	-2.45%	-2.45%
(2018，5)	-4.09%	-3.11%	-2.58%	-4.54%	-3.11%	-2.60%
(2018，6)	-2.60%	-1.29%	-1.75%	-2.30%	-1.58%	-1.57%
(2018，7)	1.61%	2.38%	2.31%	1.31%	2.50%	2.29%
(2018，8)	0.39%	-0.94%	-1.05%	0.26%	-1.11%	-1.24%
(2018，9)	0.90%	0.54%	0.22%	0.91%	0.50%	0.27%
(2018，10)	-0.24%	0.08%	-0.82%	-0.26%	0.07%	-1.07%
(2018，11)	3.97%	3.92%	4.61%	4.02%	4.10%	4.66%
(2018，12)	-0.83%	-0.99%	-0.25%	-0.83%	-0.78%	-0.37%

续上表

回售收益率策略	税前 TOP 5	税前 TOP 10	税前 TOP 20	税后 TOP 5	税后 TOP 10	税后 TOP 20
(2019, 1)	3.93%	2.75%	2.56%	3.93%	2.85%	2.61%
(2019, 2)	5.46%	6.46%	7.42%	5.46%	6.49%	7.42%
(2019, 3)	4.86%	7.73%	11.44%	4.65%	8.02%	11.52%
(2019, 4)	0.25%	−1.76%	−2.35%	0.50%	−1.90%	−2.22%
(2019, 5)	−0.21%	−0.40%	−1.12%	−0.19%	−0.49%	−1.08%
(2019, 6)	−0.63%	−0.63%	0.05%	−0.63%	−0.53%	0.06%
(2019, 7)	0.15%	0.64%	1.13%	0.15%	0.66%	1.06%
(2019, 8)	0.91%	0.52%	1.21%	0.90%	0.54%	1.08%
(2019, 9)	1.79%	1.73%	1.71%	1.63%	1.68%	1.78%
(2019, 10)	0.82%	0.42%	−0.17%	1.46%	0.48%	−0.21%
(2019, 11)	−0.81%	−1.56%	−1.14%	−0.84%	−1.54%	−1.29%
(2019, 12)	0.49%	1.37%	2.11%	0.50%	1.36%	2.19%
(2020, 1)	1.38%	2.26%	2.00%	1.27%	2.29%	2.07%
(2020, 2)	5.09%	5.58%	4.61%	5.83%	5.20%	4.79%
(2020, 3)	4.11%	5.19%	6.31%	4.17%	5.90%	5.96%
(2020, 4)	−1.00%	−0.33%	0.18%	−0.97%	−0.34%	−0.13%
(2020, 5)	−6.09%	−4.37%	−3.52%	−6.00%	−4.51%	−3.41%
(2020, 6)	−1.93%	−1.98%	−1.64%	−1.74%	−1.82%	−1.50%
(2020, 7)	2.95%	2.89%	4.55%	3.47%	3.03%	4.40%
(2020, 8)	1.96%	2.21%	1.99%	1.95%	2.11%	1.98%
(2020, 9)	−2.35%	−1.83%	−1.76%	−2.34%	−1.79%	−1.78%
(2020, 10)	1.30%	0.10%	1.08%	0.21%	0.15%	1.39%
(2020, 11)	−2.31%	−2.01%	−0.34%	−2.69%	−1.93%	−0.37%
(2020, 12)	−4.27%	−2.93%	−2.54%	−3.80%	−3.33%	−2.66%
(2021, 1)	−1.24%	−4.52%	−3.50%	−1.38%	−4.67%	−3.51%
(2021, 2)	6.31%	4.47%	5.39%	6.38%	4.66%	5.41%
(2021, 3)	5.29%	4.79%	5.47%	5.09%	4.98%	5.61%
(2021, 4)	7.91%	11.05%	7.48%	7.60%	10.88%	7.53%
(2021, 5)	3.21%	6.96%	5.64%	6.29%	6.77%	5.63%
(2021, 6)	0.60%	3.63%	3.01%	0.43%	−0.65%	3.01%
(2021, 7)	−1.58%	−1.22%	1.03%	−1.90%	−1.20%	1.04%
(2021, 8)	10.24%	8.02%	6.54%	10.03%	8.15%	6.82%

第 10 章 其他补充策略

续上表

回售收益率策略	税前 TOP 5	税前 TOP 10	税前 TOP 20	税后 TOP 5	税后 TOP 10	税后 TOP 20
(2021, 9)	0.88%	1.03%	1.43%	0.86%	0.98%	1.40%
(2021, 10)	10.96%	5.04%	2.15%	11.02%	4.99%	2.22%
(2021, 11)	5.00%	5.71%	5.95%	4.93%	5.80%	6.27%
(2021, 12)	5.95%	4.68%	4.27%	5.94%	4.80%	4.33%
(2022, 1)	2.01%	1.31%	1.62%	2.26%	1.31%	1.68%
(2022, 2)	1.55%	0.47%	0.69%	1.55%	0.24%	0.79%
(2022, 3)	3.63%	0.25%	−0.95%	3.60%	0.38%	−0.82%
(2022, 4)	3.03%	0.97%	−0.77%	3.49%	1.06%	−0.98%
(2022, 5)	5.18%	4.06%	3.68%	5.25%	4.16%	3.73%
(2022, 6)	0.61%	0.07%	0.06%	0.61%	0.06%	0.06%

税前回售收益率 TOP 5 的累计净值走势如下图所示。

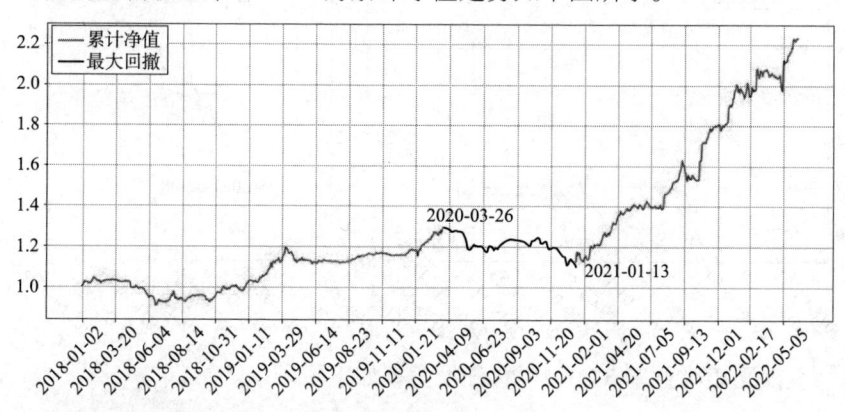

税前回售收益率 TOP 5 的日收益率如下图所示。

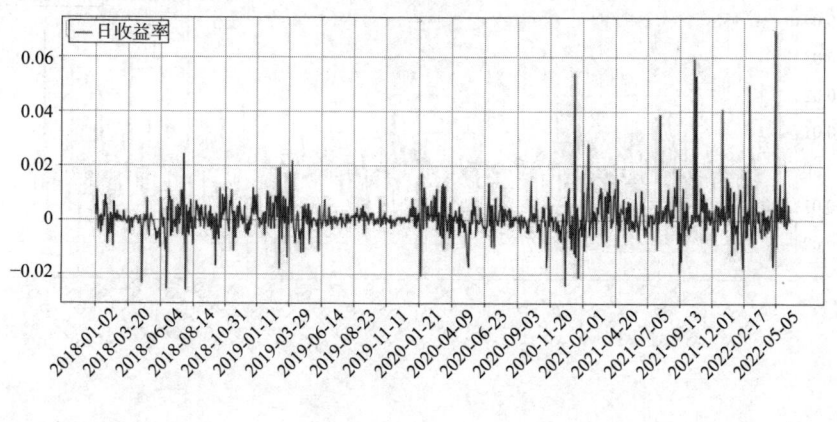

税前回售收益率 TOP 5 的年度区间收益统计见下表。

年 份	2018—2022	2018	2019	2020	2021	2022-01-06
累积收益率（%）	123.19	-1.78	17.80	-1.79	67.36	17.05
年化收益率（%）	19.83	-1.84	18.39	-1.85	69.57	42.97
最大回撤比率（%）	15.27	13.54	6.83	14.57	6.23	5.27
最大回撤时间	2020-03-26 至 2021-01-13	2018-01-26 至 2018-06-19	2019-04-09 至 2019-06-06	2020-03-26 至 2020-12-24	2021-09-08 至 2021-09-17	2022-03-03 至 2022-04-28
收益率标准差（%）	11.15	8.64	7.20	8.64	14.78	17.28
夏普比率	1.778	-0.21	2.55	-0.21	4.71	2.49

税前回售收益率 TOP 10 的累计净值走势如下图所示。

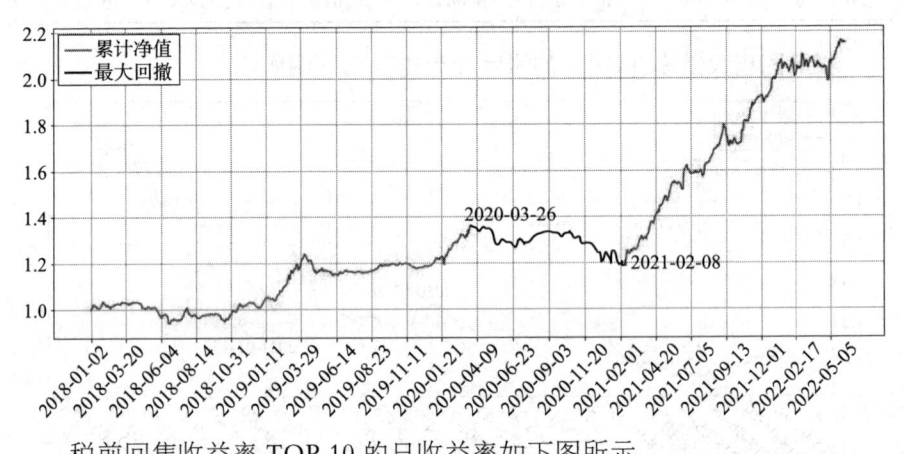

税前回售收益率 TOP 10 的日收益率如下图所示。

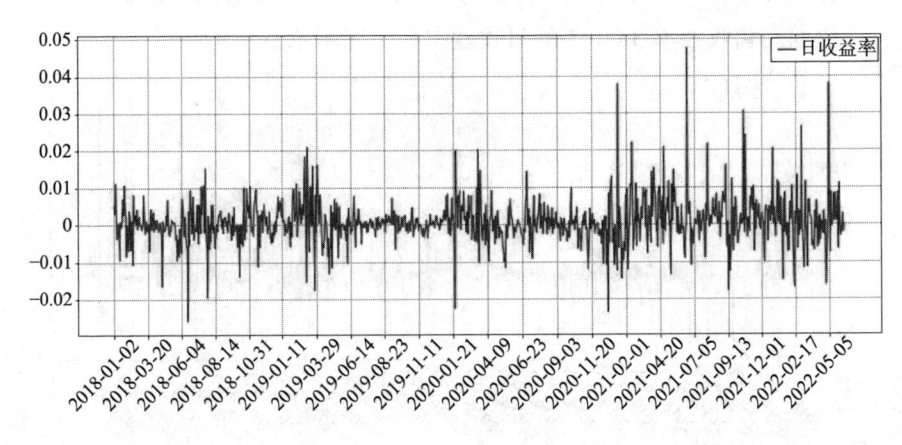

税前回售收益率 TOP 10 的年度区间收益统计见下表。

年　份	2018—2022	2018	2019	2020	2021	2022-01-06
累积收益率（%）	115.11	0.91	17.93	4.30	61.23	7.28
年化收益率（%）	18.84	0.95	18.52	4.45	63.23	18.34
最大回撤比率（%）	13.10	9.25	7.51	11.95	5.22	5.48
最大回撤时间	2020-03-26 至 2021-02-08	2018-01-26 至 2018-06-21	2019-04-09 至 2019-06-06	2020-03-26 至 2020-12-24	2021-09-08 至 2021-09-22	2022-03-02 至 2022-04-27
收益率标准差（%）	9.42	7.70	7.27	8.24	12.10	12.20
夏普比率	2.00	0.12	2.55	0.54	5.23	1.50

税前回售收益率 TOP 20 的累计净值走势如下图所示。

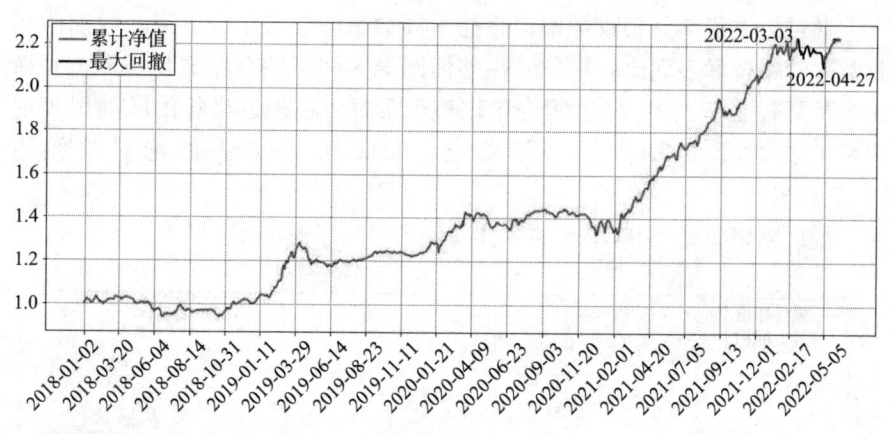

税前回售收益率 TOP 20 的日收益率如下图所示。

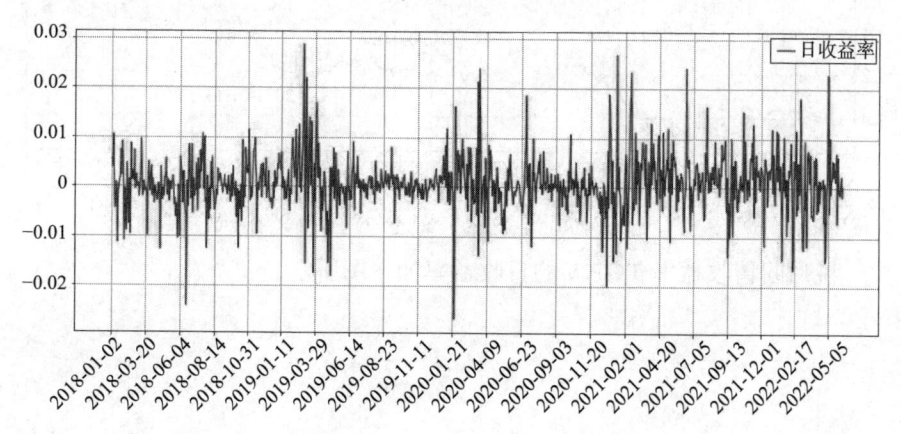

税前回售收益率 TOP 20 的年度区间收益统计见下表。

年　份	2018—2022	2018	2019	2020	2021	2022-01-06
累积收益率（％）	123.28	0.32	24.40	10.91	54.58	4.32
年化收益率（％）	19.84	0.33	25.20	11.27	56.37	10.90
最大回撤比率（％）	6.02	9.22	8.60	8.34	3.78	6.02
最大回撤时间	2022-03-03 至 2022-04-27	2018-03-13 至 2018-06-21	2019-04-09 至 2019-06-06	2020-10-23 至 2020-12-24	2021-09-08 至 2021-09-22	2022-03-03 至 2022-04-27
收益率标准差（％）	8.84	7.28	8.18	8.99	9.67	10.78
夏普比率	2.244	0.04	3.08	1.25	5.83	1.01

通过上述税前回售收益率策略的不同数量的投资组合发现，税前回售收益率策略整体表现比较平稳，在整体回测区间里综合考虑收益率、回撤比率及夏普比率 TOP 20 的组合策略表现最好，在最近半年的区间里表现最好的参数是 TOP 5 的投资组合，2022 年 1—6 月的绝对收益达到 17.05%。

税后回售收益率 TOP 5 的累计净值走势如下图所示。

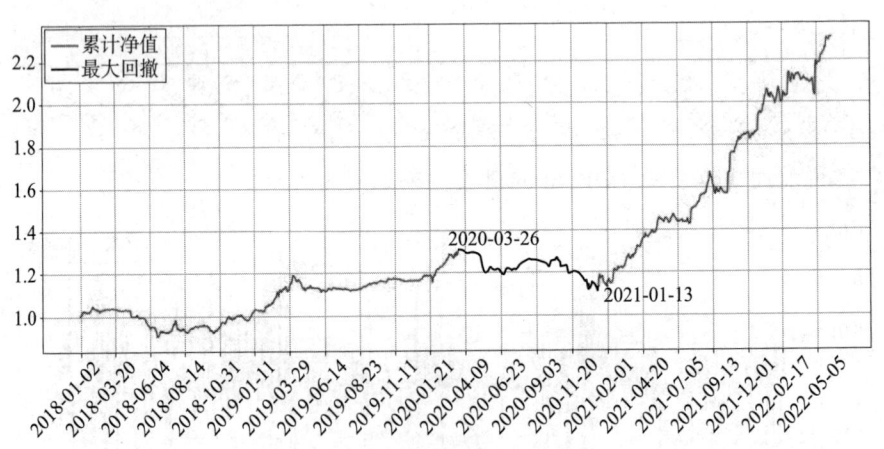

税后回售收益率 TOP 5 的日收益率如下图所示。

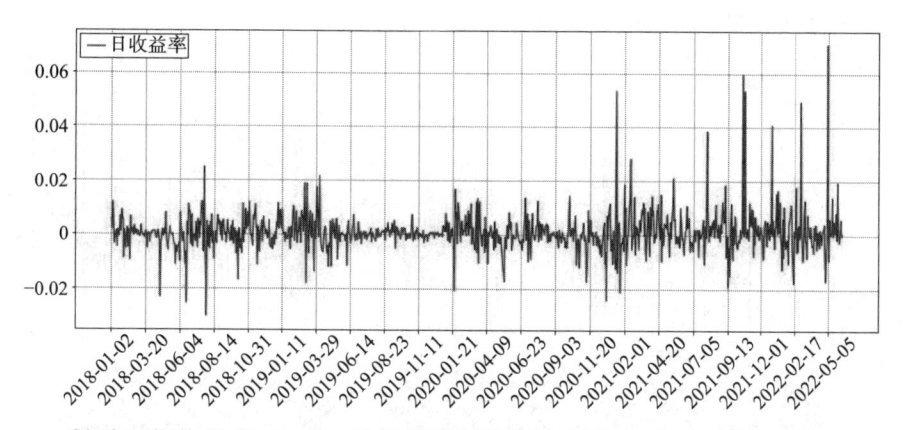

税后回售收益率 TOP 5 的年度区间收益统计见下表。

年　份	2018—2022	2018	2019	2020	2021	2022-01-06
累积收益率（%）	130.62	−1.88	18.41	−1.31	70.16	17.90
年化收益率（%）	20.72	−1.95	19.02	−1.35	72.46	45.10
最大回撤比率（%）	15.40	13.83	6.59	14.73	6.18	4.95
最大回撤时间	2020-03-26 至 2021-01-13	2018-01-26 至 2018-06-19	2019-04-09 至 2019-06-06	2020-03-26 至 2020-12-24	2021-09-08 至 2021-09-17	2022-03-03 至 2022-04-28
收益率标准差（%）	11.30	8.91	7.20	8.77	14.99	17.35
夏普比率	1.833	−0.22	2.64	−0.15	4.83	2.60

税后回售收益率 TOP 10 的累计净值走势如下图所示。

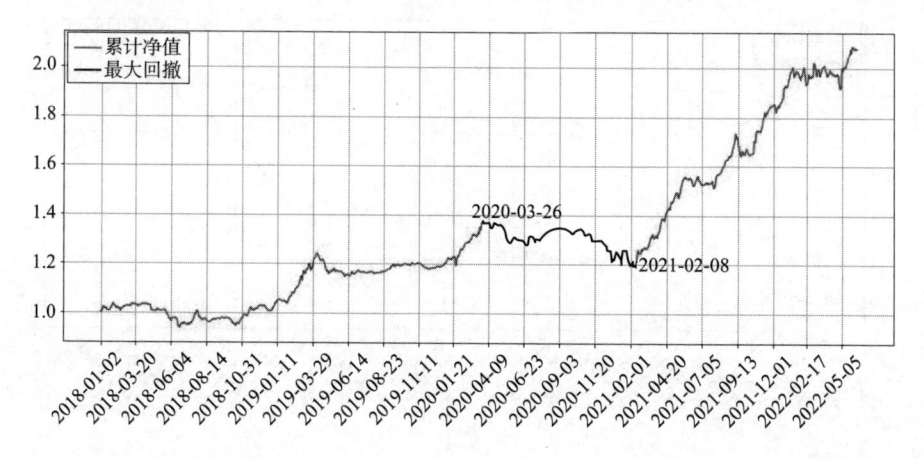

税后回售收益率 TOP 10 的日收益率如下图所示。

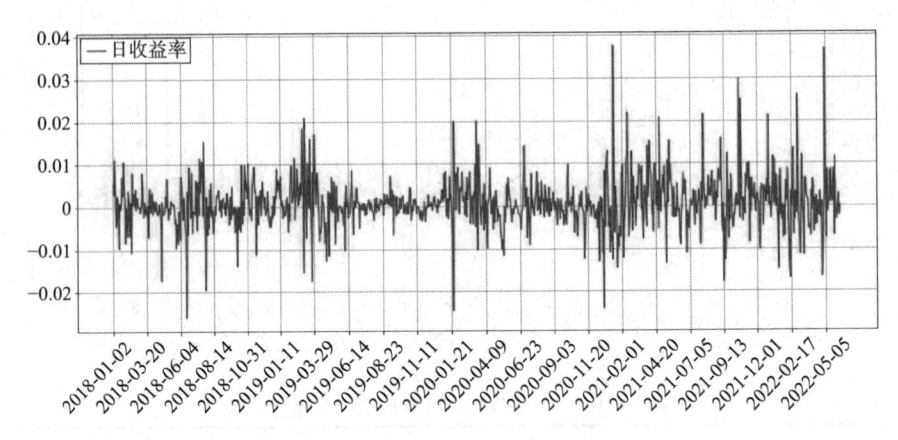

税后回售收益率 TOP 10 的年度区间收益统计见下表。

年　份	2018—2022	2018	2019	2020	2021	2022-01-06
累积收益率（%）	107.76	0.99	18.31	4.46	54.75	7.36
年化收益率（%）	17.91	1.03	18.91	4.60	56.54	18.55
最大回撤比率（%）	13.34	9.57	7.71	12.09	5.20	5.14
最大回撤时间	2020-03-26 至 2021-02-08	2018-01-26 至 2018-06-21	2019-04-09 至 2019-06-06	2020-03-26 至 2020-12-24	2021-09-08 至 2021-09-22	2022-03-02 至 2022-04-27
收益率标准差（%）	9.18	7.77	7.33	8.31	11.23	12.08
夏普比率	1.95	0.13	2.58	0.55	5.04	1.54

税后回售收益率 TOP 20 的累计净值走势如下图所示。

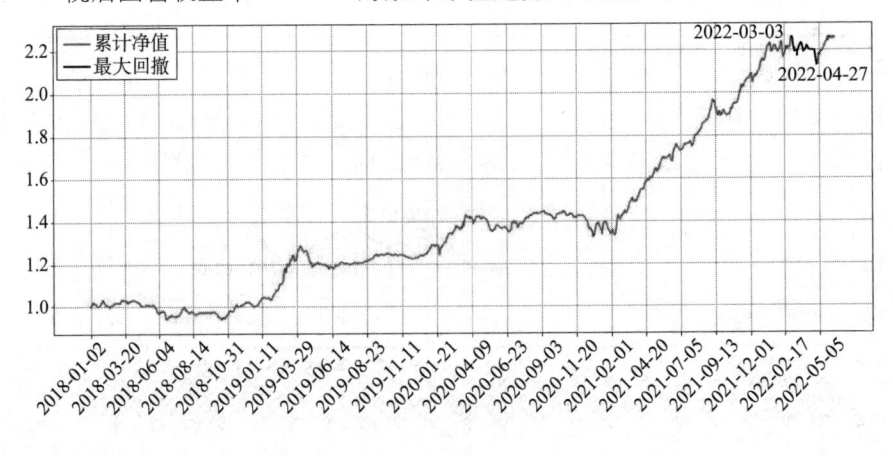

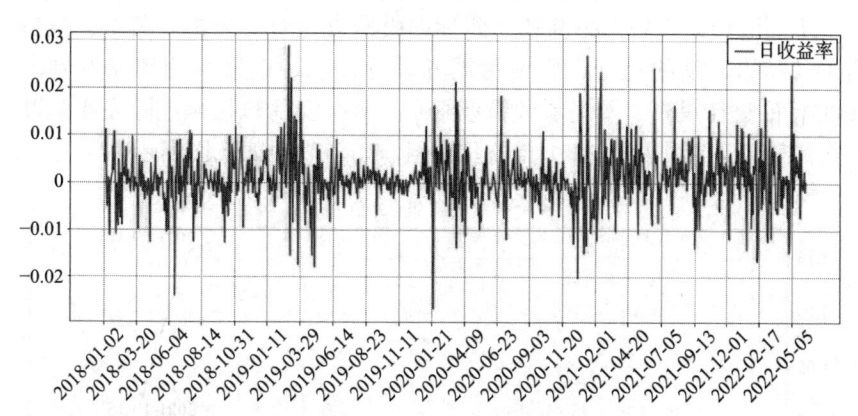

税后回售收益率 TOP 20 的日收益率如下图所示。

税后回售收益率 TOP 20 的年度区间收益统计见下表。

年　　份	2018—2022	2018	2019	2020	2021	2022-01-06
累积收益率（%）	125.36	0.40	24.45	10.72	55.89	4.47
年化收益率（%）	20.09	0.41	25.25	11.07	57.72	11.26
最大回撤比率（%）	6.08	9.12	8.49	8.40	3.85	6.08
最大回撤时间	2022-03-03 至 2022-04-27	2018-03-13 至 2018-10-18	2019-04-09 至 2019-06-06	2020-09-08 至 2020-12-24	2021-09-08 至 2021-09-22	2022-03-03 至 2022-04-27
收益率标准差（%）	8.84	7.36	8.17	8.89	9.71	10.77
夏普比率	2.27	0.06	3.09	1.24	5.95	1.05

上表是到期税后回售收益率策略的回测表现，单从策略收益率的表现来看，税后回售收益率 TOP 5 是表现最优的。综合考虑收益率及波动率回撤情况等，从夏普比率的角度我们看到表现较为平稳的为税后回售收益率 TOP 20 策略——夏普比率为 3.33。总体而言，使用税前和税后回售收益率差别不大。可以根据自己的研判再次进行参数的选择。

10.3　正股替代策略

正股替代策略本是基于看好正股的一个辅助增强策略。比如，持有一些长期看好的多头正股股票，其中，有些标的有发行对应的可转债，那么，可以根据正股和转债的折溢价关系进行正股的一个替代操作，从而获得相应的策略增强效果。

下面以转债正股池去筛选一些标的股票进行对比分析。其中，投资组合 1 是标的正股的组合，假设每周五进行调仓，选择溢价率从低到高前 50 的标的进行投资，首先看纯股票组合，每个交易日按照剔除发布强赎回公告的转债进行排序。2021 年的股票组合净值表现如下图所示。

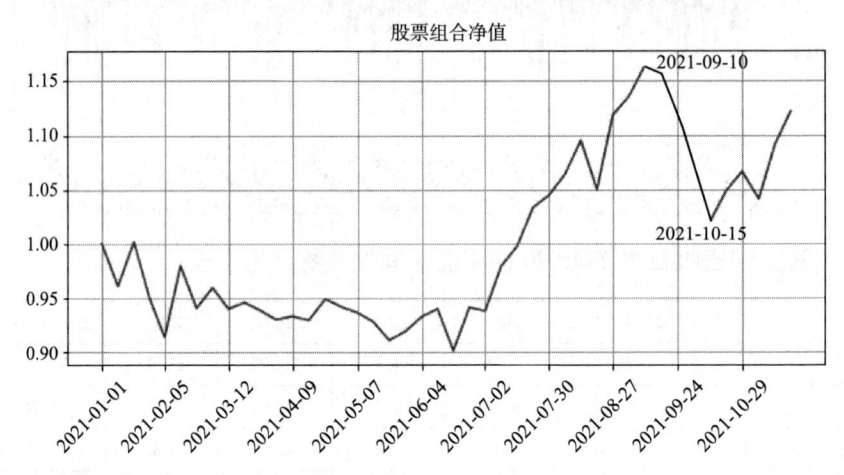

股票组合的累积收益率为 16.773%，最大回撤比例为 12.403%，对应的最大回撤区间为 2021 年 9 月 10 日至 10 月 15 日。

同样，把这 50 只正股转换为对应的转债组合，回测历史表现情况，如下图所示。

相同正股对应的转债组合的累积收益率为 76.55%，比正股股票组合

收益率高出了 59.75%，对应的最大回撤由 12.4% 降低到 8.79%。对应的最大回撤区间是净值。这说明针对于正股的股票组合来讲，利用折溢价率尤其是折价优势的转债进行正股的替代对于组合的绝对收益有一个比较显著的正向影响。所以，在构建股票组合策略时可以使用对应的转债替代达到收益增强的作用。

下面用这两个组合模拟的历史成交记录进行比较详细的说明，下表为 2021 年 11 月 12 日转债组合及对应正股组合的持仓明细，对应一周后调仓的个股涨跌数据，即持仓收益数据。

转债代码	转债简称	正股代码	正股简称	转债成分涨跌（%）	正股成分涨跌（%）
123070.SZ	鹏辉转债	300438.SZ	鹏辉能源	22.39	20.43
123086.SZ	海兰转债	300065.SZ	海兰信	19.71	17.86
110051.SH	中天转债	600522.SH	中天科技	4.15	3.06
128050.SZ	钧达转债	002865.SZ	钧达股份	11.13	10.57
113603.SH	东缆转债	603606.SH	东方电缆	17.11	17.52
123081.SZ	精研转债	300709.SZ	精研科技	−9.27	−9.44
113504.SH	艾华转债	603989.SH	艾华集团	1.34	2.04
113607.SH	伟 20 转债	603568.SH	伟明环保	1.73	2.19
123067.SZ	斯莱转债	300382.SZ	斯莱克	−4.38	−5.71
113009.SH	广汽转债	601238.SH	广汽集团	−4.28	−9.62
113548.SH	石英转债	603688.SH	石英股份	−4.05	−6.87
128085.SZ	鸿达转债	002002.SZ	鸿达兴业	5.99	6.91
128082.SZ	华锋转债	002806.SZ	华锋股份	12.67	13.98
123083.SZ	朗新转债	300682.SZ	朗新科技	5.46	5.22
113614.SH	健 20 转债	603707.SH	健友股份	−0.29	2.80
113541.SH	荣晟转债	603165.SH	荣晟环保	2.90	1.53
123111.SZ	东财转 3	300059.SZ	东方财富	0.71	−0.59
113585.SH	寿仙转债	603896.SH	寿仙谷	1.78	−0.41%
123012.SZ	万顺转债	300057.SZ	万顺新材	5.03	0.44
123085.SZ	万顺转 2	300057.SZ	万顺新材	0.84	0.44
128096.SZ	奥瑞转债	002701.SZ	奥瑞金	6.24	6.33
113048.SH	晶科转债	601778.SH	晶科科技	2.21	1.10
113621.SH	彤程转债	603650.SH	彤程新材	−8.75	−16.74

续上表

转债代码	转债简称	正股代码	正股简称	转债成分涨跌（%）	正股成分涨跌（%）
113525.SH	台华转债	603055.SH	台华新材	8.14	6.14
113051.SH	节能转债	601016.SH	节能风电	−0.16	−0.46
128013.SZ	洪涛转债	002325.SZ	洪涛股份	−0.23	1.57
123103.SZ	震安转债	300767.SZ	震安科技	−2.96	−7.56
128111.SZ	中矿转债	002738.SZ	中矿资源	10.28	7.80
113528.SH	长城转债	603897.SH	长城科技	6.91	11.27
113591.SH	胜达转债	603687.SH	大胜达	1.38	2.44
128093.SZ	百川转债	002455.SZ	百川股份	−1.97	−4.39
123089.SZ	九洲转2	300040.SZ	九洲集团	4.40	4.37
128081.SZ	海亮转债	002203.SZ	海亮股份	0.30	0.56
123046.SZ	天铁转债	300587.SZ	天铁股份	8.86	3.99
128094.SZ	星帅转债	002860.SZ	星帅尔	4.10	8.30
123042.SZ	银河转债	300619.SZ	金银河	42.63	53.38
128103.SZ	同德转债	002360.SZ	同德化工	−1.56	−2.20
113039.SH	嘉泽转债	601619.SH	嘉泽新能	−1.01	−2.60
123084.SZ	高澜转债	300499.SZ	高澜股份	1.41	1.83
113629.SH	泉峰转债	603982.SH	泉峰汽车	−4.57	−10.83
113016.SH	小康转债	601127.SH	小康股份	−1.44	−0.46
110048.SH	福能转债	600483.SH	福能股份	1.67	−2.45
128128.SZ	齐翔转2	002408.SZ	齐翔腾达	−17.26	−12.20
123092.SZ	天壕转债	300332.SZ	天壕环境	22.19	25.00
128145.SZ	日丰转债	002953.SZ	日丰股份	1.89	1.35
113025.SH	明泰转债	601677.SH	明泰铝业	6.66	3.38
128113.SZ	比音转债	002832.SZ	比音勒芬	3.10	1.29
113534.SH	鼎胜转债	603876.SH	鼎胜新材	−2.56	1.03
123087.SZ	明电转债	300739.SZ	明阳电路	−2.56	−7.72
127042.SZ	嘉美转债	002969.SZ	嘉美包装	−1.29	−3.32
	平均涨跌			3.53	2.85

我们看到转债持仓的平均涨跌为3.53%，正股持仓的平均涨跌为2.85%。从历史数据经验来看，转债持仓组合明显优于正股持仓组合。

10.4 可转债"摊大饼"策略

可转债"摊大饼"策略，是指买入多只转债的意思，通常指 10~30 只，甚至更多。如果低于 10 只，就很难叫大饼了。同时，低价转债波动较小，若轮动 3 年以上，亏损概率极低，平均年化收益为 5%~10%。因为它是非常简单而有效的策略，它是可转债小白，在完全不懂转债的情况下，可通过摊大饼，获取简单收益，建立信心，并从此走上低风险可转债投资之路。操作方法如下：

第一步：找到低价格的可转债。

可通过宁稳网、集思录或是通达信等软件，进入转债界面，按照价格从低到高排序，找到价格排名靠前的转债。打开通达信软件，直接输入 KZZ，打开"通达信键盘精灵"对话框，双击"KZZ 可转换债券"，如下图所示。

第二步：找到低价格的可转债。

选择"现价"列，系统自动按由低到高的价格排序，选择价格排名靠前的可转债，如下图所示。以 1 万元资产为例，可买入低价转债 9~10 只，每只各 1 手。

第三步：低价转债轮动。

在一定时间间隔后（通常以 1~3 个月为限），卖出不符合条件的转债，继续持有价格排名靠前的转债，如价格排前十的转债。以 1 个月轮动一次为例，持仓 1 个月以后，卖出不在前十名的转债，同时买入新进入前十的转债，最终仍然持有 10 只。每个轮动周期，调仓数量不会很多，一般在 1~3 只。2023 年搜特、蓝盾退市之前一度价格很低，如果想避免买入这些转债，务必加上排雷因子，即排除评级 A-以下的有退市风险的转债。

序号	代码	名称	涨幅%	现价↑	涨跌	买价	卖价	总量	现量	涨速%	换手%	今开
1	113596	城地转债	-0.24	97.961	-0.238	97.955	97.977	57881	15	-0.02	4.83	97.300
2	128100	搜特转债	0.31	99.609	0.309	99.609	99.610	20359	201	0.01	2.55	99.350
3	110072	广汇转债	-0.08	100.479	-0.084	100.450	100.456	40480	14	-0.07	1.20	100.560
4	113589	天创转债	0.32	100.801	0.321	100.800	100.801	17125	8	0.00	2.86	99.770
5	113056	重银转债	0.04	101.014	0.037	101.013	101.015	53517	1	0.00	0.41	100.977
6	128129	青农转债	-0.04	103.327	-0.040	103.327	103.328	43784	196	0.01	0.88	103.380
7	128108	蓝帆转债	0.30	103.561	0.310	103.561	103.591	7773	160	-0.02	0.51	103.219
8	128124	科华转债	0.11	104.398	0.119	104.397	104.398	14309	48	0.02	1.94	103.810
9	113037	紫银转债	-0.03	104.746	-0.033	104.771	104.799	32903	6	0.05	0.73	105.180
10	113011	光大转债	0.00	105.145	-0.002	105.138	105.149	80160	1	0.00	0.33	105.155
11	113584	家悦转债	-0.45	105.896	-0.482	105.892	105.950	7470	10	0.00	1.16	106.000
12	127047	帝欧转债	0.65	105.910	0.684	105.850	105.900	19556	117	0.01	1.30	105.226
13	110073	国投转债	0.17	106.350	0.180	106.358	106.384	27785	4	0.02	0.35	106.170
14	113042	上银转债	0.04	106.896	0.048	106.891	106.898	175845	1	0.00	0.88	106.800
15	127034	绿茵转债	0.39	107.198	0.420	107.166	107.198	9817	106	0.05	1.38	106.778
16	113595	花王转债	0.36	107.394	0.388	107.400	107.407	14025	1	0.09	4.25	106.982
17	110059	浦发转债	-0.09	107.533	-0.092	107.528	107.550	475336	95	0.00	0.95	107.620
18	113578	全筑转债	0.58	107.543	0.615	107.523	107.571	9745	1	0.00	2.54	106.928
19	127024	盈峰转债	-0.25	108.429	-0.271	108.400	108.429	7882	36	0.03	0.53	108.699
20	113569	科达转债	0.27	108.824	0.297	108.800	108.860	10702	2	0.01	2.04	108.400
21	123004	铁汉转债	1.00	108.979	1.079	108.979	108.980	80043	469	0.16	9.97	108.020
22	123096	思创转债	0.04	109.020	0.040	109.019	109.020	4961	149	-0.04	0.61	108.979

10.5 选择适合自己的策略

前面介绍的策略都有自己的优点，如何选择适合自己的策略，不是随意决定的，作为专业的投资者或是交易员，需要数据的支撑和分析，而且，还要根据因子的变化适当调整。下面进行详细讲解。

10.5.1 常见策略总结

前面介绍了常用的可转债常见策略，每一个策略做成组合也被称为可转债"摊大饼"，实际上就是采取一种策略构建一个可转债组合。其中，可转债按照一定的规则一定的时间周期轮进轮出。由于篇幅原因，下面对其中几种策略进行简要总结。

1. 低价轮动

选择市场上价格最低的可转债并组合。这种最笨的策略主要目标是到期"吃"利息，但是由于该策略选出的可转债攻击性较弱，策略短期收益往往不乐观。很多投资者无法做到长期持有。要做此策略一定要规避有退市风险的转债。

2. 低溢价率轮动

选择市场上溢价率排名倒数前 N 的可转债组成组合，可以看到溢价率靠前的可转债价格都较高，一旦正股下跌幅度较大，可转债也会跟跌，导致这种策略风险较大，波动大，因此很考验投资者的持仓心态。

3. 双低策略

综合考虑低溢价率、低价，各占 50% 比重，重新排序。

4. 到期收益率轮动

选择市场上到期收益率排名前 N 的可转债组成组合，单因子：税前或是税后到期收益率，经过前面的回测比较，选择税后到期收益率的长期效果略胜一筹。

5. 到期回售收益率轮动

选择市场上回售收益率排名前 N 的可转债组成组合，单因子：税前或税后回售收益率，经过前面的回测比较，选择税后回售收益率的长期效果略胜一筹。

10.5.2 可转债几大策略短期收益 PK

1. 可转债策略 PK 之 2021 年 9 月

2021 年 9 月，市场上可转债的整体处于回落期，如下图所示，是考验策略的抗风险能力的时间段。

首先，对9月的可转债进行了按周调仓的回测，取五个交易日的数据：9月3日、9月10日、9月17日、9月24日、9月30日，最后一个周期正好是十一前，五个交易日形成了四个周期。下面分别对四周进行统计（具体方法在前面的章节中已经讲过了多次，这里就不做具体的回测统计，只讲思路）。

第一步，计算所有转债在四个区间的平均收益率，累计收益是这四个区间收益的整合，作为比较基准，跑赢了所有转债的平均收益，这个策略才是有效的。

第二步，选出每个区间首日到期收益率前十，计算9月3日至10日，这十只转债的平均收益率。同理，计算其他区间的到期收益率，计算累计收益率。

第三步，计算到期收益率前十、回售收益率前十、低价前十、双低前十、低溢价率前十的区间和累计收益率，由于2021年回测时还未得出税后收益率策略更有效，所以，都用税前收益率进行回测，结果见下表。

2021年9月可转债策略PK（周调仓）					
所有可转债	0903-0910	0910-0917	0917-0924	0924-0930	累计收益率
平均收益率（%）	1.86	−2.63	0.40	−2.22	−2.64
税前到期收益率前十	0903-0910	0910-0917	0917-0924	0924-0930	累计收益率
平均收益率（%）	1.91	−3.80	1.37	−0.15	−0.77
税前回售收益率前十	0903-0910	0910-0917	0917-0924	0924-0930	累计收益率
平均收益率（%）	1.93	−4.24	0.99	−0.12	−1.54
低价前十	0903-0910	0910-0917	0917-0924	0924-0930	累计收益率
平均收益率（%）	1.93	−3.99	1.20	−0.19	−1.15
双低前十	0903-0910	0910-0917	0917-0924	0924-0930	累计收益率
平均收益率（%）	2.29	−3.95	−0.61	−1.68	−3.99
低溢价率前十	0903-0910	0910-0917	0917-0924	0924-0930	累计收益率
平均收益率（%）	2.32	−6.86	−1.07	−4.17	−9.65

从上表中可以看出累计收益率：到期收益率组合＞低价组合＞回售收益率组合＞所有可转债平均收益＞双低组合＞低溢价率组合，前三个策略跑赢了所有可转债的累计收益率，证明在2021年9月是有效组合。

其中，到期收益率组合的收益率最好，回撤最小。低溢价率组合在9月下跌最严重。证明了我在策略介绍中说的"波动大，很考验投资者的持仓心态"。因此，它不适合心态不好的投资者。

2. 可转债策略 PK 之 2021 年第 3 季度月度回测

2021 年整个 3 季度（7—9 月），7 月是起飞期，9 月是回调期。整体有较大幅度的上涨，如下图所示。

我对 2021 年第 3 季度采用的月度回测节点是每个月 8 日（碰到节假日则提前到前一个交易日），同样，计算所有可转债的到期收益率前十、回售收益率前十、低价前十、双低前十、低溢价率前十的区间和累计收益率，结果见下表。

2021 年第 3 季度可转债策略 PK（按月调仓）				
所有可转债	0708-0806	0806-0908	0908-1008	累计收益率
平均收益率（%）	6.59	7.24	−4.52	9.14
低溢价率前十	0708-0806	0806-0908	0908-1008	累计收益率
平均收益率（%）	49.43	16.20	−6.93	61.60
税前到期收益率前十	0708-0806	0806-0908	0908-1008	累计收益率
平均收益率（%）	4.44	11.91	−2.29	14.20
低价前十	0708-0806	0806-0908	0908-1008	累计收益率
平均收益率（%）	0.36	13.38	−2.77	10.64
双低前十	0708-0806	0806-0908	0908-1008	累计收益率
平均收益率（%）	1.66	9.12	−2.87	7.75
税前回售收益率前十	0708-0806	0806-0908	0908-1008	累计收益率
平均收益率（%）	−14.27	12.69	−3.10	−6.39

结果显而易见,从 2021 年第 3 季度来看,累计收益率:低溢价率前十(61.60%)>到期收益率前十(14.20%)>低价前十(10.64%)>所有可转债平均收益率(9.14%)>双低前十>回售收益率前十,前三个策略跑赢了所有可转债的平均收益率 9.14%。

值得一提的是,低溢价率前十组合较大地跑赢了其他策略,获得 61% 的收益,说明这段时间内,和 9 月回测相比,可转债低溢价率策略是非常有效的。

10.5.3　可转债几大策略中期收益 PK(2022 年 1—7 月)

1. 背景:低溢价率的失效、小规模因子起飞

2022 年第 1 季度(1—3 月),整个转债市场回落了 10% 左右,与同期的沪深 300 等其他宽基指数相比较,中证转债的跌幅小了很多,体现了可转债的抗跌性,如下图所示。

2. 可转债指数和可转债基金的情况

(1)指数走势见下表。

(单位:%)

名　称	2022 年涨幅	2021 年涨幅	2020 年涨幅	2019 年涨幅	2018 年涨幅	2018 年以来累计涨幅	年化收益
可转债等权指数	3.14	35.61	23.26	27.97	-3.07	113.85	18.41
纳斯达克 100	-22.07	26.63	47.58	37.96	-1.04	98.83	16.51

续上表

名　称	2022年涨幅	2021年涨幅	2020年涨幅	2019年涨幅	2018年涨幅	2018年以来累计涨幅	年化收益
创业板指	−19.63	12.02	64.96	43.79	−28.65	52.37	9.81
标普500	−14.56	26.89	16.26	28.88	−6.24	52.31	9.80
中证转债	−3.08	18.48	5.26	25.12	−1.15	49.49	9.35
道琼斯工业指数	−10.48	18.73	7.25	22.34	−5.63	31.61	6.30
深证100	−17.77	−1.27	49.58	55.18	−34.66	23.13	4.73
国债指数	2.40	4.24	3.67	4.35	5.61	21.95	4.51
深证成指	−17.44	2.67	38.73	44.08	−34.42	11.11	2.37
中小100	−16.23	4.62	43.91	41.03	−37.75	10.72	2.29
深证B指	7.00	8.01	13.01	14.86	−28.04	7.95	1.72
中证流通	−13.25	6.70	24.62	30.75	−30.00	5.58	1.21
沪深300	−15.59	−5.20	27.21	36.07	−25.31	3.45	0.76
中证1000	−11.15	20.52	19.39	25.67	−36.87	1.43	0.32
中证500	−14.48	15.58	20.87	26.38	−33.32	0.68	0.15
企债指数	−0.28	−0.56	−0.41	0.31	0.22	−0.72	−0.16
上证指数	−10.62	4.80	13.87	22.30	−24.59	−1.63	−0.36
上证50	−14.72	−10.06	18.85	33.58	−19.83	−2.38	−0.53
B股指数	7.13	17.41	−5.20	−5.25	−20.70	−10.41	−2.41
恒生指数	−13.85	−14.08	−3.40	9.07	−13.61	−32.63	−8.40
恒生国企	−16.40	−23.30	−3.85	10.30	−13.53	−41.20	−11.13

数据来源：集思录；截至2022年7月30日。

（2）根据Wind数据，可转债基金回报情况：截至2022年7月底所有可转债基金平均收益为−5.22%，但成立以来平均年化回报为9.47%。

3. 多个策略在2022年1—7月按月回测情况

大家回测出2022年1—7月策略的情况，方法和2021年第3季度一样，这里采用月度回测，每个月的月初调仓（遇到节假日则提前到前一个交易日），同样计算所有可转债、到期收益率前十、回售收益率前十、低价前十、双低前十、低溢价率前十的区间和累计收益率，到了2022年，可以得出税后收益率更优的结论。所以，2022年开始的回测都使用税后因子。

在2022年伊始，小规模次新债开始接连被游资炒作，大家开始尝试把剩余规模因子加入策略中，也就是"小规模低价债"策略，而下表中的多因子策略则包括低溢价率、低价、剩余规模、税后到期收益率等因子。

2022年1—7月逐月回测和整体累计结果见下表。

（单位:%）

时间段内以下组合平均收益率	2022-01	2022-02	2022-03	2022-04	2021-05	2022-06	2022-07	2022年1—7月
低溢价率前十	−12.85	5.96	−8.86	−12.15	10.79	22.38	7.10	7.36
低价前十	−0.28	1.33	−2.09	−0.04	4.04	0.05	0.88	3.85
双低前十	−0.61	0.27	−1.63	−4.41	0.36	2.03	0.00	−4.04
税后到期收益率前十	0.26	0.40	−2.40	0.03	3.18	0.38	0.47	2.26
税后回售收益率前十	1.10	1.89	−2.34	−0.63	4.24	0.29	0.96	5.51
多因子	−13.67	6.26	−7.74	−10.82	9.73	24.00	10.34	13.60
小规模低价债	0.19	4.13	−4.32	−1.42	7.13	9.75	1.50	17.43
所有可转债	−4.09	1.60	−6.78	−3.60	6.08	5.97	2.41	0.81

截至2022年7月30日，表现最佳的是小规模低价债组合，盈利17.43%；其次是多因子组合，盈利13.6%。低溢价率组合排第三，盈利7.36%。包括剩余规模因子的小规模低价债策略在2022年上半年表现优异，回测收益率高达17.43%，而且比较稳健，2022年最大回撤也只有5.68%。在测试的几种策略中，小规模低价债是2022年最佳策略，剩余规模是最佳因子。

如果2022年采用这个策略，大家会稳稳地跑赢大多数股票和基金。同时，这些策略的盈利与公募基金相比有多优秀呢？我统计了混合型、股票型、可转债基金、债券型基金的同期平均收益率，见下表。

平均涨跌幅	混合型基金	股票型基金	可转债基金	债券型基金
2022年1—7月	−10.27%	−12.62%	−5.22%	1.46%

可见，2022年1—7月，按照月度调仓，除了双低策略之外，其他几种可转债策略均能跑赢市场上几类基金的平均业绩。

为什么低溢价率策略在2022年的表现不如前面几年呢？因为2021年12月至2022年5月之前市场走势偏弱，使可转债股性发挥不出来，加上可能用这个因子的人太多了，使其失去了效力。

第 10 章 其他补充策略

但是在 2022 年 3 月意识到自己可通过降低策略阈值来减少回撤，逐步把策略阈值从 170 降低到 130。如果在年初就对低溢价率、多因子组合加上阈值的限制，结果会如何呢？见下表。

时间段内以下组合平均收率	2022-01	2022-02	2022-03	2022-04	2021-05	2022-06	2022-07	2022年1—5月	2022年1—7月
低溢价率前十	-12.85%	5.96%	-8.86%	-12.15%	10.79%	22.38%	7.10%	-18.09%	7.36%
低溢价率前十（阈值130）	-2.18%	4.44%	-3.09%	-5.20%	2.14%	3.93%	2.21%	-4.13%	1.84%
多因子	-13.67%	6.26%	-7.74%	-10.60%	9.73%	24.00%	10.34%	-16.98%	13.60%
多因子（阈值130）	-0.71%	5.51%	-5.06%	-7.56%	7.61%	9.00%	2.97%	-1.06%	11.04%

可见，在 2022 年 1—5 月，不论是低溢价率策略还是多因子策略，130 阈值策略均好于不加阈值的策略；而在大涨的 6—7 月，不加阈值限制的策略远远跑赢加了阈值限制的策略。所以，阈值也需要跟随市场情况进行调整。

10.5.4 可转债几大策略长期收益 PK(2018 年至 2022 年 7 月)

1. 按月轮动

长期看 2018 年至 2022 年 7 月，这些策略按月轮动的成绩如何，下面先公布每个月的逐月回测结果，再公布按年累计结果。

每月的逐月回测结果数据见下表。

时间段/收益率	低溢价率前十	低价前十	双低前十	税后到期收益率前十	税后回售收益率前十	多因子	小规模低价债	所有可转债
201801	1.64%	1.38%	1.58%	1.53%	1.27%	1.31%	1.38%	1.65%
201802	1.84%	1.03%	1.25%	2.09%	-0.08%	2.32%	2.14%	1.84%
201803	-0.28%	0.58%	1.42%	0.06%	0.55%	1.35%	0.05%	0.32%
201804	1.00%	-1.28%	-1.25%	-1.63%	-2.33%	1.48%	0.63%	-1.11%
201805	0.20%	-2.30%	-1.31%	-3.89%	-3.25%	0.89%	-3.56%	-2.22%
201806	-0.26%	-2.34%	-4.90%	-2.99%	-1.85%	-0.01%	-1.83%	-2.79%
201807	-2.07%	1.64%	3.54%	1.39%	1.67%	-0.92%	1.75%	1.52%
201808	-2.30%	-0.86%	-1.34%	-0.86%	1.79%	-0.57%	-2.65%	-1.00%
201809	-0.64%	0.07%	-0.52%	0.45%	0.77%	-0.74%	-0.77%	-0.33%
201810	-3.26%	-0.55%	-2.05%	0.12%	-0.02%	-3.63%	-2.95%	-2.02%

249

续上表

时间段/收益率	低溢价率前十	低价前十	双低前十	税后到期收益率前十	税后回售收益率前十	多因子	小规模低价债	所有可转债
201811	2.03%	4.31%	3.28%	3.42%	3.34%	1.89%	3.03%	2.37%
201812	−2.11%	−1.34%	−0.77%	−1.10%	−1.00%	−2.67%	−1.31%	−1.54%
201901	9.25%	3.40%	4.16%	3.75%	3.54%	9.25%	2.95%	4.88%
201902	14.29%	7.59%	17.49%	7.29%	7.29%	13.50%	9.48%	8.48%
201903	13.55%	7.50%	14.60%	8.17%	8.15%	8.88%	11.55%	8.32%
201904	−4.44%	−4.21%	−4.56%	−4.77%	−4.97%	−3.79%	−0.16%	−5.90%
201905	−1.86%	−1.00%	−1.08%	−0.76%	−1.17%	−1.68%	−1.48%	−2.11%
201906	0.54%	−0.18%	1.39%	−0.01%	−0.21%	5.44%	0.52%	3.08%
201907	−5.06%	−0.04%	0.58%	−0.03%	−0.15%	−3.11%	−0.42%	0.58%
201908	5.39%	0.78%	2.78%	0.48%	0.71%	4.57%	1.99%	1.95%
201909	1.62%	1.62%	0.75%	1.41%	1.51%	1.70%	0.52%	1.12%
201910	5.55%	0.29%	0.41%	0.24%	0.36%	4.98%	0.18%	0.08%
201911	−0.62%	−1.50%	0.24%	−1.47%	−1.59%	−1.59%	−0.80%	−0.61%
201912	16.42%	2.97%	8.21%	1.29%	1.24%	16.44%	9.35%	6.19%
202001	8.73%	8.01%	2.66%	8.09%	7.59%	8.73%	2.51%	2.44%
202002	16.13%	4.91%	8.21%	3.70%	4.08%	18.03%	5.40%	4.30%
202003	12.76%	6.69%	11.30%	8.74%	5.67%	17.84%	48.54%	5.40%
202004	1.01%	−0.89%	−0.32%	−0.96%	−0.95%	5.20%	−1.16%	0.46%
202005	16.62%	−5.18%	−1.87%	−3.95%	−3.86%	15.03%	−0.65%	−2.28%
202006	14.55%	−3.10%	−1.18%	−2.35%	−1.16%	14.41%	−0.51%	0.20%
202007	10.21%	2.89%	7.15%	4.21%	3.24%	13.38%	7.84%	7.56%
202008	−0.96%	2.77%	1.00%	2.18%	2.77%	−1.16%	13.30%	4.27%
202009	−7.48%	−2.13%	−5.64%	−2.34%	−2.09%	−6.94%	−4.63%	−5.54%
202010	10.16%	0.01%	7.52%	−0.13%	−0.10%	7.54%	29.68%	5.37%
202011	2.58%	1.66%	0.69%	2.40%	1.47%	3.78%	0.38%	−0.42%
202012	16.12%	−4.51%	−5.88%	−3.54%	−4.06%	−4.11%	−9.03%	−1.52%
202101	−1.91%	−6.36%	−7.12%	−6.49%	−6.19%	1.71%	−9.03%	−4.63%
202102	3.47%	6.13%	5.74%	6.35%	6.66%	3.46%	−0.31%	1.55%
202103	−0.19%	5.49%	4.14%	5.34%	3.74%	0.87%	5.34%	1.92%
202104	16.42%	12.80%	6.20%	12.66%	12.88%	15.61%	−1.57%	1.97%

续上表

时间段/收益率	低溢价率前十	低价前十	双低前十	税后到期收益率前十	税后回售收益率前十	多因子	小规模低价债	所有可转债
202105	1.32%	3.81%	4.65%	3.75%	3.54%	2.25%	6.26%	5.52%
202106	3.15%	−0.85%	−1.30%	−0.25%	4.09%	3.46%	3.15%	1.05%
202107	10.76%	−1.03%	2.32%	1.05%	−1.06%	11.93%	3.22%	6.21%
202108	14.64%	9.91%	11.41%	10.07%	9.75%	14.38%	2.75%	5.57%
202109	−10.49%	0.08%	−0.69%	0.21%	0.08%	−10.63%	−2.55%	−1.47%
202110	11.42%	5.37%	−2.56%	5.91%	5.37%	5.92%	2.07%	2.21%
202111	5.82%	7.07%	5.72%	4.79%	6.90%	6.12%	13.07%	9.50%
202112	−5.56%	4.80%	5.00%	3.30%	4.24%	−3.88%	−1.93%	1.40%
202201	−12.85%	−0.28%	−0.61%	0.26%	1.10%	−13.67%	0.19%	−4.09%
202202	5.96%	1.33%	0.27%	0.40%	1.89%	6.26%	4.13%	1.60%
202203	−8.86%	−2.09%	−1.63%	−2.40%	−2.34%	−7.74%	−4.32%	−6.78%
202204	−12.15%	−0.04%	−4.41%	0.03%	−0.63%	−10.60%	−1.42%	−3.60%
202205	10.79%	4.04%	0.36%	3.18%	4.24%	9.73%	7.13%	6.08%
202206	22.38%	0.05%	2.03%	0.38%	0.29%	24.00%	9.75%	5.97%
202207	7.10%	0.88%	0.00%	0.47%	0.96%	10.34%	1.50%	2.41%
累计	603.32%	102.72%	134.48%	111.42%	121.30%	614.65%	304.45%	99.03%
累计年化	53.05%	16.67%	20.43%	17.74%	18.92%	53.58%	35.65%	16.20%
最大回撤	−30.17%	−10.58%	−12.58%	−9.80%	−10.00%	−27.27%	−17.24%	−7.74%
最大回撤时间段	2021-12—2022-04	2020-12—2021-01	2020-12—2021-01	2020-12—2021-01	2020-12—2021-01	2021-12—2022-04	2020-12—2021-01	2018-04—2018-12

需要注意的是，小规模低价组合在2020年有过辉煌业绩，2020年3月和10月分别创造过48.54%和29.69%的单月业绩。而多因子策略和低溢价率策略的最佳单月收益出现在2022年6月，也就是2022年4月底起来的那波反弹中。双低策略在2021年之前的表现较好，2021年之后走势不如其他策略。这也提示不要在单个策略上孤注一掷，在策略出现连续几个月业绩较差时，可以考虑换策略或者多个策略并行使用。

4年半的年度和累计的回测结果数据，见下表。

时间段内以下组合累计收益率	2018年	2019年	2020年	2021年	2022年1—7月	累计	累计年化	最大回撤	最大回撤时间段
低溢价率前十	-4.30%	65.99%	154.59%	61.97%	7.36%	603.32%	53.05%	-30.17%	2021-12—2022-04
低价前十	0.14%	17.89%	10.61%	49.49%	3.85%	102.72%	16.67%	-10.58%	2020-12—2021-01
双低前十	-1.38%	52.28%	24.36%	30.84%	-4.04%	134.48%	20.43%	-12.58%	2020-12—2021-01
税后到期收益率前十	-1.64%	15.95%	16.15%	56.07%	2.26%	111.42%	17.74%	-9.80%	2020-12—2021-01
税后回售收益率前十	0.66%	14.92%	12.52%	61.13%	5.51%	121.30%	18.92%	-10.00%	2020-12—2021-01
多因子	0.51%	66.91%	133.68%	60.47%	13.60%	614.65%	53.58%	-27.27%	2021-12—2022-04
小规模低价债	-4.26%	37.91%	116.36%	20.56%	17.43%	304.45%	35.65%	-17.24%	2020-12—2021-01
所有可转债	-3.43%	28.16%	20.21%	32.70%	0.81%	99.03%	16.20%	-7.74%	2018-04—2018-12

注：每个月1日或前一交易日调仓，数据统计截至2022年7月29日。

虽然低溢价率组合在2022年1—7月盈利7.36%，但是2019—2021年连续3年低溢价率因子太厉害了，整体从2018年到2022年7月的累计年化收益也达到53%的惊人数字，但也不能忽略2021年12月至2022年4月底之间低溢价率策略经历的最大回撤也高达-30.17%，试问有多少人能坚持下来，在收益率回落30%时不放弃呢？

2022年，可通过改进多因子策略，让其表现比低溢价率稍微好一点儿，使累计收益提升10%和最大回撤降低3%。小规模低价债策略组合整体收益率也达到304%，排名第三，累计年化收益率合计为35.65%，最大回撤17.24%也远低于低溢价率策略的30%。小规模低价债策略在2021年表现较差，排在所有策略的末位。双低策略组合在2019年表现不俗，以52.38%的年收益排名第三，仅次于65.99%的低溢价率组合。2020年和2022年表现都稍微弱了点。整体而言，年化20.43%的收益率排在表中所有策略的第四名。从回撤数据来看，到期收益率策略的回撤最小9.8%，未达到10%。4年7个月累计获得111.42%的收益，折合年化17.74%，说明该策略最适合风险厌恶的投资者。

2. 按日轮动

（1）TOP 10 回测结果（适合 50 万～200 万元资金），见下表。

时间段内以下组合累计收益率	2018 年	2019 年	2020 年	2021 年	2022 年 01-01 至 06-06	累计	平均年化	最大回撤
低价前十	0.08%	20.04%	2.02%	52.52%	7.52%	101.32%	17.17%	−16.41%
双低前十	0.68%	73.98%	48.96%	55.03%	6.53%	330.66%	39.18%	−18.34%
税后到期收益率前十	−2.17%	19.11%	13.04%	56.40%	8.89%	124.76%	20.13%	−13.07%
税后回售收益率前十	0.99%	18.31%	4.46%	54.75%	7.36%	107.76%	18.01%	−13.34%
低溢价率前十（无阈值）	−0.77%	98.30%	247.95%	168.11%	5.98%	1862.29%	96.20%	−23.31%
低溢价率前十（170）	−0.49%	105.68%	148.11%	110.87%	−3.80%	938.95%	69.89%	−19.21%
低溢价率前十（150）	0.73%	98.01%	114.65%	81.93%	−5.76%	640.26%	57.34%	−17.89%
低溢价率前十（130）	2.50%	81.99%	67.34%	76.99%	−1.42%	449.24%	47.06%	−9.73%
小规模债前十−130	−0.30%	27.43%	228.81%	37.62%	11.93%	542.45%	52.37%	−22.53%

注：每日调仓，数据统计截至 2022 年 6 月 6 日。

从上表中可见，如果按照策略进行每天调仓，则自 2018 年以来，无阈值低溢价率策略可以获得累计年化超过 96%，但是最大回撤也达到 23.31%；次优的策略是 170 阈值的低溢价率策略累计年化达到 69.89%，最大回撤 −19.21%；多因子策略这里没有安排 TOP 10 测试，可以从下方 TOP 5 测试结果中略见一斑。

（2）TOP 5 回测结果（适合小于 50 万元资金），见下表。

时间段内以下组合累计收益率	2018 年	2019 年	2020 年	2021 年	2022 年 01-01 至 06-06	累计	平均年化	最大回撤
低溢价率前五无阈值	4.53%	146.89%	313.29%	148.99%	15.23%	2 992.09%	117.48%	−28.09%
低溢价率前五（170）	4.81%	134.71%	160.76%	201.50%	8.96%	2 029.33%	99.86%	−20.55%
低溢价率前五（150）	7.63%	115.79%	137.57%	69.71%	−23.95%	619.45%	56.33%	−36.18%

续上表

时间段内以下组合累计收益率	2018年	2019年	2020年	2021年	2022年01-01至06-06	累计	平均年化	最大回撤
低溢价率前五（130）	11.29%	131.46%	67.02%	80.77%	−2.91%	662.68%	58.41%	−11.55%
多因子TOP 5无阈值	2.05%	137.62%	157.91%	132.87%	24.82%	1 736.39%	93.28%	−22.09%
多因子TOP 5（170）	2.02%	134.94%	134.25%	86.54%	1.85%	977.63%	71.30%	−20.75%
多因子TOP 5（150）	5.94%	116.57%	144.42%	58.65%	−10.90%	700.88%	60.17%	−26.51%
多因子TOP 5（130）	12.84%	105.97%	90.97%	63.26%	31.37%	861.65%	66.94%	−17.99%
小规模TOP 5-170	−1.10%	36.75%	594.00%	139.53%	16.76%	2 525.72%	109.57%	−10.43%
小规模TOP 5-150	3.40%	24.27%	477.70%	44.97%	16.35%	1 152.37%	77.23%	−19.19%
小规模TOP 5-130	−1.70%	27.32%	399.09%	49.78%	17.17%	996.41%	71.98%	−17.27%
小规模TOP 10-130	−0.30%	27.43%	228.81%	37.62%	11.93%	542.45%	52.37%	−22.53%

注：每日调仓，数据统计截至2022年6月6日。

从上表中可以看出，按日轮动的收益情况好于按月轮动，用更高频的轮动换取更高的收益。大多数策略中，阈值越大，收益越高，一般也伴随着回撤越大。

同时，TOP 5的无阈值低溢价率组合年化收益率提升到了117.48%，而TOP 10的无阈值低溢价率年化才96.2%。170阈值的小规模低价债年化收益排第二（109.57%）跑赢了多因子组合。

长期看低溢价率组合跑赢多因子组合（主要是2020年低溢价率因子特别有效），但是2022年低溢价率组合表现不如多因子组合。这说明每个因子都有作用有效时间，要做好策略组合，必须关心市场走势，发掘当时有效的因子。

（3）由于可转债的容量有限，而且弹性好的可转债规模约在2亿元以下，所以，50万元以下的小资金投资者可以选择五只转债轮动；50万元～200万元资金的投资者可以选择十只转债轮动；更大资金的投资者可以选择

第 10 章 其他补充策略

二十只转债进行轮动。

10.5.5 2023 年退市行情下的策略优化

随着注册制实施，退市节奏加快，可转债市场同步受到正股退市引发的违约风险影响。搜特转债、蓝盾转债、正邦转债先后发生退市和重整。这些转债退市前的行情走势对策略组合也产生了非常大的影响，对此，量化投资者必须及时做策略优化。我及时对策略增加了排雷筛选因子，通过筛选因子，排除信用评级低、正股 ST 的可转债，效果显著。

截至 2023 年 8 月 18 日，以双低策略为例，叠加排雷因子后组合收益可以从 -12.59% 上升至 13.37%，提升 25.96%，最大回撤仅 2.55%，见下表。

截至 2023 年 8 月 18 日回测							
策略（前十）	业绩基准-转债等权指数	低溢价率	剩余规模低（130 以下）	传统双低	低价	到期收益率
累计收益	6.05%	-6.19%	11.37%	-12.59%	-13.00%	-12.51%
最大回撤	—	17.86%	6.09%	17.36%	24.24%	24.75%
截至 2023 年 8 月 18 日（信用排雷后）回测							
策略（前十）	业绩基准-转债等权指数	低溢价率（130 以下）	剩余规模低（130 以下）	排雷双低	低价	到期收益率
累计收益	6.05%	12.76%	13.47%	13.37%	4.14%	5.79%
最大回撤	—	2.80%	5.43%	2.55%	3.88%	6.39%

而其他策略，如低溢价率、低价、到期收益率策略也能通过信用排雷提高收益、降低回撤，收益均转正。

具体的信用排雷因子包括：排除信用评级低于 A- 的可转债、排除正股 ST/*ST 的可转债、排除上市 3 天内的新债、排除已满足强赎条件或发布赎回公告的转债、排除剩余年限 1 年内的转债。

说明：数据来源 & 回测平台：禄得网；调仓规则：每交易日调仓，费率滑点合计千分之一。

用同样的方法对上述策略进行 2018 年以来的历史回测，结果见下表。

2018—2023 年 8 月 18 日回测	排雷双低	低溢价率 （130 以下）	低价	到期收益率	业绩基准- 转债等权指数
截至 2023 年 8 月 18 日	13.37%	12.76%	4.14%	5.79%	5.47%
2022 年	8.23%	−2.46%	−1.41%	4.51%	−6.51%
2021 年	57.15%	73.88%	40.38%	44.90%	35.61%
2020 年	40.92%	56.21%	0.84%	11.54%	23.26%
2019 年	76.49%	66.42%	18.13%	15.76%	27.97%
2018 年	0.47%	0.14%	−1.77%	−2.29%	−3.07%
总收益	381.40%	397.90%	68.70%	102.10%	93.84%
年化收益	32.24%	33.02%	9.74%	13.33%	13.71%
最大回撤	16.69%	15.10%	17.74%	12.72%	—

从上表可以看出，低价策略和到期收益率策略长期年化收益和 2023 年短期收益均没有大幅超过等权指数，所以不如排雷双低、130 以下的排雷低溢价率策略表现。同时也说明，量化策略一定要与时俱进，不能墨守成规，否则将会被市场远远抛弃。

10.5.6　选择适合自己的策略

可以看出，在多因子策略研发出来之前，低溢价率策略收益最好，回撤也最大，所以，在选择策略时要选择适合自己风险承受能力的策略。

还有一点非常重要：从策略的容量来看，TOP 5 一定是小于 TOP 10，也小于 TOP 20，当你投入单策略组合资金小于 50 万元时，TOP 5 策略可以容纳下这些资金，当投入单策略组合的资金大于 100 万元时，你至少要选择 TOP 10 策略，当资金量更大时，你则需要选择 TOP 20，大资金如果投入 TOP 5 策略，可能会造成较大的滑点，单个可转债的规模有限，买入的容量有限，大资金可能无法在单只转债上像小资金那样快进快出。可转债的容量也是可转债的基金业绩跑不过散户个人可转债组合的原因。

可转债策略这条路上，要不断地优化多因子组合，之前说剩余规模、阈值等都是比较有效的因子，剩余年限因子也非常不错，但是 2022 年到期的海印转债、洪涛转债的走势极大地影响了该因子的表现。从我的多年经验来看，"没有一个策略适合所有时期的市场，大家要跟着'市场先生'不断地调整组合以适应市场，才能获得超额收益"。

第 11 章

购买可转债后的
那些事儿

11.1 日内亏损的六大"急"操作

1. 抄底博反抽

由于可转债是 T+0，没有被套牢的说法，因此，投资者可以在任何时间点买卖。但是，有人会用左侧买入法或是低吸以实现所谓的抄底，博取未来行情的反抽或是反转，对于那些不破均线有良好支撑的正股，如 2020 年 10 月 26 日下午的九洲转债，投资者可以根据 MACD 做几次波段，否则就会出现"血亏"。

2. 追高冲天炮

"追高冲天炮"本身就是一件很难的操作，而且风险很高，哪怕你是经常做高频交易且有不错的胜率，毕竟行情一旦开始回落，你的挂单都无法及时卖出。因此，建议任何时间段都不要追高冲天炮。

3. 死守一只转债

若是正股的日内走势变得非常差时，它已经不具备任何投资价值了，市场情绪肯定会很差，人气自然会跌落到谷底。如果你已经买入，应该及时删除，千万不要期望行情会出现反抽或是大幅拉升，把已经亏损的钱赚回来。因为在实际交易中，行情会出现这样一种情况：跌一会儿，反抽一小下，然后继续跌，继续反抽，但是永远不可能返回你买入的高位，反而会越陷越深。

4. 一笔回本

"一笔回本"是一种明显的赌博心态，特别是在自己操作失误后，急迫希望凭一笔操作就能回本。一旦你有了这种想法，说明你的心态已经发生了变化，偏离了正常的交易心态，神经处于紧绷状态。此时，你最好先冷静或是放松一段时间，哪怕只是去洗把脸，然后耐心等待机会，否则，很可能会出现累计亏损。

5. 假龙头追高

抢单日内真龙头债会给人以一种舒服的感觉，也就是每一波拉伸基本上都会有舒服的买点和换手，比如通光转债，它的每一波拉升都有舒服买点的，50 个点位置、80 个点位置都有舒服买点和换手，然后冲高到 100 个点。虽然有一段较长的横盘时间，但随后冲高并带动均线向上走，参与的绝大部分投资者都能获利离场，只有绝少部分追高的投资者被套。

相反，假龙头债不会给投资者舒服的买点或是换手，因此，投资者的接力意愿就会变弱。比如宝莱转债，虽然从 30 点一路拉到了 80 点，但离前一个交易日的龙头最高点没有多少空间，也就没有人愿意接手。

由此可见，真龙头和假龙头有一个明显的区分：行情是缓慢爬升或是均线缓慢上升，而不是加速拉伸，哪怕是出现一些小波动。

6. 及时止盈

如果你采用的是目标止盈，行情一旦触发止盈点，达到心理预期目标值，就不要贪婪心，及时止盈。甚至是看到行情回落时，降低心理预期，提前止盈，宁愿小赚也不要亏损，特别是均线已跌破时。

11.2 抢权配售操作技巧：选择、分析、逃离

整个抢权配售的过程分为三部分：选择、分析、逃离。因为抢权是不好量化的数据，大家只能选择一个相对的性价比，千万不要有赌一把的心理，期望卖在最高点，一定要学会知足常乐，切忌贪婪。

1. 选 择

抢权标的是一个相对简单的事情，影响因素无非三个：百元含权、行业和公司规模。百元含权已经说明了基本的原理。以 3% 作为安全垫为例，预期未来上市可转债的涨幅为 20%，那么，对应沪市的含权比例为 7.5，深市对应的百元含权为 15（这是一个具有相对性价比的含权，实际情况会有一定的差异变化）。

同时，行业是一个比较难的选择，以前我建议从行业估值、分位值去判断行业的相对价值，如银行类的转债抢权，9 月 19 日的估值分位为 5.57 倍，低于其机会值的 5.82 倍，说明它是一个被低估的行业，是投资者可以长期关注的标的之一。

但抢权是一个短期行为，主要还是观察其近期行业的表现，如果近期行业处于低位的上涨趋势，就可以抢。反之，近期行业处于低位的下跌趋势，就需要回避，不要赌反抽或是行情反转，毕竟反转本就是一个小概率事件。所以，抢权的行业选择，归根结底是趋势投资。

其中，小规模转债的优势是基于过去转债的表现，规模越小的公司受到行业的限制越小，比如，银行要想规模做大一倍是困难的。半导体公司想要把规模做大一倍是相对简单的（我个人更加偏好选择那些本身规模偏

小的公司作为抢权的标的)。

2. 分　　析

是买入还是卖出，除了技术分析（量价分析）没有其他较好的办法了。当然，也可以通过严格的执行力控制亏损与盈利的比例去提高期望值。比如，设定买入一个抢权配售标的的最大亏损为8%，最大盈利为12%，最终，以控制有限的亏损获得最理想的收益（不是最大的收益）。虽然技术分析还是原来的量价分析，但是，需要记住一条坚守的准则：低位少量是底部，高位放量是顶部。

3. 逃　　离

我认为抢权配售获利的来源主要有两部分：一是抢权配售本身转债的利，二是割"抢权配售"者的利。因此，在逃离或是套利时，只需围绕"盈利"做文章即可。方法有两个：一是卖出时不考虑安全垫，如原本的安全垫为5%，正股涨10.3%，而安全垫缩小到3.5%。如果正股涨29%，抢权配售的安全垫的值会再缩小一点，此时，对抢售抢权配售的操作不影响。毕竟，其因子不仅仅是安全垫，还有百元含权、行业和规模。二是当转债的涨幅远高于证监会核准的涨幅时，我不建议再继续参与抢权配售。

11.3　先求稳，再求富

可转债本质上是一种债务，是投资者把钱借给了发行公司，自己成为债权人，到期后获得约定的利息收入和返还的本金，因此，投资可转债亏钱是不被允许的。那么，为什么有那么多投资者会亏钱呢？有一个重要的原因是：买入高于120元的债券，也就是高价债。如果你买入的是100元左右的转债，抑或是100元以内的转债，亏损只能算是浮亏，因为它最终都会让你连本带息赚回，甚至会再赚一笔。

因此，我鼓励大家买卖低价转债，特别是新手小白，不仅风险小、回撤低，还能有不错的操作体验，如配置低价债（垃圾债）。但是，它上涨肯定是缓慢的。符合投资理财的出发点：慢慢变富。等到你变成真正的高手或是职业交易员，再去配置一部分仓位的高价债，以博取更高的收益，哪怕是遇到可转债市场的大崩溃，我们也能泰然处之，甚至能逆势加仓，毕竟可转债可以穿越牛熊市。

第 11 章　购买可转债后的那些事儿

自然，我个人不建议新手过多地参与 T+0 的短炒，因为它更多的是抱着赌博的心理，虽然可转债天生具有上不封顶，下有保底的属性，但是它也需要时间的"发酵"。通常情况下，在发生下修转债才有可能突然导致转债价格暴涨。在回售倒计时之时，才有机会与大股东进行博弈。另外，短线交易不能让你学到很多的可转债知识，如果你要寻求短线交易的快感，可以试着去操作期货期权。

最后，大家一定要遵循投资界的那句话：时间是金钱的朋友，先求稳，再求富。